高等职业教育汽车类专业岗课赛证融通教材

机动车鉴定评估

主　编 ◎ 侯士元
副主编 ◎ 孙术华　吴金波

电子工业出版社
Publishing House of Electronics Industry
北京·BEIJING

内 容 简 介

本书依据机动车鉴定评估人才培养目标，根据职业岗位能力把"机动车鉴定评估"课程分成七个项目：机动车鉴定评估职业道德规范、机动车鉴定评估基础、机动车基础知识、机动车静态技术鉴定、机动车动态技术鉴定、机动车鉴定评估报告、二手车交易与运作。本书内容叙述准确详尽、通俗易懂、简明扼要，保证了课程的科学性、实用性及先进性，有利于教师的教学和学生的课堂学习及课后自学。

本书可作为职业院校汽车相关专业的教材使用，也可供相关汽车行业从业人员参考。

未经许可，不得以任何方式复制或抄袭本书之部分或全部内容。
版权所有，侵权必究。

图书在版编目（CIP）数据

机动车鉴定评估/侯士元主编. —北京：电子工业出版社，2024.3

ISBN 978-7-121-47401-9

Ⅰ.①机… Ⅱ.①侯… Ⅲ.①机动车—鉴定—高等学校—教材 ②机动车—估价—高等学校—教材 Ⅳ.①F724.76

中国国家版本馆 CIP 数据核字（2024）第 049056 号

责任编辑：张 凌
印　　刷：北京虎彩文化传播有限公司
装　　订：北京虎彩文化传播有限公司
出版发行：电子工业出版社
　　　　　北京市海淀区万寿路 173 信箱　邮编　100036
开　　本：787×1 092　1/16　印张：13.75　字数：492.96 千字　黑插：48
版　　次：2024 年 3 月第 1 版
印　　次：2024 年 7 月第 2 次印刷
定　　价：58.00 元

凡所购买电子工业出版社图书有缺损问题，请向购买书店调换。若书店售缺，请与本社发行部联系，联系及邮购电话：（010）88254888，88258888。
质量投诉请发邮件至 zlts@phei.com.cn，盗版侵权举报请发邮件至 dbqq@phei.com.cn。
本书咨询联系方式：（010）88254583，zling@phei.com.cn。

前 言
PREFACE

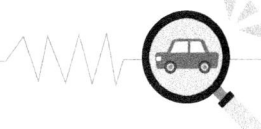

汽车产业是推动新一轮科技革命和产业变革的重要领域,是建设制造强国的重要支撑产业,也是国民经济的重要支柱。近年来,随着汽车产量增速的回落,二手车市场作为汽车后市场重要的利润增长点,一方面可以刺激汽车消费流通,另一方面也可以带动汽车维修保养、装饰美容等"汽车后市场"的发展。在国家政策的支持及互联网技术的推动下,二手车电商平台的出现,在一定程度上解决了传统二手车交易车源分散、车况和车价不透明及买卖双方缺乏信任的问题,使二手车行业发展迅猛。

促进二手车行业健康良性发展,打造诚信规范的行业秩序,共建诚信透明的机动车流通市场,依法规范机动车鉴定评估行业,提高机动车鉴定评估行业人员的素质和岗位技能水平,成为汽车产业健康、快速、稳定发展的重要保证。

为了推动职业教育高质量发展,提高劳动者素质和技术技能水平,促进就业创业,建设教育强国、人力资源强国和技能型社会,本书将党的二十大精神和思想政治理论与机动车鉴定评估师职业道德规范有机融合,体现社会主义核心价值观,为培养德智体美劳全面发展的社会主义建设者和接班人奠定坚实基础。

本书依据大规模在线开放课程的建设理念,按照"颗粒化资源、系统化设计、结构化课程"的组织建构逻辑,强化教材的实际应用功能,通过校企合作、共同开发,对"机动车鉴定评估"的项目、任务和知识点进行重构,将思想政治理论与机动车鉴定评估人员职业道德规范融入本书,建设系统完整、结构清晰、资源丰富的教学体系,使本书成为符合机动车鉴定评估与交易行业特点的课证融通工作手册式教材。

本书依据机动车鉴定评估人才培养目标,参照《鉴定估价师(机动车鉴定评估师)国家职业技能标准》和《乘用车鉴定评估技术规范》团体标准,根据职业岗位能力把"机动车鉴定评估"课程分成七个项目:机动车鉴定评估职业道德规范、机动车鉴定评估基础、机动车基础知识、机动车静态技术鉴定、机动车动态技术鉴定、机动车鉴定评估报告、二手车交易与运作。教学内容叙述准确详尽、通俗易懂、简明扼要,保证了课程的科学性、实用性及先进性,有利于教师的教学和学生的课堂学习及课后自学。

本书主要围绕机动车交易中或使用中(含尚未办理车辆注册登记)的内燃机驱动型乘用车介绍机动车的鉴定评估工作,其他类型机动车的鉴定评估工作可以此为参照。

本书建议参考学时为72学时,各项目的参考学时参见下面的学时分配表。

项　目	课　程　内　容	学 时 分 配
项目一	机动车鉴定评估职业道德规范	4
项目二	机动车鉴定评估基础	8
项目三	机动车基础知识	8
项目四	机动车静态技术鉴定	16
项目五	机动车动态技术鉴定	12
项目六	机动车鉴定评估报告	16
项目七	二手车交易与运作	8

本书由侯士元担任主编,孙术华、吴金波担任副主编,淄博职业学院高晓琛、张立荣、王金萍教授对本书进行了细致的审阅,并提出宝贵意见,在此表示感谢。

在本书编写过程中,编者参阅了大量国内外专家和学者的研究成果及文献资料,在此对参考文献的作者表示衷心的感谢。本书的编撰还得到了利星行奔驰汽车有限公司和润华集团股份有限公司的大力支持和指导,在此一并表示感谢。

由于水平有限,书中难免有疏漏和不妥之处,恳请广大读者给予批评指正。

编　者

目　录
CONTENTS

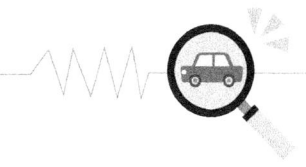

项目一　机动车鉴定评估职业道德规范 ··· 1

　任务 1.1　职业道德的认知 ··· 2

　　1.1.1　职业道德与职业习惯 ·· 2

　　1.1.2　职业道德的要求 ·· 3

　任务 1.2　机动车鉴定评估师/人员 ··· 6

　　1.2.1　机动车鉴定评估人员职业道德规范 ···································· 6

　　1.2.2　机动车鉴定评估行业自律公约 ·· 8

项目二　机动车鉴定评估基础 ·· 11

　任务 2.1　机动车鉴定评估 ··· 12

　　2.1.1　机动车鉴定评估师 ·· 12

　　2.1.2　机动车鉴定评估机构 ·· 20

　　2.1.3　机动车鉴定评估的相关概念 ·· 22

　任务 2.2　机动车鉴定评估的目的和任务 ··· 25

　　2.2.1　机动车鉴定评估的目的、意义鉴定和原则 ······························ 25

　　2.2.2　机动车鉴定评估的主体和客体 ·· 28

　　2.2.3　二手车市场的发展及管理 ·· 29

项目三　机动车基础知识 ·· 32

　任务 3.1　机动车基本知识 ··· 33

　任务 3.2　机动车技术参数与使用寿命 ··· 39

3.2.1 机动车主要技术参数 39
3.2.2 机动车主要性能指标 45
3.2.3 机动车技术状况与运用性能 47
3.2.4 机动车使用寿命 52
3.2.5 机动车定期检验要求 54

任务 3.3 机动车编号识别 57
3.3.1 机动车产品型号编制规则 57
3.3.2 车辆识别代号 61
3.3.3 机动车玻璃识别码 67
3.3.4 机动车轮胎标识 71

任务 3.4 机动车总体构造 74
3.4.1 机动车的基本结构 74
3.4.2 机动车车身构造 76
3.4.3 新能源汽车简介 79

项目四 机动车静态技术鉴定 85

任务 4.1 机动车手续和证件 86
4.1.1 机动车手续和证件检验 86
4.1.2 可交易车辆鉴定 93

任务 4.2 车身油漆涂层检测 94
4.2.1 漆面色差检查 94
4.2.2 外观部件及装饰密封条留漆检查 99
4.2.3 漆面橘皮现象检查 102
4.2.4 涂层厚度测定仪检测车漆 104
4.2.5 车漆改色识别 105

任务 4.3 后备箱围板更换鉴定 107

任务 4.4 车辆里程表鉴定 108

任务 4.5 事故车、泡水车、火烧车鉴别 112
4.5.1 事故车鉴别 112
4.5.2 泡水车鉴别 115

　　　　4.5.3　火烧车鉴别 ·· 116

项目五　机动车动态技术鉴定 ··· 117

任务 5.1　机动车无负荷技术鉴定 ·· 118
　　　　5.1.1　发动机功率测试分析 ·· 118
　　　　5.1.2　车轮定位检测要求 ·· 120
　　　　5.1.3　机动车排气污染物检测要求 ··································· 121
　　　　5.1.4　机动车噪声检测要求 ·· 124

任务 5.2　机动车路试技术鉴定 ·· 126
　　　　5.2.1　路试前的准备 ·· 126
　　　　5.2.2　路试检查 ·· 127
　　　　5.2.3　路试后的检查 ·· 136

项目六　机动车鉴定评估报告 ··· 138

任务 6.1　机动车综合车况鉴定要求 ······································· 139
　　　　6.1.1　机动车鉴定评估流程 ·· 139
　　　　6.1.2　机动车综合车况鉴定内容 ····································· 140
　　　　6.1.3　车辆的车损等级 ·· 145
　　　　6.1.4　拍摄车辆照片 ·· 147

任务 6.2　机动车价值评估方法 ·· 149
　　　　6.2.1　现行市价法 ·· 149
　　　　6.2.2　重置成本法 ·· 154
　　　　6.2.3　收益现值法 ·· 162
　　　　6.2.4　清算价格法 ·· 165

任务 6.3　机动车鉴定评估报告撰写 ······································· 166
　　　　6.3.1　机动车鉴定评估报告的作用 ··································· 166
　　　　6.3.2　机动车鉴定评估报告主要内容 ································· 167
　　　　6.3.3　机动车鉴定评估报告范文 ····································· 169

项目七　二手车交易与运作 ··· 175

任务 7.1　二手车交易 ·· 176

         7.1.1　二手车交易类型及程序 …………………………………………… 176
         7.1.2　二手车交易买卖合同 …………………………………………… 187
         7.1.3　二手车质量保证 ………………………………………………… 192
    任务7.2　二手车置换 ……………………………………………………………… 193
         7.2.1　二手车置换概述 ………………………………………………… 193
         7.2.2　二手车置换营销话术 …………………………………………… 196

附录A　二手车流通管理办法 …………………………………………………………… 200

附录B　二手车交易规范 ………………………………………………………………… 205

项目一
机动车鉴定评估职业道德规范

知识目标

- 掌握职业道德的行为准则和规范。
- 掌握机动车鉴定评估岗位职业道德的主要内涵。

能力目标

- 能够正确运用道德准则规范工作行为。
- 能够通过职业道德服务标准提升机动车鉴定评估人员的岗位能力。

思政目标

- 培养机动车鉴定评估从业人员的政治意识。
- 培养机动车鉴定评估从业人员的民族自豪感。

思政育人

弘扬爱国主义精神　共筑伟大中国梦

爱国主义是我们民族精神的核心，是中华民族团结奋斗、自强不息的精神纽带，是实现中华民族伟大复兴的重要力量源泉。在党的二十大精神的正确指引下，广大青年坚持爱党和爱国、爱社会主义相统一，培育和践行社会主义核心价值观，形成同心共圆中国梦的强大合力，为全面建设社会主义现代化国家、全面推进中华民族伟大复兴而团结奋斗。

任务 1.1 职业道德的认知

1.1.1 职业道德与职业习惯

一、职业道德的定义

职业道德的概念有广义和狭义之分。广义的职业道德指从业人员在职业活动中应该遵循的行为准则，涵盖了从业人员与服务对象、职业与职工、职业与职业之间的关系。狭义的职业道德指在一定职业活动中应遵循的、体现一定职业特征的、调整一定职业关系的职业行为准则和规范。不同的职业人员在特定的职业活动中形成了特殊的职业关系，包括了职业主体与职业服务对象之间的关系、职业团体之间的关系、同一职业团体内部人与人之间的关系，以及职业劳动者、职业团体与国家之间的关系。

具备良好的职业修养和职业道德是企业对每个员工最基本的规范和要求，同时也是每个员工应当具备的素养与品德。

二、良好的职业习惯

良好的职业习惯主要表现在以下几点。

（1）提前到公司的习惯。提前到达公司，准备好完成工作所需的各种条件，调整好工作状态，确保准时开始一天的工作。这种习惯有助于提高工作效率和减少工作压力。

（2）清洁卫生的习惯。良好的卫生习惯是维持整洁有序工作环境的关键，它不仅能够保证工作效率，还有助于保持愉悦的工作心情。

（3）提前做计划的习惯。提前做好工作计划有利于有条不紊地开展工作，以保证工作的质量与进度。

（4）开会记录的习惯。及时记录关键信息，有助于工作顺利开展。

（5）遵守工作纪律的习惯。工作纪律是为了维护正常的工作秩序和创造必要的工作环境而制定的，它不仅有助于提高工作效率，还能促进个人工作能力的提升。

（6）工作总结的习惯。通过总结工作中的得失，及时调整自己的工作方法和习惯，不断优化和提高自己的工作技能。

（7）请示汇报工作的习惯。及时向上级请示汇报工作，不仅有利于工作任务的完成，也可以学习更多的工作经验和技能，使能力得到提升。

职业习惯是职场人员在工作过程中逐渐形成的行为模式。良好的职业习惯，是出色完成工作任务的必要前提,也有助于提升个人职业素养和综合能力,每一个人都应该注重培养良好的职业习惯。

1.1.2 职业道德的要求

一、职业道德主要内容及涵义

职业道德主要内容有:爱岗敬业,诚实守信,办事公道,服务群众,奉献社会,素质修养。职业道德的涵义包括以下8个方面。

(1)职业道德是一种职业规范,受到社会各界的普遍认可。

(2)职业道德是长期以来自然形成的行为准则。

(3)职业道德没有确定形式,通常表现为观念、习惯、信念等。

(4)职业道德依靠文化、内心信念和习惯,通过员工的自律实现。

(5)职业道德大多没有实质的约束力和强制力。

(6)职业道德的主要内容是对员工义务的要求。

(7)职业道德的标准多元化,代表了不同企业可能具有不同的价值观。

(8)职业道德承载着企业文化和凝聚力,影响深远。

二、职业道德服务标准

1. 对待工作

(1)热爱本职工作,具有奉献精神。

(2)遵守规章制度,恪守工作规范。

(3)做到克己奉公,不谋私利。

2. 对待集体

(1)集体利益高于一切。集体主义是职业道德的基本原则,员工必须以集体主义为根本原则,正确处理个人利益、他人利益、班组利益、部门利益和公司利益之间的关系。

(2)强化组织观念,严守组织纪律。

(3)团结协作,友爱互助。

(4)爱护公共财产,具备主人翁精神。

3. 对待客户

(1)全心全意为客户服务,热情服务每一位客户。

(2)正确处理客户投诉,提升客户满意度。

三、职业道德基本要求

职业道德基本要求主要包括以下 4 个方面的内容。

1. 忠于职守，乐于奉献

爱岗敬业是从业人员应该具备的一种崇高精神，是做到求真务实、优质服务、勤奋奉献的前提和基础。从业人员应安心工作、热爱工作、献身所从的行业，把自己远大的理想和追求落到工作中，在平凡的工作岗位上做出非凡的贡献。从业人员有了爱岗敬业的精神，就能在实际工作中积极进取，忘我工作，把好工作质量关，对工作认真负责，以做出工作成果为己任，并以此为荣；同时认真分析工作中存在的不足，积累经验。

敬业奉献是从业人员职业道德的内在要求。随着市场经济市场的发展，对从业人员的职业观念、态度、技能、纪律和作风等提出了更高的要求。广大从业人员要有高度的责任感和使命，热爱工作，献身事业，树立崇高的职业荣誉感；要克服任务繁重、条件艰苦、生活清苦等困难，勤勤恳恳，任劳任怨，甘于寂寞，乐于奉献；要适应新形势的变化，刻苦钻研；加强个人的道德修养，处理好个人、集体、国家三者关系，树立正确的世界观、人生观和价值观；把继承中华民族传统美德与弘扬时代精神结合起来，坚持解放思想、实事求是、与时俱进、勇于创新、淡泊名利、无私奉献。

2. 实事求是，不弄虚作假

实事求是，不仅是思想路线和认识路线的问题，还是一个道德问题，它是机动车鉴定评估职业道德的核心。求，即深入实际，调查研究；是，有两层涵义，一是是真不是假，二是社会经济现象数量关系的必然联系即规律性。为此，必须办实事、求实效，坚决反对和制止工作上弄虚作假。这就需要从业人员具备无私的职业良心和无私无畏的职业作风与职业态度。如果夹杂着私心杂念，为了满足自己的私利或迎合某些人的私欲需要，弄虚作假、虚报浮夸，就会背离实事求是这一最根本的职业道德。

3. 依法行事，严守秘密

坚持依法行事和以德行事"两手抓"。一方面，要抓住国家推进法治建设的有利时机，进一步加大执法力度，严厉打击各种违法乱纪的现象，依靠法律的强制力量消除腐败滋生的土壤。另一方面，要通过劝导和教育，启迪从业人员的良知，提高从业人员的道德自觉性，把职业道德渗透到机动车鉴定评估工作的各个环节，融入工作的全过程。

4. 公平公正，为社会服务

做事要公平，即要求职业活动做到公平、正义，不谋私利，不以权害人，不以私利害人，不以假公济私为利。

服务社会是做好本职工作的关键,要善于听取人民群众意见,了解其需求,改进服务措施,提高服务质量。通过提供为人民群众着想、办事高效、提供高质量的服务,实现为社会服务的基本要求。

四、职业道德特点

1. 职业道德具有适用范围的有限性

每种职业都担负着某种特定的职业责任和职业义务,因此每种职业都有各自特定的职业道德的具体规范。

2. 职业道德具有发展的历史继承性

由于职业具有不断发展和世代延续的特征,不仅其技术世代延续,其管理员工的方法、与服务对象打交道的方法,也有一定历史继承性。

3. 职业道德表达形式多种多样

由于各种职业道德的要求都较为具体、细致,因此其表达形式多种多样。

4. 职业道德兼有强烈的纪律性

工作纪律是介于法律和道德之间的一种特殊的行为规范。它既要求从业人员能自觉遵守,又带有一定的强制性。因此,它既具有道德色彩,又带有一定的法律色彩。换句话说,遵守纪律既是一种美德,又带有强制性,具有法令要求。

五、职业道德作用

职业道德是社会道德体系的重要组成部分,它一方面具有社会道德的一般作用,另一方面又具有自身的特殊作用,具体表现如下。

1. 调节职业交往中从业人员内部及从业人员与服务对象间的关系

职业道德的基本职能是调节职能。它一方面可以调节从业人员内部的关系,即运用职业道德规范约束职业内部人员的行为,促进职业内部人员的团结与合作。例如,职业道德规范要求各行各业的从业人员,都要团结、互助、爱岗、敬业、齐心协力地为发展本行业、本职业服务。另一方面,职业道德又可以调节从业人员和服务对象之间的关系。例如,职业道德规定了机动车鉴定评估人员要怎样对用户负责、营销人员怎样对顾客负责。

2. 有助于维护和提高本行业的信誉

信誉是一个行业、一个企业的形象、信用和声誉,是指企业及其产品与服务在社会公众中的信任程度。提高企业的信誉主要靠产品的质量和服务质量,而从业人员职业道德水平高是产品质量和服务质量的有效保证。若从业人员职业道德水平不高，就很难生产出优质的产品并提供优质的服务。

3. 促进本行业的发展

行业、企业的发展依赖于高水平的经济效益，而高水平的经济效益源于高水平的员工素质。员工素质主要包含知识、能力、责任心三个方面，其中责任心是最重要的。而职业道德水平高的从业人员有责任心是必要的，因此，职业道德能促进本行业的发展。

4. 有助于提高全社会的道德水平

职业道德是整个社会道德的主要内容。职业道德一方面涉及每个从业者如何对待职业，如何对待工作，同时也是一个从业人员的生活态度、价值观念的表现，是一个人的道德意识、道德行为发展的成熟阶段，具有较强的稳定性和连续性。另一方面，职业道德也是一个职业集体，甚至一个行业全体人员的行为表现，如果每个行业，每个职业集体都具备优良的道德，将对整个社会道德水平的提高发挥重要作用。

任务 1.2　机动车鉴定评估师/人员

1.2.1　机动车鉴定评估人员职业道德规范

鉴定评估是机动车流通的重要环节，直接关系到能否营造公平、公正的机动车交易环境，维护消费者合法权益，防止税收和国有资产流失，促进机动车市场健康发展。自推行机动车鉴定评估师职业资格证书制度以来，大多数机动车鉴定评估人员能遵纪守法，遵守职业道德，依照法律、法规及有关文件的规定，做好机动车的鉴定评估工作，但也有少数鉴定评估人员违背职业道德，随意评估，甚至故意隐瞒车辆隐患。为做好机动车鉴定评估管理工作，规范机动车鉴定评估行为，提高机动车鉴定评估人员的职业素质，维护机动车购销双方的权益，机动车鉴定评估人员必须遵守职业道德规范。

一、职业守则

（1）遵纪守法、廉洁自律。

（2）客观独立、公正科学。

（3）诚实守信、规范服务。

（4）客户至上、保守秘密。

(5)团队合作、锐意进取。

(6)操作规范、保证安全。

二、执业能力与执业规则

(1)机动车鉴定评估人员应具备资产评估及相关专业的知识和实践经验,并按规定接受后续教育,充实和更新知识,提高执业能力。

(2)机动车鉴定评估人员应熟悉和遵守国家有关法律法规与行业管理制度,正确理解和执行资产评估规范,合理运用有关的技术标准和专业判断。

(3)如实向评估委托方申明其所具有的执业能力,不得承办其不能胜任的评估业务及相关业务。

(4)机动车鉴定评估人员在执行业务时,应根据不同的评估对象和评估目的,采用恰当的评估方法和规定的评估程序,履行评估业务约定书中规定的各项义务和责任。

(5)机动车鉴定评估师应对业务助理人员的工作进行指导与审核,并承担助理人员工作的最终责任。

(6)机动车鉴定评估人员应遵循资产评估的工作程序,收集评估所必需的资料数据,方能出具资产评估报告。

(7)机动车鉴定评估人员不得随意抬高或压低评估价值,不得按照他人旨意将预先指定或约定的资产价值作为评估结果,不得出具虚假或有误导性的资产评估报告。

(8)机动车鉴定评估人员应将执业过程中所受到的各种环境及条件限制在资产评估报告中予以披露。

(9)机动车鉴定评估人员不得允许他人以本人名义在资产评估报告上签字、盖章。

三、与客户关系

(1)机动车鉴定评估人员应在恪守职业道德的前提下,竭诚为客户服务。

(2)机动车鉴定评估师/人员应对客户委托评估的资产进行勘查,并对客户提供的有关资料进行审核。

(3)机动车鉴定评估人员应当向客户阐明资产评估报告的使用范围。

(4)机动车鉴定评估人员应对执业中所知悉的客户的商业秘密、有关资料及其评估结果保密。除了下列情况,不得将客户的资料提供或泄露给第三者。

① 客户书面允许。

② 依据有关法律、法规,通过一定程序要求检查公布的。

③ 中国汽车流通协会或地方评估协会通过工作程序进行检查的。

(5)机动车鉴定评估人员在执业中,不得迁就客户,满足其不合理要求;不得为了客

户利益损害国家利益、公共利益和其他组织、公民的合法权益。

四、行业责任

机动车鉴定评估师应当维护职业形象,在本行业中应团结协作,维护行业信誉。

1.2.2 机动车鉴定评估行业自律公约

为了使资产评估执业人员更好地履行职责,坚持资产评估的客观公正性,保证资产评估质量,机动车鉴定评估行业协会制定了资产评估执业人员自律守则。

一、总则

(1)为保障机动车鉴定评估行业依法合规经营,维护规范有序、公平竞争的市场环境,共同抵制行业内不正当竞争行为,促进行业健康发展,根据国家有关法律、法规和规章,制定本公约。

(2)本公约贯彻原则是:诚实信用,自我约束,守约受益,违约受制。

(3)本公约经机动车鉴定评估协会(以下简称"协会")会员代表大会审议通过后,即成为机动车鉴定评估行业的行约,适用于本协会会员(包括团体会员和个人会员)及从业人员。

(4)根据行业协会的职能,协会担负本公约的组织协调、监督检查、守约褒扬、违约处理、修订解释的职责。协会组织委员会是本公约的执行机构,协会秘书处是本公约的工作机构。

二、自律约定

(1)遵守国家有关法律、法规和规章,在独立、客观、公正和诚实信用的原则下开展机动车鉴定评估活动。不损害国家利益、社会公共利益、行业整体利益和客户合法利益。

(2)遵循公平竞争规则,维护正常的市场秩序,以良好的专业形象参与竞争,以优质的专业服务树立品牌。不以诋毁行业内其他单位的商业信誉、泄露其商业秘密或虚假宣传等不正当手段争揽业务,不以不计成本的压价方式争揽客户,不以违反政策规定的运作方式扰乱经营秩序。

(3)认真履行机动车鉴定评估业务合同,维护有关各方的正当利益,以严密、有效的内部管理制度保证评估过程规范有序。不承接超出资质等级许可范围的机动车鉴定评估业务,不推诿应承担的责任,不索贿、受贿或者谋取合同规定收费以外的不正当利益。

（4）执行机动车鉴定评估相关政策、行业标准和技术规范，恪守"独立、客观、公正"的机动车估价原则，实行严格的内部审核制度。不接受委托方的不合理要求抬高或压低评估结果，不隐瞒事实出具不真实的估价报告。

（5）实行机动车鉴定评估档案管理制度，保证纸质档案和电子档案的一致性。资料归档及时、记载真实、内容完整、保管妥善、规范查阅。不涂改已归档的资料，不损坏和丢失归档资料。

（6）接受政府行政监管和行业自律管理，贯彻行政监管和自律管理的决定、规则。按规定准确上报相关信息资料，公开应公示的事项。不隐瞒事实、弄虚作假。

三、监督检查

（1）协会采用以下方式开展监督检查工作。
① 协助行政部门年度机构检查及注册管理结合开展自律公约监督检查工作。
② 审核会员填报协会的相关信息资料。
③ 组织会员汇报专项工作。
④ 受理投诉、举报并调查核实。

（2）协会依据本公约中自律约定和行政部门、协会的有关行业管理规定，根据监督检查的结果对会员（包括从业人员，下同）的行为做出守约或违约的认定。

（3）认定为守约行为的，视其行为表现及影响程度分为以下2种。
① 基本守约：行为基本符合本公约要求。
② 守约良好：行为符合本公约要求，并能一贯保持，在行业中具有引领示范作用。

（4）认定为违约行为的，视其行为表现及影响程度分为以下2种。
① 一般违约：有违反本公约要求的行为，但尚无明显不良后果。
② 严重违约：有违反本公约要求的行为，且有明显不良后果并对行业在社会中的作用和形象产生负面影响。

（5）对会员行为的认定，按以下程序进行。
① 协会秘书处对守约、违约行为调查核实，提出意见。
② 协会组织委员会审核并受理申诉。
③ 协会常务理事会会议审议认定。

（6）协会组织委员会负责向协会理事会、常务理事会报告会员履行本公约监督检查的情况，协会理事会负责向协会会员代表大会报告会员履行本公约监督检查的情况。

四、守约褒扬

（1）会员具有良好的守约记录，应以适当方式给予褒扬。前述良好的守约记录，是指会员履行本公约中各项条款的行为记录属于"守约良好"的守约记录。

（2）在行业评优或信用等级评定活动中，把会员具有良好的守约记录作为评选的基本条件。

（3）会员履行本公约的情况作为推荐协会换届候选理事单位及候选理事的重要条件。

（4）在协会对外宣传、推荐工作中，把会员具有良好的守约记录作为列入宣传、推荐名单的首要条件。

五、违约处理

会员违反本公约的行为经查实并被认定为违约行为的，由协会根据违约程度，给予警示提醒、业内通报、社会公示、建议行政处罚等方式处理并要求整改。团体会员承担其从业人员违约的责任。

（1）警示提醒：以书面或约谈的形式告诫、提醒。

（2）业内通报：以适当方式在业内通报并批评。

（3）社会公示：在协会网上公示。

（4）建议行政处罚：向行政主管部门提出行政处罚建议书。

六、附则

（1）本公约生效后取得协会会员资格的单位，自取得会员资格之日起，视为自愿加入本公约，本公约将对其自动生效。

（2）本公约经第一次会员大会审议通过后生效，本公约的解释权归协会理事会。

项目二 机动车鉴定评估基础

知识目标

- 掌握机动车鉴定评估从业人员的工作要求。
- 掌握机动车鉴定评估的相关概念。
- 掌握机动车鉴定评估的目的和任务。

能力目标

- 能够运用机动车鉴定评估要素规范从业行为。
- 能够对二手机动车市场的发展及管理具备一定的前瞻性。

思政目标

- 培养机动车鉴定评估从业人员认真工作、规范服务的能力。
- 培养机动车鉴定评估从业人员遵照职业守则、诚实守信的态度。

思政育人

树立行业诚信服务典范，共筑诚信消费环境

贯彻落实党的二十大精神，机动车鉴定评估行业协同构筑和谐机动车交易金融消费环境，推动诚信文化建设，坚持以人民为中心，践行守信用、担风险、重服务、合规范的行业核心价值理念，不断提升服务水平，扎实做好诚信服务，切实维护机动车消费者合法权益，以诚信优质的服务为消费者的美好生活提供全面保障。

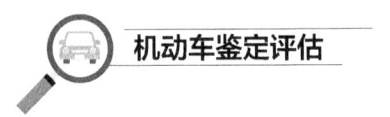

任务 2.1 机动车鉴定评估

2.1.1 机动车鉴定评估师

一、定义

机动车有狭义和广义之分，狭义是指经公安部门注册登记并在报废期内服役，通过机动车市场流通转让，发生产权变动的车辆；广义是指通过汽车经销商开具发票，到报废拆解之前，发生产权变动的及没有发生产权变动的一切车辆，包括汽车厂商库存积压商品车辆、司法机关涉案的车辆、海关罚没的车辆等，都属于机动车鉴定评估师的执业范围。

机动车鉴定评估师又称鉴定估价师，指从事机动车技术状况鉴定和价值评估、机动车质量与技术鉴定等工作的人员。

为适应经济社会发展和科技进步的客观需要，规范从业者的从业行为，为职业技能鉴定提供依据，立足培育工匠精神和精益求精的敬业风气，引导职业教育培训的方向，依据《中华人民共和国劳动法》，人力资源社会保障部组织有关专家，制定了《国家职业技能标准 鉴定估价师（机动车鉴定评估师）（2021年版）》。

国家职业技能标准将机动车鉴定评估师分为四级/中级工、三级/高级工、二级/技师、一级/高级技师四个等级，包括职业概况、基本要求、工作要求和权重表四个方面的内容。颁发相应等级的职业资格证书，实行统一编号等级管理。

持有机动车鉴定评估师职业资格证书是合法从事机动车鉴定与评估工作的前提。经营范围包含机动车的鉴定与评估的，也需要在单位内部符合国家有关部门关于机动车鉴定评估的特定条件才能合法开展业务，取得经营资质的前提也需要取得本职业资格证书。

二、证书用途

随着机动车市场的进一步发展和规范，机动车鉴定评估师职业资格证书将成为持证者进入机动车经营领域的通行证，其作用包括以下4点。

（1）上岗就业。持证者可以从事机动车鉴定评估工作。

（2）注册公司。持证者可以注册机动车鉴定评估机构。

（3）评估执业。持证者可以签署和开具机动车评估报告，具备法律效力。

（4）企业年检。机动车鉴定评估公司、机动车鉴定评估机构等在年检、核查时或者产生法律纠纷取证时，机动车鉴定评估师职业资格证书都可作为有效合法的证明和依据。

三、报考条件

（1）持有 C1（含）以上机动车驾驶证，并具备以下条件之一者，可申报四级/中级工：

① 取得相关职业五级/初级工职业资格证书（技能等级证书）后，累计从事本职业工作 3 年（含）或相关职业工作 4 年（含）以上。

② 累计从事本职业工作 5 年（含）或相关职业工作 6 年（含）以上。

③ 取得技工学校相关专业毕业证书（含尚未取得毕业证书的在校应届毕业生）；或取得经评估论证、以中级技能为培养目标的中等及以上职业学校相关专业毕业证书（含尚未取得毕业证书的在校应届毕业生）。

④ 取得大专及以上相关专业毕业证书（含尚未取得毕业证书的在校应届毕业生）；或取得大专及以上非相关专业毕业证书，累计从事本职业工作 1 年（含）或相关职业工作 2 年（含）以上。

（2）持有 C1（含）以上机动车驾驶证，并具备以下条件之一者，可申报三级/高级工。

① 取得本职业或相关职业四级/中级工职业资格证书（技能等级证书）后，累计从事本职业工作 4 年（含）或相关职业工作 5 年（含）以上。

② 取得本职业或相关职业四级/中级工职业资格证书（技能等级证书），并具有高级技工学校、技师学院毕业证书（含尚未取得毕业证书的在校应届毕业生）；或取得本职业或相关职业四级/中级工职业资格证书（技能等级证书），并具有经评估论证、以高级技能为培养目标的高等职业学校相关专业毕业证书（含尚未取得毕业证书的在校应届毕业生）。

③ 具有大专及以上相关专业毕业证书，并取得本职业或相关职业四级/中级工职业资格证书（技能等级证书）后，累计从事本职业工作 1 年（含）或相关职业工作 2 年（含）以上；或具有大专及以上非相关专业毕业证书，并取得本职业或相关职业四级/中级工职业资格证书（技能等级证书）后，累计从事本职业工作 2。年（含）或相关职业工作 3 年（含）以上。

（3）持有 C1（含）以上机动车驾驶证，并具备以下条件之一者，可申报二级/技师。

① 取得本职业或相关职业三级/高级工职业资格证书（技能等级证书）后，累计从事本职业工作 3 年（含）或相关职业工作 4 年（含）以上。

② 取得本职业或相关职业三级/高级工职业资格证书（技能等级证书）的高级技工学校、技师学院毕业生，累计从事本职业工作 2 年（含）或相关职业工作 3 年（含）以上；或取得相关职业预备技师证书的技师学院毕业生，累计从事本职业工作 1 年（含）或相关职业工作 2 年（含）以上。

③ 取得本职业或相关职业三级/高级工职业资格证书（技能等级证书）的大专及以上相关专业毕业生，累计从事本职业工作 2 年（含）或相关职业工作 3 年（含）以上。

（4）持有 C1（含）以上机动车驾驶证，并具备以下条件之一者，可申报一级/高级技师。

① 取得本职业或相关职业二级/技师职业资格证书（技能等级证书）后，累计从事本职业工作4年（含）以上。

② 取得本职业三级/高级工职业资格证书后，累计从事本职业工作8年（含）以上。

四、适用对象

（1）开展以旧换新业务的各品牌汽车经销商。

（2）各机动车交易中心（市场）、机动车鉴定评估机构、资产评估机构等中介评估机构。

（3）其他从事机动车租赁、拍卖、报废回收、置换业务的企事业单位的从业人员。

（4）有关车辆检测鉴定机构和其他从事机动车贷款、抵押、典当、保险、理赔、维修等业务的从业人员。

五、工作要求

机动车鉴定评估师国家职业技能标准对四级/中级工、三级/高级工、二级/技师、一级/高级技师的技能要求和相关知识要求依次递进，高级别涵盖低级别的要求。

（1）机动车鉴定评估师四级/中级工工作要求见表2-1。

表2-1　机动车鉴定评估师四级/中级工工作要求

职业功能	工作内容	技能要求	相关知识要求
手续检查	接受委托	能介绍机动车鉴定评估程序与方法； 能签订机动车鉴定评估委托书（合同）； 能拟定机动车鉴定评估方案	社交礼仪； 机动车鉴定评估程序与方法； 委托书（合同）的格式与内容； 鉴定评估方案制订方法
	核查证件、税费	能识别机动车手续真伪及有效性； 能确认机动车所有权人及评估委托人身份的合法性； 能采集被评估车辆手续信息	机动车手续的种类； 机动车手续真伪及有效性鉴别方法； 机动车所有权人及评估委托人身份合法性的确定依据； 车辆手续信息采集内容与方法
技术状况鉴定	静态检查	能鉴别机动车的合法性； 能静态检查发动机的技术状况； 能静态检查底盘的技术状况； 能静态检查车身及其附件的技术状况； 能静态检查常规电器与电子设备的技术状况； 能鉴别碰撞事故车	机动车合法性检查的内容与方法； 发动机静态检查的内容与方法； 底盘静态检查的内容与方法； 车身及其附件静态检查的内容与方法； 常规电器与电子设备技术状况静态检查的内容与方法； 碰撞事故车的鉴别方法
	动态检查	能路试检查发动机的技术状况； 能路试检查底盘的技术状况； 能路试检查车身及其附件的技术状况； 能路试检查常规电器与电子设备的技术状况； 能进行路试后的检查	发动机技术状况路试检查的内容与方法； 底盘技术状况路试检查的内容与方法； 车身及其附件技术状况路试检查的内容与方法； 常规电器与电子设备技术状况路试检查的内容与方法； 路试后的检查内容与方法

续表

职业功能	工作内容	技能要求	相关知识要求
技术状况鉴定	技术状况综合评定	能识读机动车安全、环保技术性能检测报告； 能确定机动车的技术状况等级	机动车安全、环保技术性能检测报告的内容与合格评定要求； 机动车技术状况评定方法、标准与要求
价值评估	整车价值评估	能根据评估目的选择评估方法； 能评估机动车（含新能源车辆）整车价值； 能撰写机动车整车价值鉴定评估报告； 能归档机动车整车价值鉴定评估报告	评估方法的分类与选用； 现行市价法、重置成本法、收益现值法、清算价格法的评估流程与计算方法； 鉴定评估报告的基本要求、主要内容与撰写方法； 鉴定评估报告的归档要求与方法
	事故车辆损失评估	能填写事故车辆损伤诊断单； 能确定事故车辆损伤等级； 能确定更换配件项目、维修项目及价格； 能计算维修费用； 能评估损坏配件残值； 能撰写事故车辆损失鉴定评估报告	事故车辆损伤诊断单的内容与填写方法； 事故车辆损伤等级评定方法与技术要求； 配件修换原则； 配件价格确定方法； 维修费用计算方法； 损坏配件残值评估方法； 事故车辆损失鉴定评估报告撰写方法
认证与营销	二手车认证	能按二手车认证流程检查车辆； 能撰写二手车认证报告	二手车认证流程； 二手车认证报告撰写方法
	二手车营销	能确定二手车收购价格； 能确定二手车置换价格； 能确定二手车拍卖底价	二手车收购定价方法； 二手车置换定价方法； 二手车拍卖底价计算方法

（2）机动车鉴定评估师三级/高级工工作要求见表2-2。

表2-2 机动车鉴定评估师三级/高级工工作要求

职业功能	工作内容	技能要求	相关知识要求
技术状况鉴定	静态检查	能鉴别进口机动车的合法性； 能静态检查机动车特殊电器与电子设备的技术状况； 能静态检查专项作业车的技术状况； 能鉴别泡水车、火烧车	进口机动车合法性鉴别方法； 特殊电器与电子设备的功能与使用方法； 专项作业车技术状况静态检查的内容与方法； 泡水车、火烧车的鉴别方法
	动态检查	能路试检查机动车主动安全系统的技术状况； 能路试检查专项作业车的技术状况	机动车主动安全系统技术状况路试检查的内容与方法； 专项作业车技术状况路试检查的内容与方法
	技术状况综合评定	能确定机动车技术状况； 能进行道路运输车辆技术等级合格评定	机动车技术状况评定内容与评定要求； 道路运输车辆技术等级评定内容与评定要求
故障判断	发动机故障	能判断发动机常见机械故障	发动机常见机械故障现象与判断方法
	底盘故障	能判断底盘常见机械故障	底盘常见机械故障现象与判断方法
	车身及附件故障	能判断车身及附件常见机械故障	车身及附件常见机械故障现象与判断方法
	电器与电子设备故障	能判断发动机电器与电子设备常见故障； 能判断底盘电器与电子设备常见故障； 能判断车身电器与电子设备常见故障	发动机电器与电子设备常见故障现象与判断方法； 底盘电器与电子设备常见故障现象与判断方法

续表

职业功能	工作内容	技能要求	相关知识要求
价值评估	整车价值评估	能审核整车价值鉴定评估报告	整车价值鉴定评估报告审核要求
	事故车辆损失评估	能确定新能源车辆更换配件项目、维修项目及其价格； 能计算新能源车辆维修费用； 能评估事故车辆整车与未损坏配件残值； 能评估事故车辆贬值损失； 能审核事故车辆损失鉴定评估报告	新能源车辆配件修换原则； 事故车辆整车与未损坏配件残值评估方法； 事故车辆贬值损失评估方法； 事故车辆损失鉴定评估报告审核方法
	停运损失评估	能评估机动车停运损失； 能撰写机动车停运损失鉴定评估报告	机动车停运损失评估方法； 机动车停运损失鉴定评估报告撰写方法
认证与营销	二手车认证	能审核二手车认证报告； 能优化和改进二手车认证流程	二手车认证报告审核要求
	二手车营销	能审核二手车收购、置换、拍卖价格； 能进行二手车销售定价； 能组织实施二手车认证	二手车收购、置换、拍卖定价方法； 二手车销售定价方法
质量与技术鉴定	损伤关联性鉴定	能确定机动车配件损伤与事故关联性； 能撰写机动车配件损伤与事故关联性技术鉴定意见书	机动车配件损伤与事故关联性分析方法； 机动车配件损伤与事故关联性技术鉴定意见书撰写要求
	机动车属性鉴定	能确定机动车属性； 能撰写机动车属性技术鉴定意见书	机动车属性鉴定方法； 机动车属性技术鉴定意见书撰写要求
	机动车类型鉴定	能确定机动车类型； 能撰写机动车类型技术鉴定意见书	机动车类型； 机动车类型技术鉴定意见书撰写要求
	技术性能鉴定	能鉴定机动车安全技术性能； 能撰写机动车安全技术性能鉴定意见书	机动车安全技术性能鉴定项目及要求； 机动车安全技术性能鉴定意见书撰写要求
	维修痕迹鉴定	能鉴定机动车拆装、维修痕迹； 能撰写机动车拆装、维修痕迹技术鉴定意见书	机动车拆装、维修痕迹鉴定方法； 机动车拆装、维修痕迹技术鉴定意见书撰写要求
	维修时间鉴定	能鉴定机动车合理维修时间； 能撰写机动车合理维修时间技术鉴定意见书	机动车合理维修时间鉴定方法； 机动车合理维修时间技术鉴定意见书撰写要求
	配件属性鉴定	能鉴定机动车配件属性； 能撰写机动车配件属性技术鉴定意见书	机动车配件属性鉴定方法； 机动车配件属性技术鉴定意见书撰写要求
管理与培训	仪器设备管理	能进行工具、量具、仪器设备的日常维护和定期维护； 能进行工具、量具、仪器设备的期间核查	工具、量具、仪器设备日常维护、定期维护项目、方法与要求； 工具、量具、仪器设备期间核查项目、方法与要求
	技能培训	能对四级/中级工进行专业技能培训与指导	技能培训讲义编写方法

（3）机动车鉴定评估师二级/技师工作要求见表2-3。

表 2-3　机动车鉴定评估师二级/技师工作要求

职业功能	工作内容	技能要求	相关知识要求
技术状况鉴定	静态检查	能优化和改进静态检查方法与工艺； 能编写静态检查工艺规程	静态检查工艺规程编制要求
		能优化和改进动态路试检查方法与工艺； 能编写动态路试检查工艺规程	动态路试检查工艺规程编制要求
		能解决技术状况评定的综合性问题	专家意见书的撰写要求
故障判断	发动机故障	能判断发动机常见机械故障原因	发动机常见机械故障诊断方法
	底盘故障	能判断底盘常见机械故障原因	底盘常见机械故障诊断方法
	车身及附件故障	能判断车身及附件常见机械故障原因	车身及附件常见机械故障诊断方法
	电器与电子设备故障	能判断发动机电器与电子设备常见故障原因； 能判断底盘电器与电子设备常见故障原因； 能判断车身电器与电子设备常见故障原因	发动机电器与电子设备常见故障诊断方法； 底盘电器与电子设备常见故障诊断方法； 车身电器与电子设备常见故障诊断方法
价值评估	整车价值评估	能审核新能源车辆整车价值鉴定评估报告	新能源车辆整车价值鉴定评估报告审核要求
	事故车辆损失评估	能审核新能源事故车辆损失鉴定评估报告	新能源事故车辆损失鉴定评估报告审核要求
	停运损失评估	能审核机动车停运损失鉴定评估报告	机动车停运损失鉴定评估报告审核要求
认证与营销	二手车认证	能审核二手车销售定价； 能制定二手车认证方案	二手车认证方案制定方法
	二手车营销	能组织实施二手车营销； 能制定二手车营销方案	二手车营销方案制定方法
质量与技术鉴定	损伤关联性鉴定	能审核机动车配件损伤与事故关联性技术鉴定意见书	机动车配件损伤与事故关联性技术鉴定意见审核要求
	机动车属性鉴定	能审核机动车属性技术鉴定意见书	机动车属性技术鉴定意见书审核要求
	机动车类型鉴定	能审核机动车类型技术鉴定意见书	机动车类型技术鉴定意见书审核要求
	嫌疑车辆鉴定	能鉴定嫌疑问题车辆； 能撰写嫌疑问题车辆技术鉴定意见书	嫌疑问题车辆鉴定方法； 嫌疑问题车辆鉴定意见书撰写要求
	技术性能鉴定	能审核机动车安全技术性能鉴定意见书； 能鉴定机动车综合技术性能； 能撰写机动车综合性能技术鉴定意见书	机动车安全技术性能鉴定意见书审核要求； 机动车综合技术性能鉴定项目及要求； 机动车综合性能技术鉴定意见书撰写要求
	维修痕迹鉴定	能审核机动车拆装、维修痕迹技术鉴定意见书	机动车拆装、维修痕迹技术鉴定意见书审核要求
	维修时间鉴定	能审核机动车合理维修时间技术鉴定意见书	机动车合理维修时间技术鉴定意见书审核要求
	配件属性鉴定	能审核机动车配件属性技术鉴定意见书	机动车配件属性技术鉴定意见书审核要求
	事故鉴定	能鉴定机动车机械、电气事故成因； 能鉴定机动车火灾事故成因； 能鉴定车辆行驶速度； 能鉴定车辆碰撞痕迹； 能分析机动车行车存储数据； 能鉴定机动车故障与交通事故的因果关系； 能撰写机动车事故相关技术鉴定意见书	机动车机械、电气事故鉴定方法； 机动车火灾事故鉴定方法； 车辆行驶速度鉴定方法； 车辆碰撞痕迹鉴定方法； 机动车行车存储数据提取与分析方法； 机动车故障与交通事故的因果关系分析方法； 机动车事故技术鉴定意见书撰写要求

续表

职业功能	工作内容	技能要求	相关知识要求
质量与技术鉴定	质量（缺陷）鉴定	能鉴定机动车维修质量问题产生的原因； 能鉴定机动车制造质量（缺陷）问题产生的原因； 能撰写机动车质量（缺陷）技术鉴定意见书	机动车维修质量问题鉴定方法； 机动车制造质量（缺陷）问题鉴定方法； 机动车质量（缺陷）技术鉴定意见书撰写要求
管理与培训	仪器设备管理	能进行仪器设备的调试和校准； 能编写设备操作规程	仪器设备的调试和校准规程； 设备操作规程编制方法
	技术与质量管理	能评价质量控制效果； 能撰写技术总结	质量控制与管理相关知识； 技术总结撰写方法
	技术培训	能编写技能培训教案、讲义与课件； 能对三级/高级工及以下级别人员实施专业技能培训与指导	技能培训教案、讲义与课件制作知识； 技能培训与指导的基本要求和基本方法

（4）机动车鉴定评估师一级/高级技师工作要求见表2-4。

表2-4　机动车鉴定评估师一级/高级技师工作要求

职业功能	工作内容	技能要求	相关知识要求
故障判断	发动机故障	能判断发动机综合性故障原因	发动机综合性故障诊断方法
	底盘故障	能判断底盘综合性故障原因	底盘综合性故障诊断方法
	车身及附件故障	能判断车身及附件综合性故障原因	车身及附件故障诊断方法
	电器与电子设备故障	能判断发动机电器与电子设备综合性故障原因； 能判断底盘电器与电子设备综合性故障原因； 能判断车身及附件电器与电子设备综合性故障原因	发动机电器与电子设备综合性故障诊断方法； 底盘电器与电子设备综合性故障诊断方法； 车身及附件电器与电子设备综合性故障诊断方法
价值评估	整车价值评估	能对整车价值鉴定评估项目提出改进意见	整车价值评估前沿技术
	事故车辆损失评估	能对事故车辆损失鉴定评估项目提出改进意见	事故车辆损失评估前沿技术
	停运损失评估	能对车辆停运损失鉴定评估项目提出改进意见	新能源车辆停运损失鉴定评估报告审核要求
质量与技术鉴定	嫌疑车辆鉴定	能审核嫌疑问题车辆技术鉴定意见书	嫌疑问题车辆技术鉴定意见书审核要求
	事故鉴定	能审核机动车事故技术鉴定意见书	机动车事故技术鉴定意见书审核要求
	技术性能鉴定	能审核机动车综合性能技术鉴定意见书； 能鉴定机动车主、被动安全装置或智能技术性能，撰写技术鉴定意见书； 能鉴定新能源车辆动力电池热管理系统性能，撰写技术鉴定意见书	机动车综合性能技术鉴定意见书审核要求； 机动车主、被动安全装置或智能技术；性能鉴定方法与技术鉴定意见书撰写要求； 新能源车辆动力电池热管理系统性能鉴定方法与技术鉴定意见书撰写要求
	质量（缺陷）鉴定	能审核机动车质量（缺陷）技术鉴定意见书； 能归纳总结机动车安全隐患或制造缺陷问题并向有关部门提交意见或建议书	机动车质量（缺陷）技术鉴定意见书审核要求； 机动车安全隐患或制造缺陷问题归纳总结方法及意见或建议书撰写要求
	技术革新	能革新技术鉴定手段，优化改进技术鉴定方法和工艺流程	技术鉴定前沿技术

续表

职业功能	工作内容	技能要求	相关知识要求
管理与培训	仪器设备管理	能制订工具、量具、仪器设备的维护、期间核查和周期检定计划； 能排除仪器设备常见故障	工具、量具、仪器设备维护、期间核查和周期检定计划制订方法
	技术与质量管理	能编制质量控制计划； 能编写质量体系中的程序文件和作业指导书； 能撰写技术论文	质量控制计划编制方法； 程序文件和作业指导书编写方法； 技术论文撰写要求
	技术培训	能制定技能培训方案； 能对二级/技师及以下级别人员进行专业技能培训与指导	培训方案制定方法与要求

六、工作权重

（1）理论知识权重见表2-5。

表2-5 理论知识权重表

技能等级项目		（四级/中级工）/%	（三级/高级工）/%	（二级/技师）/%	（一级/高级技师）/%
基本要求	职业道德	5	5	5	5
	基础知识	25	20	15	10
相关知识要求	手续检查	5	—	—	—
	技术状况鉴定	30	20	10	—
	故障判断	—	10	20	30
	价值评估	20	15	10	5
	认证与营销	15	10	5	—
	质量与技术鉴定	—	15	25	35
	管理与培训	—	5	10	15
	合计	100	100	100	100

（2）技能要求权重见表2-6。

表2-6 技能要求权重表

技能等级项目		四级/中级工/%	三级/高级工/%	二级/技师/%	一级/高级技师/%
技能要求	手续检查	10	—	—	—
	技术状况鉴定	45	30	15	—
	故障判断	—	15	20	25
	价值评估	30	25	20	10
	认证与营销	15	10	5	—
	质量与技术鉴定	—	15	30	45
	管理与培训	—	5	10	20
	合计	100	100	100	100

2.1.2　机动车鉴定评估机构

一、机构设立

1. 申请程序

（1）申请机动车鉴定评估的企业，应向所在地商务行政主管部门提出申请；

（2）商务主管部门审查后，将审查意见及申请报省商务厅，由省商务厅决定是否给予机动车评估机构经营资格；

（3）申请人应持机动车鉴定评估机构经营批准证书向所在地管理机关办理登记手续。

2. 应具备的条件

（1）有固定的经营场所和从事经营活动的必要设施。

（2）有 3 名以上取得职业资格证书的机动车鉴定评估师、1 名以上高级机动车鉴定评估师。

（3）是独立的中介机构。

（4）有规范的企业章程、管理制度。

3. 应提供的证明

（1）经营场所不少于 $200m^2$ 的所有权或使用权的有效证明文件。

（2）人力资源社会保障部门颁发的机动车鉴定评估师高、中级职业资格证书。

（3）拟聘任 3 名以上机动车鉴定评估师（含 1 名以上机动车高级鉴定评估师）。

（4）经营机动车鉴定评估机构的章程和管理制度。

（5）相关检测设施设备的照片。

（6）注册资金及验资报告。

（7）拟任法定代表人简历、有效身份证件复印件及户口所在地公安机关出具的无故意犯罪记录证明。

（8）申请企业全体股东签名的申请报告。

（9）县级以上消防行政主管部门出具的消防设施清单和消防安全检查意见书。

（10）涉及国有资本或上市公司投资的，应当出具国资管理部门或上市公司同意设立的相关文件。

（11）所在地县（市、区）商务主管部门意见。

（12）填报机动车鉴定评估机构审批表，一式三份。

项目二 机动车鉴定评估基础

4. 审批期限

法定期限：20个工作日。

承诺期限：10个工作日（不含法定节假日）。

二、机动车鉴定评估机构核准证书

1. 机动车鉴定评估机构核准证书编码

机动车鉴定评估机构核准证书实行统一编码管理，编码由16位阿拉伯数字组成，有独特的编排结构及规则，机动车鉴定评估机构核准证书编码规则见表2-7。

表2-7 机动车鉴定评估机构核准证书编码规则

编码序号	第1~2位	第3~6位	第7位	第8位	第9~12位	第13~16位
含 义	省别号	顺序号	组织形式代码	内、外资代码	分支机构序号	年序号

2. 机动车鉴定评估机构核准证书编排规则

（1）省别号（第1~2位）（含省、自治区、部分市，以及新疆生产建设兵团）。

11—北京市，12—天津市，13—河北省，14—山西省，15—内蒙古自治区，21—辽宁省，22—大连市，23—吉林省，24—黑龙江省，31—上海市，32—江苏省，33—浙江省，34—宁波市，35—安徽省，36—福建省，37—江西省，38—山东省，39—青岛市，41—河南省，42—湖北省，43—湖南省，44—广东省，45—深圳市，46—广西壮族自治区，47—海南省，51—重庆市，52—四川省，53—贵州省，54—云南省，55—西藏自治区，61—陕西省，62—甘肃省，63—青海省，64—宁夏回族自治区，65—新疆维吾尔自治区，66—新疆生产建设兵团。

（2）顺序号（第3~6位）。

顺序号表示商务主管部门批准设立的机动车鉴定评估机构先后顺序，用阿拉伯数字表示。例如：第36个，顺序号填写"0036"；第105个，顺序号填写"0105"。

（3）组织形式代码（第7位）。

1—有限责任公司，2—股份有限公司。

（4）内、外资代码（第8位）。

1—中资企业，2—外资企业，3—中外合资经营企业，4—中外合作经营企业。

（5）分支机构序号（第9~12位）。

机动车鉴定评估机构分支机构的经营批准证书编码前8位与机动车鉴定评估机构相同。第9~10位表示机动车鉴定评估机构设立该分支机构的顺序，用阿拉伯数字表示。第11~12位表示该分支机构所在省（自治区、直辖市、计划单列市、新疆生产建设兵团），编码规则同省别号。如"0711"表示某机动车鉴定评估机构设立的第7家分支机构，该分

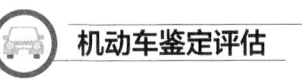

支机构设在北京。二手车鉴定评估机构在第 9~12 位填写"0000"。

（6）年序号（第 13~16 位）。

年序号表示商务主管部门批准设立机动车鉴定评估机构及其分支机构的时间，以年为单位，由公元年号组成。例如：2021 年批准设立的，年序号填写"2021"。

3．机动车鉴定评估机构核准证书编码的管理

（1）若机动车鉴定评估机构核准证书到期，当机动车鉴定评估机构及其分支机构申请换证时，原编码不变。

（2）若机动车鉴定评估机构核准证书正、副本遗失或被损毁，当机动车鉴定评估机构及其分支机构申请补发时，原编码不变。

（3）若机动车鉴定评估机构及其分支机构变更机构名称、法定代表人、经营范围、注册资本及在本省内变更住所等事项，且组织形式、内外资性质没有变化的，当换发新证时，经营批准证书编码不变。

（4）若机动车鉴定评估机构发生组织形式变更或者内外性质变化的，机动车鉴定评估机构及其分支机构的经营批准证书作废，需重新编码，换发新证。

（5）若机动车鉴定评估机构终止营业（解散、被撤销或者破产），机动车鉴定评估机构及其分支机构的经营批准证书及编码作废。分支机构撤销或者被撤销的，其经营批准证书及编码作废。

（6）因合并、分立而存续的机动车鉴定评估机构，原编码不变；因合并、分立而解散的机动车鉴定评估机构，原编码作废；因合并、分立而新设立的机动车鉴定评估机构，需重新编码，核发新证。

2.1.3　机动车鉴定评估的相关概念

一、机动车鉴定评估

机动车鉴定评估指由专门的鉴定评估人员，按照特定的目的，遵循法定或公允的标准和程序，运用科学的方法，对机动车进行手续检查、技术鉴定和评估价值的过程。

二、机动车停运损失鉴定评估

机动车停运损失鉴定评估司法鉴定人运用科学技术或者专业知识对已经停止营运的机动车勘验，确认其技术状态、实际停运时间等，运用评估计算等方法对机动车停运损失进行鉴别和判断并提供鉴定意见的活动。

三、事故车辆安全技术鉴定

根据我国相关法律法规的规定，车辆安全技术鉴定是对事故车辆的制动、转向、行驶、灯光、轮胎、安全装置等系统的安全技术状况进行鉴定，明确事故车辆各系统的失效或损坏是在事故发生前就存在，还是由事故引起的，对于事故前已形成的失效或损坏需判断其是突发或固有存在，并分析查明车辆故障与事故发生的联系程度，从而为事故责任划分及后续损害赔偿事宜提供事实依据。

事故车辆安全技术检验鉴定分两类：一类是根据检验鉴定的形态分类，可分为静态检验鉴定、动态检验鉴定和零部件失效检验鉴定；另一类是按事故车辆的损坏状况分类，可分为具有行驶能力的事故车辆安全技术鉴定和失去行驶能力的事故车辆安全技术鉴定。

具有行驶能力的事故车辆安全技术鉴定通常以动态检验鉴定为主，主要有室内检测线检验、路试检测以及现场模拟试验三种方式。室内检测项目主要有驻车制动性能、行车制动性能、转向轮横向侧滑量、汽车底盘与照明信号灯检测等。但由于检测线上汽车前后载荷分布不均，附着系数不同，检测线检测结果与实际行驶情况会存在误差。同时因待检测数量大，为提高检测效率也会在保证人员安全的前提下进行路试检测或现场模拟实验。路试检测主要是利用便携式制动性能测试仪、方向盘转向力—转向角检测仪等仪器设备，检测汽车的制动距离、协调时间及平均减速度等参数来评价事故车辆各个系统的技术状况。而现场模拟试验主要是利用实车、软件或者人工沙盘等模拟事故发生情况，再现事故车辆各系统的技术状况。

失去行驶能力的事故车辆安全技术鉴定大部分以静态检验鉴定为主。静态检验鉴定不仅要检测相关总成或零部件的关键参数与基本技术状况，还需结合检测结果，分析在事故发生时其对整车技术性能的影响程度及引发事故的关联程度。若静态检验鉴定无法满足鉴定需要，则需进行零部件失效检验鉴定，主要采用扫描电镜、金相分析仪、能谱仪等专用仪器进行检测，例如，转向轴断裂、制动鼓（盘）制造质量等。

四、司法鉴定评估

司法鉴定是指在诉讼活动中鉴定人运用科学技术或者专门知识对诉讼涉及的专门性问题进行鉴别和判断并提供鉴定意见的活动。或者说，司法鉴定是指在诉讼过程中，对案件中的专门性问题，由司法机关或当事人委托法定鉴定单位，运用专业知识和技术，依照法定程序做出鉴别和判断并出具相关证明报告。当资产评估过程中需要进行司法鉴定时，司法机关会考察了解一些专门性单位（如评估机构、医疗机构），然后指定为司法鉴定资质机构，其活动称之为司法鉴定评估。

五、机动车技术状况评估

机动车技术状况评估是通过使用一定的技术设备和技术手段，对车辆的技术性能和安全性能及对车辆价值有直接影响的重要部件进行检测，并对车辆的技术状况进行等级评估、缺陷描述的鉴定。

六、静态检验鉴定

静态检验鉴定指静止状态下对机动车车辆所进行的技术检验鉴定。

七、动态检验鉴定

动态检验鉴定指在发动机运转条件下和行驶状态下对机动车车辆所进行的技术检验鉴定。

八、零部件性能检验鉴定

零部件性能检验鉴定指对影响机动车安全性能的零部件所进行的检验鉴定，如对机动车车辆转向机构部件、制动部件、轮胎、照明装置、信号装置等所进行的检验鉴定。

九、机动车维修质量评估

机动车维修质量评估指被送修的车辆在维修竣工后，利用相关专业设备检测等手段对车辆维修部位修复状况是否符合国家标准，是否达到相关技术要求而进行的技术鉴定。

十、机动车贬值损失评估

车辆在发生交通碰撞、火烧、水淹等事故后，虽经后期修复，其使用性能会得到一定的恢复，但车辆的使用寿命、安全性能、操控性能、稳定性能、平顺性能等很难恢复到以前的状态，因此车辆的实际价值必然下降，其实际价值降低部分即为车辆因事故而造成车辆价值贬值部分。事故车辆贬值鉴定就是针对车辆因事故而造成价值贬值部分的评估鉴定，并出具专业、权威的独立第三方鉴定报告书。

十一、特种车辆鉴定评估

特种车（也称专用车）是一种高技术含量的产品，它将机械、电子、液压、化工、环保等各领域的相关先进技术模块化地集成在一辆特种车底盘上，从而实现它的特定功能，包含以下 6 类。

（1）厢式专用货车：如警车，囚车、保温车等。

（2）罐式专用车：如油罐车、供水车、水泥运输车等。

（3）专用自卸汽车：如垃圾车、运棉车、散装饲料运输车等。

（4）仓栅式专用车：如养蜂车、瓶装饮料运输车等。

（5）起重举升专用车：如航空食品运输车、随车起重运输车等。

（6）特种结构汽车：如集装箱运输车、扫地车、除雪车等。

特种车辆鉴定评估指由专门的鉴定评估人员，按照特定的目的，遵循法定或公允的标准和程序，运用科学的方法，对特种车辆进行手续检查、技术鉴定和价值评估的过程。

十二、其他类鉴定评估

其他类鉴定评估包括二轮、三轮电动车，自行车等，是指发生交通事故后，委托专门的评估机构，按照特定的目的，遵循法定或公允的标准和程序，运用科学的方法，对车辆进行手续检查、技术鉴定和价值评估的过程。

任务 2.2　机动车鉴定评估的目的和任务

2.2.1　机动车鉴定评估的目的、意义鉴定和原则

一、机动车鉴定评估的主要任务

机动车鉴定评估由专业鉴定评估机构参与，其专业车辆评估人员，根据车辆的使用年限（已使用年限）、行驶千米数、总体车况和事故记录等进行系统的勘查和评估，折算车辆的成新率，再按照该车的市场销售状况等，提出基本参考价值，通过计算机系统的运算得出评估价格，并撰写车辆评估书，由鉴定评估机构的鉴定评估师签章后生效，作为车辆交易的参考和依法纳税的依据之一。其主要任务有以下几点。

1. 确定机动车交易的成交价格

由鉴定评估机构的鉴定评估人员按照交易的目的，选择鉴定估价的方法，确定机动车的评估。评估的价格作为买卖双方成交的参考底价。

2. 转让机动车的所有权

涉及企业或个人的产权变动，机动车鉴定评估机构的评估将作为转让机动车所有权的财产依据。

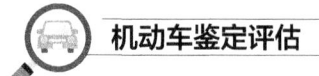

3. 法律诉讼咨询服务

当事人遇到机动车辆诉讼时，可以委托鉴定评估师对车辆进行评估，有助于把握事实真相；同时，法院判决时也可以将鉴定评估师的结论作为司法裁定提供现时价值依据。

4. 拍卖

对于执法机关罚没车辆、抵押车辆、企业清算车辆、抵债车辆、公物车辆和海关获得的抵税车辆等，都需要对车辆进行鉴定估价，以在预期之日为拍卖车辆提供底价。

5. 抵押贷款

银行为了确保放贷安全，要求贷款人以机动车辆作为贷款抵押物。为了安全回收贷款，应对车辆进行鉴定估价。而这种贷款的安全性在一定程度上取决于对抵押评估的准确性。

6. 二手车置换业务

狭义的置换业务就是以旧换新，经销商通过机动车的收购与其旧车或新车的对等销售获取利益。在二手车置换业务过程中需要依靠对机动车的鉴定评估。

7. 国有资产评估

车辆涉及国有资产时，将按照国家有关规定，国有资产占用单位在委托评估之前应向国有资产管理部门办理评估立项申请，待批准后方可委托评估机构进行评估。机动车鉴定评估机构的评估将作为国有资产的财产依据。

8. 识别拼装车辆

为了严肃经济秩序，确保交通和人民生命安全，在机动车鉴定评估过程中要鉴定、识别非法拼装车、走私车、报废车等，防止这些车辆流入二手车交易市场。

9. 保险

对车辆进行投保时，所缴纳的保费高低直接与车辆本身的价值大小有关。另一方面，出险车辆从保险公司获得的赔付金额最大不超过出险前的车辆价值，因此必须对投保车辆的价值进行鉴定评估。

二、机动车交易评估的意义

（1）客观反映车辆的使用情况及车辆存在的各种缺陷，为机动车交易双方提供机动车的基本技术状况。

（2）通过对机动车的技术评估，防止走私车辆、非法拼装车辆和盗抢车辆等不法车辆及报废车辆进入机动车交易市场。

（3）根据机动车技术评估结论，确定机动车的等级，使机动车的评估结论更公正、公平、合理，更接近市场，被社会各方所接受。

三、机动车鉴定评估依据

机动车鉴定评估工作和其他工作一样，在评估时必须有正确且科学的依据，这样才能得出较正确的结论。其主要依据包括以下3点。

1. 理论依据

机动车鉴定评估的理论依据是资产评估学，其操作按国家规定的方法进行。

2. 政策法规依据

机动车鉴定评估工作政策性强，依据的主要政策法规有《国有资产评估管理办法》《国有资产评估管理办法实施细则》《二手车流通管理办法》《机动车强制报废标准规定》等，以及其他方面的政策法规。

3. 价格依据

一是历史依据，主要是机动车辆的账面原值、净值等资料，它具有一定的客观性，但不能作为评估的直接依据；二是现实依据，即在评价评估值时都要以基准日这一时间点的现实条件为准，即现时的价格，现时的车辆功能状态。

四、机动车鉴定评估的原则

机动车鉴定评估的原则是对机动车鉴定评估行为的规范。为了保证鉴定评估结果的真实、准确，并做到公平、合理，被社会承认，就必须遵循一定的原则。

1. 公平性原则

公平、公正是机动车鉴定评估工作人员应遵守的一项最基本的道德规范。鉴定评估人员的思想作风应端正，工作态度应公正无私，其评估结果也应该是公道、合理的，而绝对不能偏向任何一方。

2. 独立性原则

独立性原则要求机动车鉴定评估工作人员依据国家有关法规和规章制度及可靠的资料数据，对被评估的机动车价格独立地做出评估结论，不应受外界干扰和委托者意图的影响，公正客观地进行评估工作。坚持独立性原则，是保证评估结果具有客观性的基础。

3. 客观性原则

客观性原则是指评估结果应以充分的事实为依据。它要求对机动车计算中所依据的数

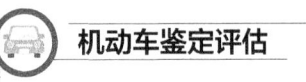

据资料必须真实，对技术状态的鉴定分析实事求是。

4. 科学性原则

科学性原则是指在机动车评估过程中，必须根据评估的特定目的，选择使用的评估标准和方法，使评估结果准确合理。

5. 专业性原则

专业性原则要求鉴定评估人员接受国家专门的职业培训，经专业技能鉴定合格后由国家统一分发执业证书，持证上岗。

6. 可行性原则

可行性原则亦称有效性原则。要想使鉴定评估的结果真实可靠又简便易行，就要求鉴定评估人员是合格的，具有较高的素质；评估中利用的资料数据是真实可靠的；鉴定评估的程序与方法是合法的、科学的。

2.2.2　机动车鉴定评估的主体和客体

一、机动车鉴定评估的主体

机动车鉴定评估的主体是指机动车鉴定评估业务的承担者，即从事机动车鉴定评估的机构及专业评估人员，是机动车鉴定评估工作中的主导者。在机动车鉴定评估业务中，对机动车鉴定评估的主体资格有严格的限制条件。

二、机动车鉴定评估的客体

机动车鉴定评估的客体是指被评估车辆，是鉴定评估的具体对象。《二手车流通管理办法》规定下列车辆禁止经销、买卖、拍卖和经纪。

（1）已报废或者达到国家强制报废标准的车辆。

（2）在抵押期间或者未经海关批准交易的海关监管车辆。

（3）在人民法院、人民检察院、行政执法部门依法查封、扣押期间的车辆。

（4）通过盗窃、抢劫、诈骗等违法犯罪手段获得的车辆。

（5）发动机号码、车辆识别代号或者车架号码与登记号码不符，或者有凿改迹象的车辆。

（6）走私、非法拼（组）装的车辆。

（7）不具有车辆法定证明、凭证的车辆。

（8）在本行政辖区以外的公安机关交通管理部门注册登记的车辆。

(9)国家法律、行政法规禁止经营的车辆。

2.2.3 二手车市场的发展及管理

一、二手车市场的发展历程

我国的二手机动车（简称二手车）市场是在社会主义市场经济的发展中产生的，在市场化程度逐渐提高的环境下，显现出了超强的发展潜力。通过资料调查，我国二手车市场的发展历程，大致上可划分为4个阶段。

（1）第一阶段是1985年以前，我国为计划经济时期，此时国家计划性地管理汽车的生产、分配及消费，因而汽车的产量及保有量较低，消费主体主要为政府部门、事业单位、军事部门等。

（2）第二阶段是1985—1992年，此时我国由计划经济开始向商品经济过渡，一部分先富裕起来的人为了彰显其身份和地位，开始购买汽车，汽车消费逐渐开始，同时二手汽车的相关需求也开始产生，此阶段二手汽车交易量逐渐呈现出缓缓上升的趋势。

（3）第三阶段是1993—1998年，市场作为导向的经济改革大踏步前进，人们的生活水平大大提高，社会购买力也得到了很大程度的提高，高收入人群把购买汽车作为一种流行趋势。由于经营机动车可带来高额的利润，使得很多企业开始进入机动车这一流通行业，很大程度上刺激着二手车的发展。颁发《旧机动车交易管理办法》（已废止）这一举措，使得二手行业得到了进一步的规范及发展，初步实现无序交易向有序交易发展。

（4）第四阶段是1999年至今，在我国扩大内需以刺激消费的相关政策下，人们对汽车的需求量不断增加，这使得国内汽车的产量及保有量迅速增长。

伴随着国家汽车产业发展政策的调整，加之人们消费和生活质量水平的日益提高，每年汽车保有量持续保持增长的趋势，二手车交易市场也因此得到快速发展。

二、二手车市场的交易情况

汽车市场在我国经历了半个多世纪的发展，得到了很大的发展并逐步走向成熟。繁荣的新车市场也带动了二手车市场的发展，目前，我国二手车市场正由汽车的次要地位向主要地位转变。虽然与国外成熟二手车市场相比，我国二手车市场起步较晚，但各种成交数据都反映了我国的二手车市场处于飞速发展阶段，正在向成熟市场大步迈进。近年来我国二手车交易量快速增长，2019年我国二手车交易量达1 492.28万辆，较2018年增加了110.09万辆，同比增长7.96%。2020年1—10月受到新型冠状病毒感染等因素的影响，交易量有所下滑，2020年1—10月我国二手车交易量为1 105.98万辆。

2020年1—10月我国交叉型乘用车二手车交易量为26.52万辆；多用途汽车二手车交易量为64.36万辆；客车二手车交易量为96.25万辆；载货车二手车交易量为102.99万辆；运动型实用汽车二手车交易量为105.01万辆；基本型乘用车二手车交易量为659.53万辆。2020年1—10月受到市场因素影响，仅低速货车二手车较去年同期略有增长中，其余车型相比同期均有明显下降。

2020年1—10月我国基本型乘用车二手车交易量占全国二手车总交易量的59.63%；运动型实用汽车二手车交易量占全国二手车总交易量的9.49%；载货二手车交易量占全国二手车总交易量的9.31%；客车二手车交易量占全国二手车总交易量的8.70%；多用途汽车二手车交易量占全国二手车总交易量的5.82%；交叉型乘用车二手车交易量占全国二手车总交易量的2.40%。

我国二手车交易金额逐年增，2019年我国二手车交易金额达9 356.86亿元，较2018年增加了753.29亿元，同比增长8.76%。

从交易均价来看，2019年我国二手车交易均价为6.27万元/辆，较2018年增加了0.046万元/辆。

三、二手车交易市场存在的主要问题

由于目前我国二手车的交易市场还处于初级发展阶段，相关制度、法律及企业行规都不完善。如何分析找到当前我国二手车交易市场面临的问题，建立健全完善的制度与机制，引领二手车交易市场的发展至关重要，必须引起足够的重视。我国二手车市场面临的问题主要归纳为以下5个方面。

1. 没有统一的收费标准，税收征收困难

二手车交易市场收费不规范，有些二手车经纪公司为了避税，经常不提供发票，欺骗消费者，如不需要发票可以低价出售或者提供不合规的发票，以节约成本。由于二手车交易市场的流通企业没有统一的税率，所以税收和费用存在较大差异，直接导致不公平现象发生，无法保障消费者的合法权益。

2. 二手车市场的诚信问题

我国二手车交易市场由于处于起步发展阶段，行业相关法律、各行业标准还不够完善，体系不健全，行业结构还不完善。如在二手车交易市场，有些企业打虚假广告，对消费者蓄意隐瞒车辆技术状况信息等真实情况。

3. 二手车动车金融问题

由于国内的金融机构体系还处于初级阶段，所以目前没有金融机构可以为二手车经营或消费者提供金融服务。其造成的原因一是缺乏汽车检测评估方面金融专业人才；二是金融机构无法彻底掌握二手车技术状况是否良好，缺乏具有全国公信力的专业机构专门为二手车车辆进行检测。

4. 二手车保险服务问题

二手车保险服务问题主要由保险公司为二手车提供质量保证。再者由于国内保险制度发展不充分，而且保险业务种类少，与国外相比较，国内保险行业属于刚起步的状态，所以开展业务规模小，而且也没有建立一套系统的关于车辆维修记录与费用数据库。缺乏质量担保的有效保证，消费者就无法得到权益保障。

5. 面向全国范围的二手车流通体系的建立问题

由于我国大多数区域二手车交易市场的机制不完善和发展不平衡，导致了二手车区域间流通渠道的缓慢发展。如各省跨区域的二手车流通渠道不成熟，如果异地买车，消费者必须亲自到现场验车才能支付现款，从而导致中间环节大量消耗财力与精力，增加了二手车经营的风险。正是由于二手车流通得不顺畅，必然导致二手车的消费不稳定或趋高状态，从而使消费者的权益得不到保证。

四、二手车市场的未来发展趋势

（1）网络交易服务平台的创建。电商网络销售平台的创立与发展必然成为二手车领域全新的闪光亮点及这个行业发展的新方向。我国网络交易服务平台的创建，实现了二手车的资源和信息在全国范围内共享。

（2）跨地域销售和服务将变成未来趋势。中国二手车市场会在未来冲破区域的保护网，实现全中国所有地区的无缝隙连接，改善二手车行业的物流问题，实现消除区域全国市场统一性的二手车交易贸易。

（3）二手车市场信息公开透明。"宰客"问题将得到彻底解决，买方和卖方信息的公开透明是以后市场发展的必然趋势。

（4）二手车市场制度继续完善。国家会出台一些有关二手车方面的相关政策和法律，来改善二手车市场的弊端。

（5）规模化的管理和经营必将成为行业趋势，二手车行业的企业集中程度将会显著提升，品牌化将成为行业主流。中国现在的二手车市场现在大多是小经销商，但是未来的二手车市场将逐渐规模化、集中化、品牌化。

（6）客户购车的多样化。未来的二手车市场不仅乘用车占很大比例，其他车型也会不断提高市场占有率，使中国的二手车市场朝多样化方向发展。

项目三 机动车基础知识

知识目标

- 掌握机动车的分类、编号和车辆识别代号（VIN）等基础知识。
- 掌握机动车总体构造、工作原理、技术参数和性能指标。
- 掌握新能源汽车的基本结构。

能力目标

- 能够运用机动车专业知识指导机动车鉴定评估工作。
- 能够正确判断事故车辆损伤部位，提高岗位工作能力。

思政目标

- 培养机动车鉴定评估从业人员精益求精，勇于创新的职业精神。
- 培养机动车鉴定评估从业人员按照职业道德要求制定人生规划的能力。

思政育人

精益求精，擎起"中国制造"大旗

小到一枚螺丝钉、一根电缆的打磨，大到飞机、高铁等大国重器的锻造，都展现出工匠们笃实专注、严谨执着、精益求精的工匠精神。正是这种精神的继承与发扬，我国从一个基础薄弱、工业水平落后的国家，成长为世界制造大国。

要以全社会弘扬精益求精的工匠精神为契机，激励广大青年走技能成才、技能报国之路。党的二十大报告提出，努力培养造就更多大师、战略科学家、一流科技领军人才和创新团队、青年科技人才、卓越工程师、大国工匠、高技能人才。年轻人要有技能报国、矢志创新的勇气和决心。

任务 3.1 机动车基本知识

一、按照《机动车运行安全技术条件》分类

按照《机动车运行安全技术条件》(GB 7258—2017)确定的机动车分类如图 3-1 所示。

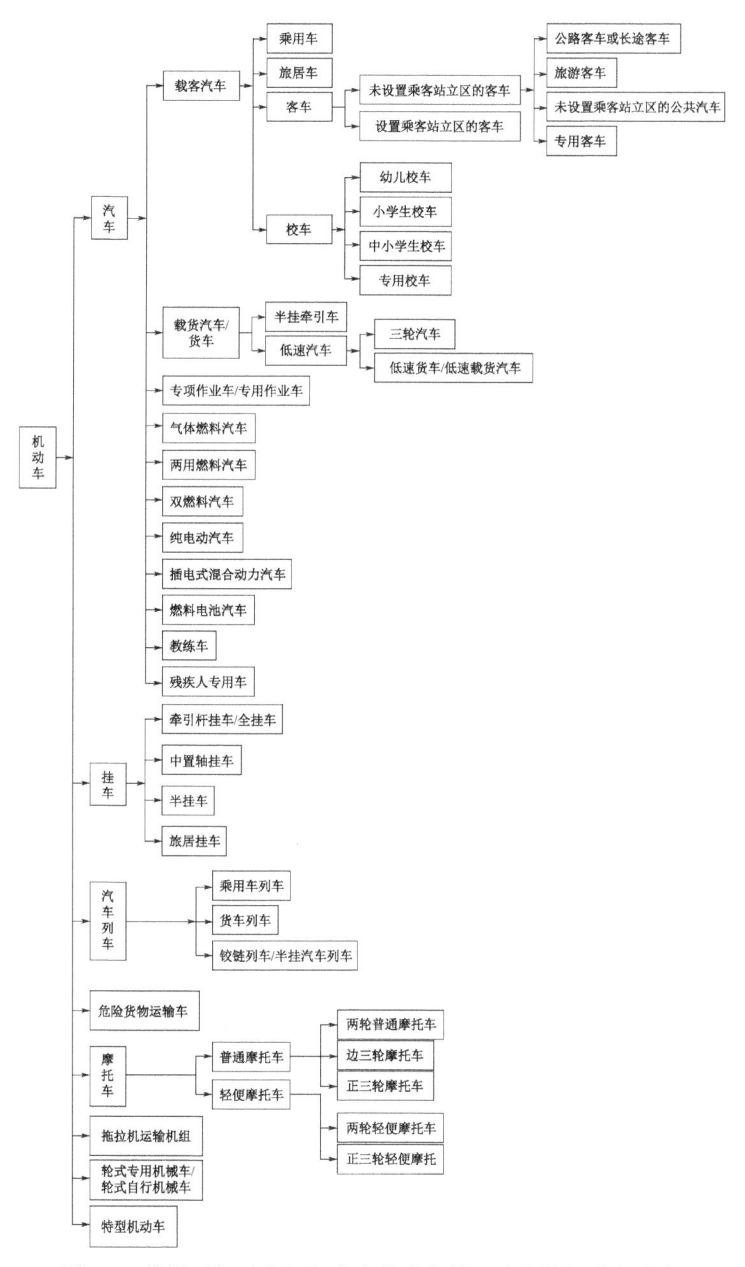

图 3-1 按照《机动车运行安全技术条件》确定的机动车分类

二、按照《道路交通管理机动车类型》分类

公安部《道路交通管理机动车类型》(GA 802—2019)规定了机动车类型的规格和结构分类、机动车使用性质分类以及车辆类型的确定要求。

1. 按机动车规格分类(见表3-1)

表3-1 按机动车规格分类

分 类			说 明 [c]
汽车	载客汽车 [a]	大型	车长大于或等于6 000mm或者乘坐人数大于或等于20人的载客汽车
		中型	车长小于6 000mm且乘坐人数为10~19人的载客汽车
		小型	车长小于6 000mm且乘坐人数小于或等于9人的载客汽车,但不包括微型载客汽车
		微型	车长小于或等于3 500mm且内燃机气缸总排量小于或等于1 000mL(对纯电动机动车为驱动电机总峰值功率小于或等于15kW)的载客汽车
	载货汽车	重型	总质量大于或等于12 000kg的载货汽车
		中型	车长大于或等于6 000mm的载货汽车,或者总质量大于或等于4 500kg且小于12 000kg的载货汽车;但不包括重型载货汽车和低速货车
		轻型	车长小于6 000mm且总质量小于4 500kg的载货汽车,但不包括微型载货汽车和低速汽车(三轮汽车和低速货车的总称)
		微型	车长小于或等于3 500mm且总质量小于或等于1 800kg的载货汽车,但不包括低速汽车
		三轮(三轮汽车)	以柴油机为动力,最大设计车速小于或等于50km/h,总质量小于或等于2 000kg,长小于或等于4 600mm,宽小于或等于1 600mm,高小于或等于2 000mm,具有三个车轮的货车。其中,采用转向盘转向,由传动轴传递动力,有驾驶室且驾驶人座椅后有物品放置空间的,总质量小于或等于3 000kg,车长小于或等于5 200mm,宽小于或等于1 800mm,高小于或等于2 200mm。三轮汽车不应具有专项作业的功能
		低速(低速货车)	以柴油机为动力,最大设计车速小于70km/h,总质量小于或等于4 500kg,长小于或等于6 000mm,宽小于或等于2 000mm,高小于或等于2500mm,具有四个车轮的货车。低速货车不应具有专项作业的功能
	专项作业车		专项作业车是指装置有专用设备或器具,在设计和制造上用于工程专项(包括卫生医疗)作业的汽车,如汽车起重机、消防车、混凝土泵车、清障车、高空作业车、扫路车、吸污车、钻机车、仪器车、检测车、监测车、电源车、通信车、电视车、采血车、医疗车、体检医疗车等,但不包括装置有专用设备或器具而座位数(包括驾驶人座位)超过9个的汽车(消防车除外)。专项作业车的规格分为重型、中型、轻型、微型,具体按照载货汽车的相关规定
有轨电车			有轨电车的规格按照载客汽车的相关规定
摩托车	普通		最大设计车速大于50km/h或者内燃机气缸总排量大于50mL或者电机额定功率总大于4kW的摩托车
	轻便		最大设计车速小于或等于50km/h,且满足以下两个条件之一的摩托车:1)若使用内燃机驱动,内燃机气缸总排量小于或等于50mL;2)若使用电驱动,电机额定功率总和小于或等于4kW
挂车 [b]	重型		总质量大于或等于12 000kg的挂车
	中型		总质量大于或等于4 500kg且小于12 000kg的挂车
	轻型		总质量大于或等于750kg且小于4 500kg的挂车
	微型		总质量小于750kg的挂车

a. 对《道路机动车辆生产企业及产品公告》(以下简称《公告》)记载的乘坐人数为区间的国产载客汽车(包括以载运人员为主要目的的专用汽车),以《公告》上记载的乘坐人数上限确定其规格;对进口载客汽车,按实际核定的乘坐人数确定其规格。乘坐人数包括驾驶人。
b. 不适用于设计和制造上需由拖拉机牵引的挂车。
c. 机动车实车的车长与《公告》或者其他技术资料记载的机动车车长的公差符合相关管理规定且不超限时,以《公告》或者其他技术资料记载的机动车车长确定其规格

2. 按机动车结构分类（见表3-2）

表3-2 按机动车结构分类

分类		说明
汽车	载客汽车	
	普通客车[a]	单层地板，一厢或两厢式结构，安装座椅的载客汽车，但不包括轿车、面包车、越野客车
	双层客车	车身为长方体或近似长方体，双层地板，一厢或两厢式结构，安装座椅的载客汽车
	卧铺客车	车身为长方体或近似长方体，单层地板，一厢或两厢式结构，安装卧铺的载客汽车
	铰接客车	车身为长方体或近似长方体，由铰接装置连接两个车厢且连通，安装座椅的载客汽车
	轿车	车身结构为两厢式且乘坐人数小于或等于5人，或者车身结构为三厢式且乘坐人数小于或等于9人，安装座椅的载客汽车
	面包车	平头或短头车身结构，单层地板，发动机中置（指发动机缸体整体位于机动车前后轴之间的布置形式），宽高比（指整车车宽与车高的比值）小于或等于0.90，乘坐人数小于或等于9人，安装座椅的载客汽车
	旅居车	装备有睡具（可由桌椅转换而来）及其他必要的生活设施、用于旅行宿营的汽车
	专用校车	设计和制造上专门用于运送3周岁以上学龄前幼儿或义务教育阶段学生的载客汽车
	专用客车	设计和制造上用于载运特定人员并完成特定功能的载客机动车，包括囚车、殡仪车、救护车、由载客汽车整车或底盘改装的运钞车，以及载客汽车类教练车等从载客汽车整车或底盘、封闭式货车改装但不属于专项作业车的专用汽车，也包括不属于专项作业车的其他乘坐人数大于6人的专用汽车（如电力工程车），但不包括专用校车
	无轨电车	以电机驱动，与电力线相连，具有四个或四个以上车轮的非轨道承载道路车辆
	越野客车	车身结构为一厢式或两厢式，所有车轮能够同时驱动，接近角、离去角、纵向通过角、最小离地间隙等技术参数按照高通过性设计的载客汽车
	载货汽车	
	栏板货车	载货部位的结构为栏板的载货汽车，包括具有随车起重装置的栏板载货汽车，但不包括多用途货车、具有自动倾卸装置的载货汽车
	多用途货车	具有长头车身和驾驶室结构，核定乘坐人数小于或等于5人（含驾驶人）、驾驶室高度小于或等于2 100mm、货箱栏板（货厢）上端离地高度小于或等于1 500mm、最大设计总质量小于或等于3 500kg的载货汽车
	厢式货车	载货部位的结构为厢体且与驾驶室各自独立的载货汽车；除翼开式车辆外，厢体的顶部应封闭、不可开启
	仓栅式货车	载货部位的结构为仓笼式或栅栏式且与驾驶室各自独立的载货汽车；载货部位的顶部应安装有与侧面栅栏固定的、不能拆卸和调整的顶棚杆，且不应具有（货箱）液压举升机构
	封闭式货车	载货部位的结构为封闭厢体且与驾驶室连成一体，车身结构为一厢式或两厢式的载货汽车
	罐式货车	载货部位的结构为封闭罐体的载货汽车
	平板货车	载货部位的地板为平板结构且无栏板、无锁具、无孔洞等固定货箱（货厢）装置的载货汽车
	集装箱车	载货部位为骨架结构且无地板，专门运输集装箱（包括罐式集装箱，下同）的载货汽车
	车辆运输车	载货部位经过特殊设计和制造，专门用于运输商品车的载货汽车
	特殊结构货车	专门运输特定物品、载货部位为特殊结构的载货汽车，包括未固定安装专用货箱的专用汽车，但不包括车辆运输车，如：混凝土搅拌运输车、车厢可卸式垃圾车、气瓶运输车
	自卸货车	载货部位的结构为栏板且具有自动倾卸装置的载货汽车
	专门用途货车	由非封闭式货车改装的，虽装置有专用设备或器具，但不属于专项作业车的汽车，如：工具车、货车类教练车
	半挂牵引车	装备有特殊装置用于牵引半挂车的汽车
	全挂牵引车	专门用于牵引全挂车的汽车

续表

分 类			说　明
汽车	专项作业车	非载货专项作业车	无载货功能的专项作业车，即不具有载货结构，或者虽具有载货结构但核定载质量（或托举质量）小于1 000kg的专项作业车
		载货专项作业车	有载货功能的专项作业车，即核定载质量（或托举质量）大于或等于1 000kg的专项作业车

3. 按机动车使用性质分类（见表3-3）

表3-3　按机动车使用性质分类

分 类		说　明 [a,b]
营运	公路客运	专门从事公路旅客运输的客车和乘用车
	公交客运	城市内专门从事公共交通客运的客车
	出租客运	以行驶里程和时间计费，将乘客运载至其指定地点的客车和乘用车
	旅游客运	专门运载游客的客车和乘用车
	租赁	专门租赁给其他单位或者个人自行使用，不随车配备驾驶劳务、以租用时间或者租用里程计费的机动车
	教练	专门从事驾驶技能培训的机动车
	货运	专门从事货物（危险货物除外）运输的货车、挂车
	危化品运输	专门用于运输剧毒化学品、爆炸品、放射性物品、腐蚀性物品等危险货物的货车、挂车
非营运	警用	公安机关、国家安全机关、司法行政系统（包括监狱、戒毒管理机关和司法局）和人民法院、人民检察院用于执行紧急职务的机动车
	消防	用于灭火的专用机动车和现场指挥机动车
	救护	急救、医疗机构和卫生防疫等部门用于抢救危重病人或处理紧急疫情的专用机动车
	工程救险	防汛、水利、电力、矿山、城建、交通、铁道等部门用于抢修公用设施、抢救人民生命财产的专用机动车和现场指挥机动车
	营转非	原为营运机动车（出租客运机汽车除外），现改为非营运机动车
	出租转非	原为出租客运汽车，现改为非营运汽车，不再用作出租客运汽车
运送学生	运送幼儿（幼儿校车）	用于有组织地接送3周岁以上学龄前幼儿上下学的7座及7座以上载客汽车
	运送小学生（小学生校车）	用于有组织地接送小学生上下学的7座及7座以上载客汽车
	运送中小学生（中小学生校车）	用于有组织地接送义务教育阶段学生（小学生和初中生）上下学的7座及7座以上载客汽车
	运送初中生（初中生校车）	用于有组织地接送初中生上下学的7座及7座以上载客汽车

4. 车辆类型的确定

（1）注册登记。

① 车辆类型根据机动车规格分类和机动车结构分类相加确定，规格分类在前，结构分类在后，如"大型普通客车""中型罐式货车""重型非载货专项作业车""重型集装箱半挂车""普通二轮摩托车"等。但低速货车的结构分类在前，规格分类在后，如"栏板低速货车""厢式低速货车""罐式低速货车"等。

② 无对应的规格分类时，车辆类型按照结构分类确定，如"轮式装载机械"。

③ 三轮汽车无对应的结构分类，其车辆类型统一为"三轮汽车"。除三轮汽车外的其他机动车，其结构特征无对应的结构分类时，车辆类型按照机动车规格分类及最相近的结构分类相加确定。

④ 有轨电车无对应的结构分类，其车辆类型根据规格分类确定，如"大型有轨电车"。

⑤ 对专用汽车，应根据其基本车型、是否装载有专用设备或器具、是否设计和制造上用于工程作业（卫生医疗作业）等特征，确定为相应规格分类的专用客车、专门用途货车或其他结构分类的载货汽车、专项作业车。

⑥ 注册登记查验确定的车辆类型与公安交通管理信息系统记载的车辆类型不一致时，应按照规定程序对相应内容进行维护。

（2）其他要求。

① 对已注册登记的机动车，车辆类型按照机动车行驶证的记载确定。

② 对符合注册登记条件但尚未注册登记的机动车，通过公安交通管理信息系统查询相应型号机动车的登记信息，根据实车确定车辆类型。必要时，根据《公告》或者其他技术资料确定其规格分类和结构分类，确定其车辆类型。

③ 对其他不符合注册登记条件的机动车，根据其车辆结构特征，按照车辆长度、乘坐人数、总质量、内燃机排量、驱动电机功率、最大设计车速等参数确定相应的规格分类。

④ 对叉车等以动力驱动的非道路车辆，上道路行驶发生道路交通事故时，符合《中华人民共和国道路交通安全法》中机动车的定义，应认定为机动车，无须确定其车辆类型。

注：以动力驱动的非道路车辆，是指并非为在道路上行驶和使用而设计和制造、主要用于封闭道路和场所作业施工或者娱乐休闲，按照规定不能办理注册登记、由动力驱动（牵引）的车辆，如：叉车、场地观光游览车、全地形车、电动滑板车、平衡车等。

⑤ 确定为拼装车的，应按照道路交通安全法律法规相关规定收缴机动车。

⑥ 确定为非法改装车的，应按照道路交通安全法律法规相关规定责令相关行为人将机动车恢复原状。

三、按照《机动车辆及挂车分类》进行分类

按照《机动车辆及挂车分类》(GB/T 15089—2001)依据座位数及最大设计总质量对机动车及挂车进行分类;依据速度和发动机气缸的工作容积对两轮及三轮汽车(摩托车及轻便摩托车)进行分类。

1. 机动车及挂车类型(见表3-4)

表3-4 机动车及挂车类型

机动车类型			座位数/座	最大设计总质量 G /kg	说 明
M类	至少有四个车轮并且用于载客的机动车辆	M_1类	≤9	—	包括驾驶员座位在内,座位数不超过9座的载客车辆
		M_2类	>9	G≤5 000	包括驾驶员座位在内,座位数超过9座,且最大设计总质量不超过5 000kg的载客车辆
		M_3类	>9	G>5 000	包括驾驶员座位在内,座位数超过9座,且最大设计总质量超过5 000kg的载客车辆
N类	至少有四个车轮并且用于载货的机动车辆	N_1类	—	G≤3 500	最大设计总质量不超过3 500kg的载货车辆
		N_2类	—	3 500<G≤12 000	最大设计总质量超过3 500kg,但不超过12 000kg的载货车辆
		N_3类	—	G>12 000	最大设计总质量超过12 000kg的载货车辆
O类	挂车(包括半挂车)	O_1类	—	G≤750	最大设计总质量不超过750kg的挂车
		O_2类	—	750<G≤3 500	最大设计总质量超过750kg,但不超过3 500kg的挂车
		O_3类	—	3 500<G≤10 000	最大设计总质量超过3 500kg,但不超过10 000kg的挂车
		O_4类	—	G>10 000	最大设计总质量超过10 000kg的挂车

注:1. 座位数是指包括驾驶员在内的座位。
  2. GB/T 15089—2001的分类还包括G类,即满足一定要求的M类、N类越野车。

2. 两轮或三轮机动车类型(见表3-5)

表3-5 两轮或三轮机动车类型

类 型	排量 /mL	最高设计车速 /(km/h)	说 明
L_1类	≤50	≤50	若使用热力发动机,其气缸排量不超过50mL,且无论何种驱动方式,其最高设计车速不超过50km/h的两轮车辆
L_2类	≤50	≤50	若使用热力发动机,其气缸排量不超过50mL,且无论何种驱动方式,其最高设计车速不超过50km/h,具有任何车辆布置形式的三轮车辆
L_3类	>50	>50	若使用热力发动机,其气缸排量超过50mL,或无论何种驱动方式,其最高设计车速超过50km/h的两轮车辆
L_4类	>50	>50	若使用热力发动机,其气缸排量超过50mL,或无论何种驱动方式,其最高设计车速超过50km/h,三个车轮相对于车辆的纵向中心平面为非对称布置的车辆(带边斗的摩托车)
L_5类	>50	>50	若使用热力发动机,其气缸排量超过50mL,或无论何种驱动方式,其最高设计车速超过50km/h,三个车轮相对于车辆的纵向中心平面为对称布置的车辆

任务 3.2　机动车技术参数与使用寿命

3.2.1　机动车主要技术参数

一、质量类参数

1. 整车整备质量

机动车完全装备的质量，包括整车装备完好的空车质量，燃料、润滑油、冷却液、随车工具、备用轮胎及备品等的质量，但不包括货物、驾驶员、乘客及行李的质量。

2. 最大总质量

机动车在满载时的总重量，即机动车整车整备质量与所承载的货物和人员质量的总和。

3. 最大装载质量

机动车满载时所能够装载的货物或人员的总质量，即最大总质量与整车整备质量之差。

4. 最大轴载质量

机动车单轴能够承载的最大总质量。

5. 机动车轴荷分配

机动车空载和满载时的整车质量分配到各个车轴上的百分比。

二、距离类参数

1. 车身长度

车身长度是从机动车前保险杠最凸出的位置到后保险杠最凸出的位置，这两点之间的距离，如图 3-2 所示。

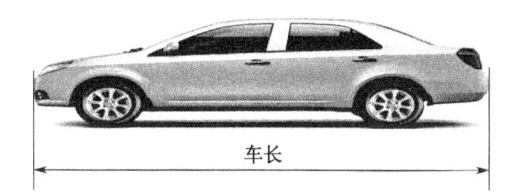

图 3-2　车身长度

2. 车身宽度

绝大多数车型的车宽数据，都是车身左、右最凸出位置之间的距离，但是不包含左、右后视镜伸出的宽度，即后视镜折叠后的宽度，如图3-3所示。

图3-3　车身宽度

3. 车身高度

车身高度是从地面算起，一直到车身顶部最高的位置，但不包括天线的长度，如图3-4所示。

图3-4　车身高度

车身长度及宽度较大的车型虽可以获得较为宽敞的车内空间，给乘客提供较好的乘坐舒适性，但是降低了在狭窄巷道中的行驶灵活性。

车身高度会影响座位的头部空间及乘坐姿态。头部空间大则不易活动，有压迫感；稍挺的坐姿较适合长时间的乘坐。运动型多用途汽车（SUV）、厢式货车（VAV）这一类高车身的车型大为流行，较高的车内高度有利于乘客在车内的活动；而强调运动性的跑车，为了提升过弯稳定性，通常车身高度较低。

4. 轴距

从前轮中心点到后轮中心点之间的距离，也就是前轮轴与后轮轴之间的距离，称为轴距。较长的轴距可以使机动车获得较好的直线行驶稳定性，而短轴距则提供更好的灵活性。对于车内空间来说，轴距代表前轮与后轮之间的距离，轴距越长，车内纵向空间就越大，膝部及脚部空间也因此而较宽敞。后轮驱动车因发动机纵向排列的关系，为了达到相同的车内空间，通常轴距会较同级前轮驱动车长，如图3-5所示。

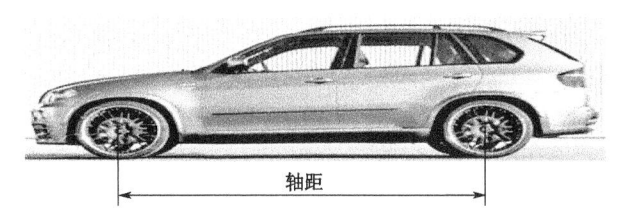

图 3-5　轴距

轴距是反映一部机动车内部空间最重要的参数，根据轴距的大小，轿车分为以下 6 类。

（1）微型轿车：通常将轴距在 2 400mm 以下的车型称为微型车，例如，smart fortwo 等。

（2）小型轿车：通常将轴距在 2 400～2 550mm 的车型称为小型车，例如，本田飞度等。

（3）紧凑型轿车：通常将轴距在 2 550～2 700mm 的车型称为紧凑型车，这个级别的车型是家用轿车的主流车型，例如，大众速腾等。

（4）中型轿车：通常将轴距在 2 700～2 850mm 的车型称为中型车，这个级别的车型通常是家用和商务兼用的车型，例如，本田雅阁等。

（5）中大型轿车：通常将轴距在 2 850～3 000mm 的车型称为中大型车，这个级别的车型通常是商务用车的主流车型，例如，奥迪 A6 等。

（6）豪华轿车：通常将轴距在 3 000mm 以上的车型称为豪华车，例如，奔驰 S 级等。在豪华车这个分类中还有一个小群体，称之为超豪华车，它们的轴距通常都在 3 300mm 以上，例如，劳斯莱斯、宾利和迈巴赫等。

5. 轮距

轮距指左、右车轮中心的距离，如图 3-6 所示。较宽的轮距有较好的横向稳定性与较佳的操纵性能。轮距和轴距搭配后，即显示四个车轮着地的位置；车轮着地位置越宽大的车型，其行驶的稳定度越好，因此越野车辆的轮距都比一般车型要宽。

图 3-6　轮距

6. 前悬与后悬

前悬指前轮轴中心与车前端的水平距离。前悬的长度应足以固定和安装发动机、散热器、转向器等。但也不宜过长，否则机动车的接近角过小，上坡时容易发生触头现象，影响机动车的通过性。

后悬指机动车最末端至后轮轴中心的水平距离，如图 3-7 所示。

图 3-7　前悬 后悬

7. 最小离地间距

机动车的最小离地间距指在水平面上机动车底盘的最低点与地面的间距，通常单位为毫米（mm），如图 3-8 所示。不同车型的离地间距也是不同的，离地间距越大，车辆的通过性就越好。所以通常越野车的离地间距要比轿车要大。

图 3-8　最小离地间距

8. 最小转弯半径

最小转弯半径指当转向盘转到极限位置，机动车以最低稳定车速转向行驶时，外侧转向轮的中心平面在支承平面上滚过的轨迹圆半径，如图 3-9 所示。它在很大程度上表征了机动车能够通过狭窄弯曲地带或绕过不可越过的障碍物的能力。最小转弯半径越小，机动车的机动性能越好。

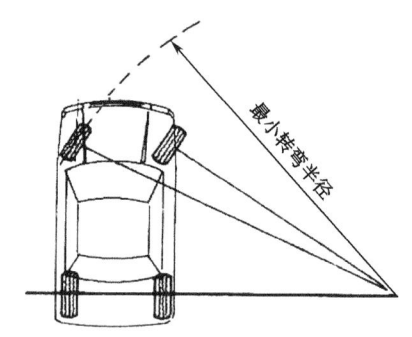

图 3-9　最小转弯半径

三、角度类参数

1. 接近角

接近角指在机动车满载静止时，机动车前端突出点向前轮所引切线与地面的夹角，即水平面与切于前轮轮胎外缘（静载）的平面之间的最大夹角，通常单位为度（°），如图3-10所示。前轴前面任何固定在车辆上的刚性部件不得在此平面的下方。接近角的主要作用是，防止机动车在进行上下渡船或是越野行驶等活动时，车头不容易在地形夹角处与地面发生触头事故。机动车的接近角越大，在前进时其对地形的适应性就越强。

2. 离去角

离去角指机动车满载静止时，自车身后端突出点向后车轮引切线与路面之间的夹角，即是水平面与切于车辆最后车轮轮胎外缘（静载）的平面之间的最大夹角，通常单位为度（°），如图3-10所示。位于后车轮后面的任何固定在车辆上的刚性部件不得在此平面的下方。离去角的主要作用是，当机动车离开障碍物（如小丘、沟洼地等）时，可以使后方车身不与障碍物发生碰撞。机动车的离去角越大，表示机动车通过时车辆后方发生碰撞损伤的概率越小。

3. 通过角

通过角指机动车空载、静止时，分别通过前、后车轮外缘做切线交于车体下部较低部位所形成的夹角，通常单位为度（°），如图3-10所示。

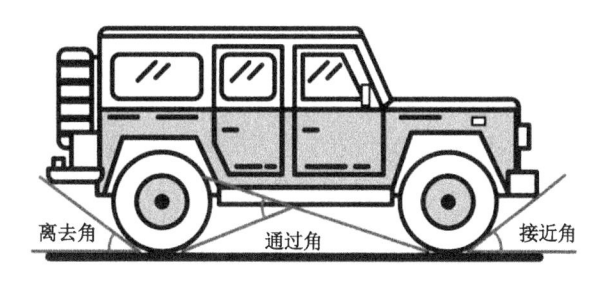

图3-10 接近角、离去角、通过角

4. 爬坡度

爬坡度用坡度的角度值（以度数表示）或以坡度起止点的高度差与其水平距离的比值（正切值）的百分数来表示，通常用百分比来表示（%），如图3-11所示。

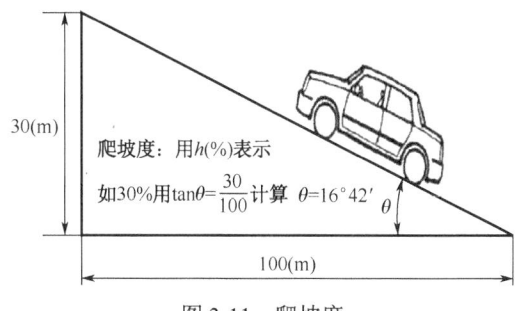

图3-11 爬坡度

四、其他参数

1. 最高车速

最高车速指机动车在平直道路上行驶时,能达到的最大速度。

2. 平均燃料消耗量

机动车在道路上行驶时每百千米平均燃料消耗量——百千米油耗。

3. 通过车轮数和驱动轮数

通过车轮数以轮毂数为计量依据,其中 n 代表机动车的车轮总数,m 代表驱动轮数。

4. 车门数

车门数指的是机动车车身上含后备箱门在内的总门数。这项参数可作为机动车用途的标志,普通的三厢轿车一般都是四门设计,一些运动型轿车有很多是两门设计,个别豪华车为六门设计。一般的两厢轿车,如 SUV 和 MPV(多用途汽车)都是五门设计(后门为掀起式),也有一些运动型两厢车为三门设计。

5. 座位数

座位数指的是机动车内含驾驶员座位在内的座位数量,一般轿车为五座:前排座椅是两个独立的座椅,后排座椅一般是长条座椅。一些豪华轿车后排则是两个独立的座椅,所以座位数为四座。有些跑车则只有前排座椅,所以座位数为两座。商务车和部分越野车则配有第三排座椅,所以座位数为六座或七座。

6. 风阻系数

空气阻力是机动车行驶时所遇到最大的也是最重要的外力。空气阻力系数又称风阻系数,是计算机动车空气阻力的一个重要系数。

风阻系数可以通过风洞测得。当车辆在风洞中测试时,借由风速来模拟机动车行驶时的车速,再以测试仪器来测知车辆需使用多大的力来抵挡风速,使车辆保持稳定。在测得所需之力后,再扣除车轮与地面的摩擦力,剩下的即为风阻,然后再以空气动力学的公式就可算出风阻系数。

风阻系数=正面风阻力×2÷(空气密度×车头正面投影面积×车速平方)

一辆车的风阻系数是固定的,根据风阻系数即可算出车辆在各种速度下所受的阻力。一般车辆的风阻系数在 0.25~0.4,系数越小,说明风阻越小。

7. 空车质量

空车质量指的是机动车按出厂技术条件装备完整(如备胎、工具等安装齐备)时各种油水添满后的质量,通常单位为千克(kg)。

8. 允许总质量

允许总质量指的是机动车在正常条件下准备行驶时,包括的载人(包括驾驶员)、载物时允许的总质量,通常单位为千克(kg)。允许总质量减去空车质量为车辆的最大承载质量,即车辆最大能够承载的质量。

9. 后备箱容积

后备箱也叫行李箱,后备箱容积的大小是衡量一款机动车携带行李或其他备用物品多少的能力,单位通常为升(L)。

依照车型的大小及其各自突出的特性,其后备箱容积也因此有所不同,一般来说,越大的车则后备箱也越大。越野车和商务车后备箱都比较大,而一些跑车由于造型设计原因,后备箱则比较小。

10. 油箱容积

油箱容积指一辆车能够携带燃油的体积,通常单位为升(L)。一般油箱容积与该车的油耗有直接的关系,一般一辆机动车消耗一箱油能行驶 500km 以上,如百千米油耗 10L/100km 的车辆,油箱容积在 60L 左右。每款车型的油箱容积是不同的,同类车型不同品牌的车油箱容积也不相同,这个是由各生产厂家决定的。

11. 前后配重

前后配重指的是车身前轴与车身后轴各自所承担重量的比。机动车的配重,一般在 50∶50 的情况下是最平均的,例如宝马车系就是 50∶50 的前后配重比。但现实生活中我们经常遇到过弯、加速等情况,从力学角度来看,机动车的配重在 48∶53~40∶60 时弯道加速会比较灵活,但爬坡能力就差一点,相反当前轴承担的重量重于后轴承担的重量时,弯道加速就会迟钝一些。

3.2.2 机动车主要性能指标

一、机动车动力性

机动车动力性主要从以下 3 项指标进行评价。

1. 机动车的最高车速

机动车的最高车速指机动车在规定载重质量条件下,在良好水平路面上能达到的最高行驶速度。

2. 机动车的加速能力

机动车的加速能力指机动车在各种使用条件下迅速增加机动车行驶速度的能力。加速过程中加速用的时间越短、加速度越大和加速距离越短的机动车,加速性能就越好。

3. 机动车的爬坡能力

爬坡能力用机动车满载时以最低挡位在坚硬路面上等速行驶所能克服的最大坡度来表示。此坡度被称为最大爬坡度,它表示机动车最大牵引力的大小。

二、机动车的燃料经济性

为降低机动车运输成本,要求机动车以最少的燃料消耗,完成尽量多的运输量。机动车以最少的燃料消耗量完成单位运输工作量的能力称为燃料经济性,评价指标为机动车百千米油耗(L/100km)。

百千米油耗指的是机动车在道路上行驶时每百千米平均燃料消耗量。

百千米油耗的检测是厂方在规定的温度、风向、风速等客观环境中,车辆在平坦路面或在底盘测功机上保持某一速度(一般为60km/h、90km/h、120km/h),然后通过排气分析仪和碳平衡法(分析尾气中碳元素的含量来判断汽油油耗的多少),最终测算出车型的实验室百千米油耗数据,由于多数车辆在90km/h时接近经济车速,因此汽车企业大多对外公布的理论油耗通常为90km/h的百千米油耗。

三、机动车的制动性

机动车具有良好的制动性是安全行驶的保证,也是机动车动力性得以发挥的前提。机动车制动性有下述3方面的内容。

1. 制动效能

制动效能指机动车迅速减速直至停车的能力。常用制动过程中的制动时间、制动减速度和制动距离来评价。机动车的制动效能除了和机动车技术状况有关,还与机动车制动时的速度及轮胎和路面的情况有关。

2. 制动效能的恒定性

在短时间内连续制动后,制动器温度升高导致制动效能下降,称之为制动器的热衰退,连续制动后制动效能的稳定程度为制动效能的恒定性。

3. 制动时方向的稳定性

制动时方向的稳定性指机动车在制动过程中不发生跑偏、侧滑和失去转向的能力。当左右侧制动动力不一样时，容易发生车轮偏移的现象；当车轮"抱死"时，易发生侧滑或者失去转向能力的现象。为防止上述现象发生，现代机动车设有防抱死制动装置，防止紧急制动时车轮抱死而发生危险。

四、机动车的操纵性和稳定性

1. 机动车的操纵性

机动车的操纵性指机动车对驾驶员转向指令的响应能力，直接影响到行车安全。轮胎的气压和弹性，悬挂装置的刚度及机动车重心的位置都对该性能有重要影响。

2. 机动车的稳定性

机动车的稳定性指机动车在受到外界扰动后恢复原来运动状态的能力，以及抵御发生倾覆和侧滑的能力。对于机动车来说，侧向稳定性尤为重要。当机动车在横向坡道上行驶、转弯及受其他侧向外力作用时，容易发生侧滑或侧翻。机动车重心的高度越低，稳定性越好。合适的前轮定位角度使机动车具有自动回正和保持直线行驶的能力，提高了机动车直线行驶的稳定性。如果装载超高、超载，转弯时车速过快，横向坡道角过大或偏载等，很容易造成机动车侧滑及侧翻。

五、机动车的行驶平顺性

机动车的行驶平顺性是指机动车在一般行驶速度范围内行驶时，避免因机动车在行驶过程中所产生的振动和冲击，使人感到不舒服、疲劳，甚至损害健康，或者使货物损坏的性能。由于行驶平顺性主要是根据乘员的舒适程度来评价，所以又称为乘坐舒适性。

六、机动车的通过性

机动车的通过性指在一定的车载质量下能以较高的平均速度通过各种坏路以及无路地带和克服各种障碍物的能力。

3.2.3 机动车技术状况与运用性能

一、机动车技术状况

1. 机动车技术状况的定义

机动车技术状况是定量测得的表示某一时刻机动车外观和性能的参数值的总和。机动车技术状况包括外观和性能两大方面，是定量评定的。

例如：机动车使用说明书的"技术特性"是对新车技术状况的说明。《机动车运行安全技术条件》（GB 7258-2017）是国家对机动车整车及发动机、转向系统、制动系统、照明和信号装置等有关运行安全和排放污染物控制、车内噪声及驾驶员耳旁噪声控制的基本技术要求。2016年起施行的《道路运输车辆技术管理规定》中明确规定了交通运输管理部门和运输单位要定期进行机动车综合鉴定，并核定其技术状况等级，以便掌握机动车的技术状况，有计划地安排维修工作。

2．随着行驶里程的增加，机动车技术状况逐渐变坏的主要表现

（1）机动车最高行驶速度降低。

（2）加速时间与加速距离增长。

（3）燃料与润滑油消耗量增加。

（4）制动迟缓、失灵。

（5）转向沉重。

（6）行驶中出现振抖、摇摆或异常声响。

（7）排黑烟或有异常气味。

（8）运行中因技术故障而停歇的时间增多。

二、机动车的运用性能

机动车的技术状况可用机动车的工作能力或运用性能来评价，机动车的运用性能评价指标见表3-6。

表3-6 机动车的运用性能评价指标

使用性能	评价指标
动力性	最高行驶车速、加速时间与加速距离、上坡能力、平均技术速度、低挡使用时间
使用经济性	燃料消耗量、润滑油消耗量、维修费用
使用方便性	每100km平均操纵作业次数、操作力、灯光、信号的完好程度、起动暖车时间、最大续驶里程
行驶安全性	制动距离、制动力、制动减速度、制动时的方向稳定性、测滑量、制动效能恒定性
使用可靠性	故障率和小修频率、维修工作量、因技术故障停歇的时间

运用性能下降会导致运输生产率下降、运输成本增加、环境的污染加剧，易于发生行车安全事故。运输生产率、运输成本、维修工作量与机动车工作时间的关系见表3-7。

表3-7 运输生产率、运输成本、维修工作量与机动车工作时间的关系

机动车工作时间/年	运输生产率/%	维修工作量/%	运输成本/%
1	100	100	100
4	75～80	150～170	130～150
8	55～60	200～215	150～170
12	45～50	290～300	170～200

三、机动车运用性能的变化

如图 3-12 所示，机动车实际运用性能的平均水平（曲线 3 或曲线 5）与机动车初始性能 1 有关，且根据使用时间的长短和使用合理程度的不同而不同。初始性能是在生产制造时便确定下来的，而生产制造的依据是由机动车的运用要求决定的。机动车的工作期限取决于它本身的结构、制造工艺、运用条件及运输工作情况等。机动车的运用性能也因运输生产的情况和运用条件的不同而不同。在机动车制造方面，可以通过改进其结构设计和完善制造工艺，如提高零件的坚固性、增加零件的耐磨性和改善材料的质量等，来影响机动车的运用性能。

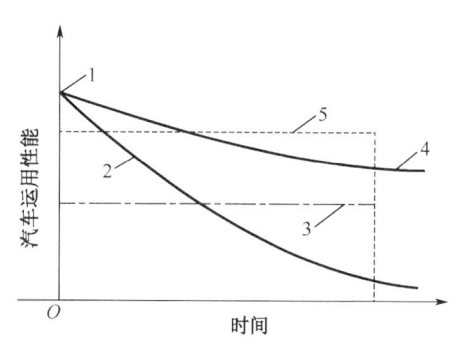

图 3-12 机动车运用性能的变化

合理运用机动车，可使机动车运用性能随使用时间的增加而下降的程度减小（如从曲线 2 提升至曲线 4），从而提高机动车实际运用性能的平均水平（如从曲线 3 提升至曲线 5），并延长机动车的使用寿命。

机动车技术状况变化的基本原因如下。

（1）零件之间相互摩擦而产生的磨损。
（2）零件与有害物质接触而产生的腐蚀。
（3）零件在交变载荷作用下产生疲劳。
（4）零件在外载荷、温度和残余内应力作用下发生变形。
（5）橡胶及塑料等非金属零件和电气元件因长时间使用而老化。
（6）由于偶然事件造成零件损伤等。

机动车的技术状况逐渐变坏，不仅发生于机动车使用过程中，也发生于储存过程中，机动车零件各种损坏所占百分比见表 3-8。

表 3-8 机动车零件各种损坏所占百分比

零件表面特征		载货机动车/%	大型载货机动车和公共机动车/%
磨损		40	37
塑性变形与损坏	折断、破裂、脱离、剪断	20	19
	拉伸、弯曲、压缩	6	10
疲劳损坏	裂痕	12	7
	断裂	5	8
	剥落	1	1

续表

零件表面特征		载货机动车/%	大型载货机动车和公共机动车/%
高温损伤	烧毁	5	7
	烧损	4	3
	碳化	3	1
其他		4	7
总计		100	100

四、影响机动车技术状况变化的使用因素

1. 机动车运行条件

（1）道路条件。

在良好道路上行驶时，行驶阻力小，冲击和动载荷小，机动车的速度性能得以发挥，燃油经济性好，零件磨损速率小，使用寿命长。路面不同对机动车工作的影响见表3-9。

表3-9 路面不同对机动车工作的影响

机动车工作指标	混凝土与沥青路面	沥青矿渣混合路面	碎石路面	卵石路面	天然路面
滚动阻力系数	0.014	0.020	0.032	0.040	0.080
曲轴平均转速/（r/min）	2 228	2 561	2 628	3 185	4 122
平均技术速度/（次/km）	66	56	36	27	20
转向轮转角均方差	8	9.5	12	15	18
离合器使用频度/（次/km）	0.35	0.37	0.49	0.64	1.52
制动器使用频度/（次/km）	0.24	0.25	0.34	0.42	0.90
变速器使用频度/（次/km）	0.52	0.62	1.24	2.10	3.20
垂直幅度大于30mm的震动频度/（次/100km）	68	128	214	352	625

（2）交通状况。

在交通状况良好的道路上行驶时，机动车常采用高速挡在经济工况下运行，操纵次数减少，运行平稳，冲击载荷减轻。在交通不好的状况下运行时，如在车多路窄、交通流量大、交叉路口等情况下，不能以最佳工况运行。

（3）气候条件。

气候条件包括环境温度、湿度、风力和阳光辐射强度等。气候条件通过影响机动车发动机总成的工作温度，改变其技术性能和工作可靠性。

如图3-13所示，为环境温度与机动车及总成故障率的关系曲线。在适宜的环境温度下，机动车及总成故障最低，可靠性最高。

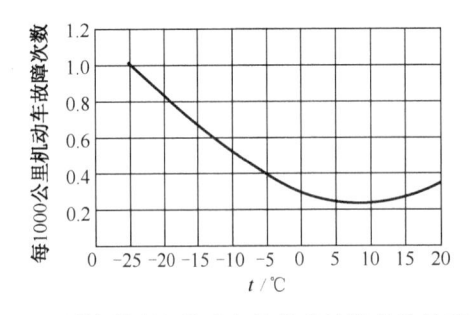

图3-13 环境温度与机动车及总成故障率的关系曲线

2. 燃料和润滑油的品质

燃料、润滑油的规格和品质对保证机动车正常工作和技术状况变化的快慢具有重要影响。汽油的蒸发性、馏分温度、辛烷值和含硫量是与机动车技术状况的变化有直接联系的指标。柴油的蒸发性、十六烷值、黏度、含硫量对发动机工作过程有很大影响。润滑油的黏度和抗氧化安定性是对机动车技术状况影响较大的性能指标。

3. 机动车的合理运用

（1）驾驶技术：驾驶技术对机动车的使用寿命有直接影响。

（2）避免超载：机动车装载量应按照额定装载量进行控制。

（3）行驶车速：车速高低对机动车技术状况的影响十分明显。

4. 机动车技术状况等级划分标准

（1）一级车：完好车。

一级车指技术性能良好，各项主要技术指标满足定额要求；车辆行驶里程必须在相应定额大修间隔里程的 2/3 以内；车辆状况完好，能随时投入使用，参加运输生产。

（2）二级车：基本完好车。

二级车指符合《机动车运行安全技术条件》的规定，能随时参加运输的车辆。

（3）三级车：需修车。

三级车指技术状况和性能较差，不再进行二级维护作业，包括即将送去大修的车辆；正在大修的车辆；技术状况和性能变坏，预计近期更新但还在行驶的车辆。

（4）四级车：停驶车。

四级车指预计在短期内不能修复或无修复价值的车辆。

5. 机动车性能劣化的原因

（1）有形损耗。

有形损耗是机动车运用过程中，由于载荷或周围介质的作用，使机动车实体发生的损耗。有形损耗包括以下 2 种。

① 零部件摩擦磨损、变形和疲劳等损伤使机动车性能下降而引起损耗。

② 闲置过程中，金属零部件腐蚀，非金属制品老化变质，甚至丧失工作能力。

（2）无形损耗。

无形损耗是由于技术进步引起的原有车辆技术上的陈旧和贬值。无形损耗包括以下 2 种。

① 科学技术的进步，机动车的再生产价值降低，使原型机动车价值降低。

② 科学技术的进步，生产出更完善的新型机动车，使原型机动车价值降低。

3.2.4 机动车使用寿命

一、机动车使用寿命的定义

机动车从开始使用到不能使用的整个时期称为机动车的使用寿命,其分为以下4种。

(1)机动车的物理寿命:从全新状态投入使用,直到不能保持正常生产状态,在技术上不能按原有用途继续使用为止。

(2)机动车的技术使用寿命:机动车从全新状态投入使用,到由于新技术的出现,因技术落后丧失其使用价值而被淘汰。

(3)机动车的经济使用寿命:考虑各种消耗,保证机动车年平均总使用费用最低时的使用期限。

(4)机动车折旧寿命:按规定折旧率,机动车总值扣除残值后的余额,折旧到接近于零所经历的时间或里程。

二、机动车经济使用寿命主要量标

1. 主要量标

(1)规定使用年限:机动车开始投入运行到报废所经过的年度。

(2)行驶里程:投入运行到报废的累计行驶里程数。

(3)使用年限:总行驶里程与年平均行驶里程之比所得的折算年限。

$$T_z = \frac{\sum L}{\overline{L}}$$

式中　T_z——折算年限(年);

$\sum L$——总累计行驶里程(km);

$\overline{L}$——年平均行驶里程(km/年)。

(4)大修次数:车辆报废之前所经历的大修次数。

在《机动车强制报废标准规定》中明确根据机动车使用和安全技术、排放检验状况,国家对达到报废标准的机动车实施强制报废。

已注册的机动车有下列情形之一的应当强制报废,其所有人应当将机动车交售给报废机动车回收拆解企业。由报废机动车回收拆解企业按规定进行登记、拆解、销毁等处理,并将报废机动车登记证书、号牌、行驶证交公安机关交通管理部门注销。

① 达到《机动车强制报废标准规定》第五条规定使用年限的。

② 经修理和调整仍不符合《机动车运行安全技术条件》对在用车有关要求的。

③ 经修理和调整或者采用控制技术后，向大气排放污染物或者噪声仍不符合国家标准对在用车有关要求的。

④ 在检验有效期届满后连续 3 个机动车检验周期内未取得机动车检验合格标志的。

2. 各类机动车使用年限

各类机动车使用年限和行驶里程参考值汇总表见表 3-10。

表 3-10 各类机动车使用年限和行驶里程参考值汇总表

车辆类型与用途				使用年限/年	行驶里程参考值/万千米
汽车	载客	营运	出租客运 小、微型	8	60
			出租客运 中型	10	50
			出租客运 大型	12	60
			租赁	15	60
			教练 小型	10	50
			教练 中型	12	50
			教练 大型	15	60
			公交客运	13	40
			其他 小、微型	10	60
			其他 中型	15	50
			其他 大型	15	80
			专用校车	15	40
		非营运	小、微型客车、大型轿车	无	60
			中型客车	20	50
			大型客车	20	60
	载货		微型	12	50
			中、轻型	15	60
			重型	15	70
			危险品运输	10	40
			三轮汽车、装用单缸发动机的低速货车	9	无
			装用多缸发动机的低速货车	12	30
	专项作业		有载货功能	15	50
			无载货功能	30	50
挂车	半挂车		集装箱	20	无
			危险品运输	10	无
			其他	15	无
	全挂车			10	无
摩托车	正三轮			12	10
	其他			13	12
轮式专用机械车				无	50

3. 变更使用性质或者转移登记的机动车使用寿命

变更使用性质或者转移登记的机动车使用寿命应当按照下列有关要求确定使用年限和报废。

（1）营运载客汽车与非营运载客汽车是相互转换的，按照营运载客汽车的规定报废，但小、微型非营运载客汽车和大型非营运载客汽车转为营运载客汽车的，应按照以下公式核算累计使用年限，且不得超过 15 年。

非营运小微型载客汽车和大型载客汽车变更使用性质后累计使用年限计算公式：

$$累计使用年限 = 原状态已使用年 + \left(1 - \frac{原状态已使用年}{原状态使用年限}\right) \times 状态改变后年限$$

备注：公式中原状态已使用年不足一年的按一年计算。例如，已使用 2.5 年按照 3 年计算；原状态使用年限数值取定值为 17；累计使用年限计算结果向下圆整为整数，且不超过 15 年。

例：一辆私家车开了 5 年后，转去开网约车。那么根据上述公式，这辆车就有了使用年限的要求，而使用年限就为：5+（1-5/17）×10=12.059（约为 12 年）。

（2）不同类型的营运载客汽车相互转换，按照使用年限较严的规定报废。

（3）小、微型出租客运汽车和摩托车需要转出登记所属地省、自治区、直辖市范围的，按照使用年限较严的规定报废。

（4）危险品运输载货汽车、半挂车与其他载货汽车、半挂车相互转换的，按照危险品运输载货车、半挂车的规定报废。

距本规定要求使用年限 1 年以内（含 1 年）的机动车，不得变更使用性质、转移所有权或者转出登记地所属地市级行政区域。

3.2.5 机动车定期检验要求

一、相关规定

根据《关于深化机动车检验制度改革优化车检服务工作的意见》，机动车检验是保障道路交通安全、推进大气污染防治的重要工作，直接关系到人民群众的切身利益。为认真贯彻党中央、国务院决策部署，坚持以人民为中心的发展思想，扎实做好稳增长稳市场主体保就业工作，进一步加强和改进机动车检验工作，规范检验行为，优化车检服务，解决好公共服务领域群众关注的"关键小事"，更好服务经济社会发展，优化了车辆年检标准。

项目三　机动车基础知识

1. 非营运小微型载客汽车（9 座含 9 座以下，不含面包车）

（1）车龄 6 年以下：每两年申请检验合格标志，车辆不需要在线检测。

（2）车龄 6 年 10 年：两年检验一次，但第 6 年和第 10 年需要上线检验，第 8 年只需要申请检验合格标志。

（3）车龄 10 年以上：每年上线检验一次。

2. 其他机动车辆

（1）营运载客汽车 5 年以内每年检验 1 次；超过 5 年的，每 6 个月检验 1 次。

（2）载货汽车和大型、中型非营运载客汽车 10 年以内每年检验 1 次；超过 10 年的，每 6 个月检验 1 次。

3. 摩托车

摩托车 10 年内检验 2 次（第 6 年、第 10 年），10 年以后每年检验 1 次。并向公安交管部门申领检验标志。

4. 两种情形不适用新措施

（1）面包车实际使用中非法改装、客货混装等问题较多，由此引发的群死群伤事故时有发生，仍需按原规定周期检验。

（2）免检车辆如果发生造成人员伤亡的交通事故，仍需按原规定周期检验。

（3）非法改装被依法处罚的，对车辆安全性能影响较大，仍需按原规定周期检验。

二、年检分类

1. 初次年检

机动车辆为了申领行驶牌照而进行的检验称为初次年检。初次年检的目的在于审核机动车是否具备申领牌证的条件。年检的内容如下。

（1）是否有车辆使用说明书、合格证（进口车辆的商检证明），车体上的出厂标记是否齐备。

（2）对机动车内外轮廓尺寸及轮距、轴距进行测量。测量的具体项目有车长、车宽、车高、车厢栏板高度及面积、轮距、轴距等。

（3）按照技术检验标准逐项进行。合格后，填写"机动车初检异动登记表"，并按原厂规定填写空车质量、装载质量、乘载人数、驾驶室乘坐人数。

2. 定期年检

定期年检内容如下。

（1）检查发动机、底盘、车身及其附属设备是否清洁、齐全、有效，漆面是否均匀美观，各主要总成是否更换，与初检记录是否相符。

（2）检验车辆的制动性、转向操纵性、灯光、排气及其他安全性能是否符合"机动车安全运行技术条件"的要求。

（3）检验车辆是否经过改装、改型、改造，行驶证、号牌、车辆档案记载中的所有登记是否与车况相符，有无变化，是否办理了审批和异动、变更手续。

（4）号牌、行驶证及车上喷印的号牌放大字样有无损坏、涂改字迹不清等情况，是否需要更换。

（5）大型机动车是否按照规定在车门两边用汉字仿宋体喷写单位名称或车辆所在地街道、乡、镇名称和驾驶室限坐人数；货车后栏板（包括挂车后栏板）外侧是否按规定喷写放大2～3倍的车号，个体或联营户的机动车，车门的两侧是否喷写有"个体"字样；字迹要求清晰，不得喷写单位代号或其他图案（特殊情况需经车管所批准）。

3. 年检的条件

具有下列情况之一的车辆，必须按照有关规定办理后，方予检验。

（1）车辆状况与行驶证、档案记载不符者。

（2）号牌、行驶证破损不全、字迹不清或自行仿制号牌者。

（3）车辆改装、改型、技术改造未办理审批和变更手续者。

（4）未按照规定喷写单位名称和号牌放大字样者。

（5）不按照规定安装警报器、标志灯具者。

（6）未按照规定缴纳燃油附加税和车辆保险者。

4. 年检的手续

（1）车辆单位或车主需填写"机动车年度检验表"，并按照当地车管所规定的日期，送指定地点进行年检。车辆检验合格后，车辆管理机关在行驶证和"机动车年度检验表"上加盖（××年××车管所检验合格）印章。

（2）长期在外地执行任务不能按期参加检验的车辆，由车主提出申请，报经原籍车管所委托驻地车管所代为检验。检验后，将检验结果通知原籍车管所。

（3）因特殊情况不能按期参加年检的车辆，应事先向当地车管所申请延期。

5. 年检其他规定

（1）年检的不合格车辆，应限期修复，逾期仍不合格的，车管所应收缴其行车牌证，不准再继续行驶。

（2）无故不参加年检或年检不合格的车辆，不准在道路上行驶，也不准转籍。

（3）符合报废条件或使用超过规定年限的车辆，不予检验，并收回牌证，注销档案，予以报废。

任务 3.3 机动车编号识别

3.3.1 机动车产品型号编制规则

机动车产品型号编制规则中术语及定义的确立依据《道路交通管理 机动车类型》（GA 802—2019）。机动车产品的型号为识别车辆而给车辆指定的由拼音字母和阿拉伯数字组成的编号。

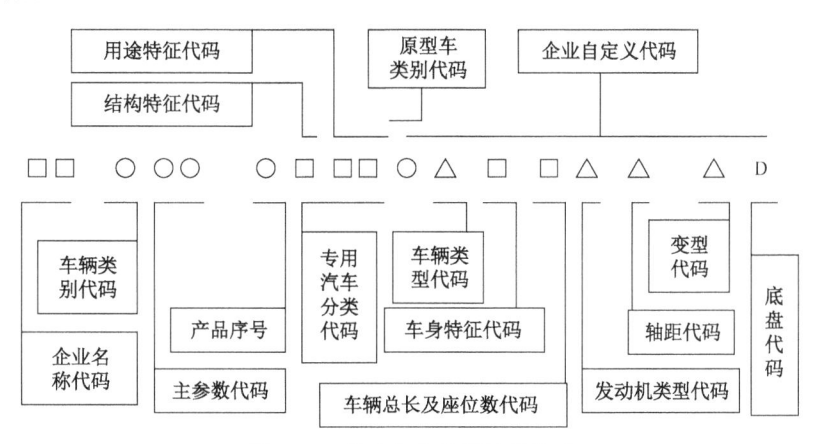

一、机动车产品型号的构成

机动车产品型号由一组代码构成。

构成各种类型机动车产品型号的全部代码种类及排列顺序如图 3-14 所示。

构成不同类型机动车产品型号的代码种类有所不同，它们分别由图 3-14 所示的一部分种类代码构成。

图 3-14 机动车产品型号的构成

代码分别用阿拉伯数字或英文大写字母表示，标记"○"表示一个阿拉伯数字，"□"表示一个英文大写字母，"△"表示一个阿拉伯数字或英文大写字母，底盘代码统一为"D"。

二、机动车产品型号编制规则

（1）乘用车产品型号编制规则如图 3-15 所示。

图3-15 乘用车产品型号编制规则

```
□□        ○         ○○        ○         △         □         △                    △
企业名称代码  车辆类别代码  主参数代码      产品序号     车辆类型代码  车身特征代码  发动机类型代码         变型代码
           2：越野乘用车  越野乘用车：用整车  0～9，               （见表3-11）        1～9、A、B、C、
           6：旅行车、多  的总质量（t）表示主  顺序选取                对同一型号        D…顺序选取一个
             用途乘用车   参数代码。         一个数字                整车，具有多       数字或字母，基本
                       旅行车、多用途乘用                         种型号发动机，      型不设置变型代码，
                       车：用整车长度（m）表                      按较大排量选        它的第一个变型车
                       示主参数代码。当整车                       择代码            的变型代码为1，
                       长度小于10m时，应精                                       依次类推。
                       确到小数点后一位，并                                       字母I、O及Q不
                       以长度值（m）的十倍                                       能使用
                       数值表示。
                       主参数数值修约按
                       GB/T 8710—2008的规
                       定执行。
                       主参数不足规定位
                       数时，在参数前以"0"
                       占位
```

车辆类型	代码	车辆类型	代码
越野乘用车	C	仓背乘用车	B
普通乘用车	P	旅行车	W
小型乘用车	X	多用途乘用车	M

代码	车身特征	代码	车身特征
A	承载式车身，2厢，4门，硬车顶	F	非承载式车身，2厢，3门，软车顶
B	承载式车身，2厢，5门，硬车顶	G	非承载式车身，2厢，4门，硬车顶
C	非承载式车身，2厢，2门，硬车顶	H	非承载式车身，2厢，4门，软车顶
D	非承载式车身，2厢，2门，软车顶	J	非承载式车身，2厢，5门，硬车顶
E	非承载式车身，2厢，3门，硬车顶	K	非承载式车身，2厢，5门，软车顶

图3-15 乘用车产品型号编制规则

（2）客车产品型号编制规则如图3-16所示。

```
□□        ○         ○         ○         △         □         △                    △
企业名称代码  车辆类别代码  主参数代码      产品序号     车辆类型代码  车辆总长及座  发动机类型代码         变型代码
           2：越野客车  整车长度L（m）  0～9，                       位数代码    （见表3-11）        1～9、A、B、C、
           6：客车      当整车长度小于10m  顺序选取                              对同一型号        D…顺序选取一个
                       时，应精确到小数点后  一个数字                              整车，具有多       数字或字母，基本
                       一位，并以长度（m）                                      种型号发动机，      型不设置变型代码，
                       值的10倍数值表示。                                      按较大排量选        它的第一个变型车
                       主参数数值修约按                                        择代码            的变型代码为1，依
                       GB/T 8710—2008的规                                                   次类推。
                       定执行。                                                            字母I、O及Q不
                       主参数不足规定位                                                      能使用
                       数时，在参数前以"0"
                       占位
```

车辆类型	代码	车辆类型	代码
小型客车	M	越野客车	K
城市客车	C	旅游客车	L
长途客车	A	专用客车	Z

代码	车辆总长/mm	座位数X（含驾驶员座）	代码	车辆总长/mm	座位数X（含驾驶员座）
A	≤6 000	X≤9	G	>6 000	17<X≤20
B	≤6 000	9<X≤17	H	>6 000	20<X≤30
C	≤6 000	17<X≤20	J	>6 000	30<X≤40
D	≤6 000	X>20	K	>6 000	40<X≤50
E	>6 000	X≤9	L	>6 000	X>50
F	>6 000	9<X≤17			

图3-16 客车产品型号编制规则

（3）货车产品型号编制规则如图 3-17 所示。

企业名称代码 □□

车辆类别代码 ○
- 1：普通货车
- 2：越野货车
- 3：自卸货车
- 4：半挂牵引车

主参数代码 ○○ 表示主参数
- 用整车的总质量（t）代码
- 半挂状态的牵引车：处于可行驶状态时，半挂车传递到牵引车上的最大静载荷、牵引车自身最大装载质量（如果有的话）的和
- 主参数数值不足规定位数时，在参数前以"0"占位
- 主参数修约按GB/T 8710—2008 的规定执行

产品序号 ○
- 0~9中，顺序选取一个数字

车辆类别代码 △
- P：普通货车
- M：多用途货车
- H：越野货车
- I：自卸货车
- T：半挂牵引车

车身特征代码 △

发动机类型代码 △（见表3-11）
- 对同一型号整车，具有多种同型号发动机，按较大排量选择代码

轴距代码 △

代码	轴距 (mm)
2	2400＜轴距≤2700
3	2700＜轴距≤3000
4	3000＜轴距≤3300
5	3300＜轴距≤3600
6	3600＜轴距≤3900
7	3900＜轴距≤4200
8	4200＜轴距≤4500
9	4500＜轴距≤5000
A	5000＜轴距≤5500
B	5500＜轴距≤6000
C	6000＜轴距≤6500
D	6500＜轴距≤7000
E	7000＜轴距≤7500
F	7500＜轴距≤8000
G	8000＜轴距≤8500

对多轴距汽车，按较长轴距选择代码

变型代码 △
- 1~9、A、B、C、D…顺序选取数字或字母，基本型不设置变型代码，它的第一个变型代码为1，其他的变型代码依次类推。字母I、O及Q不能使用

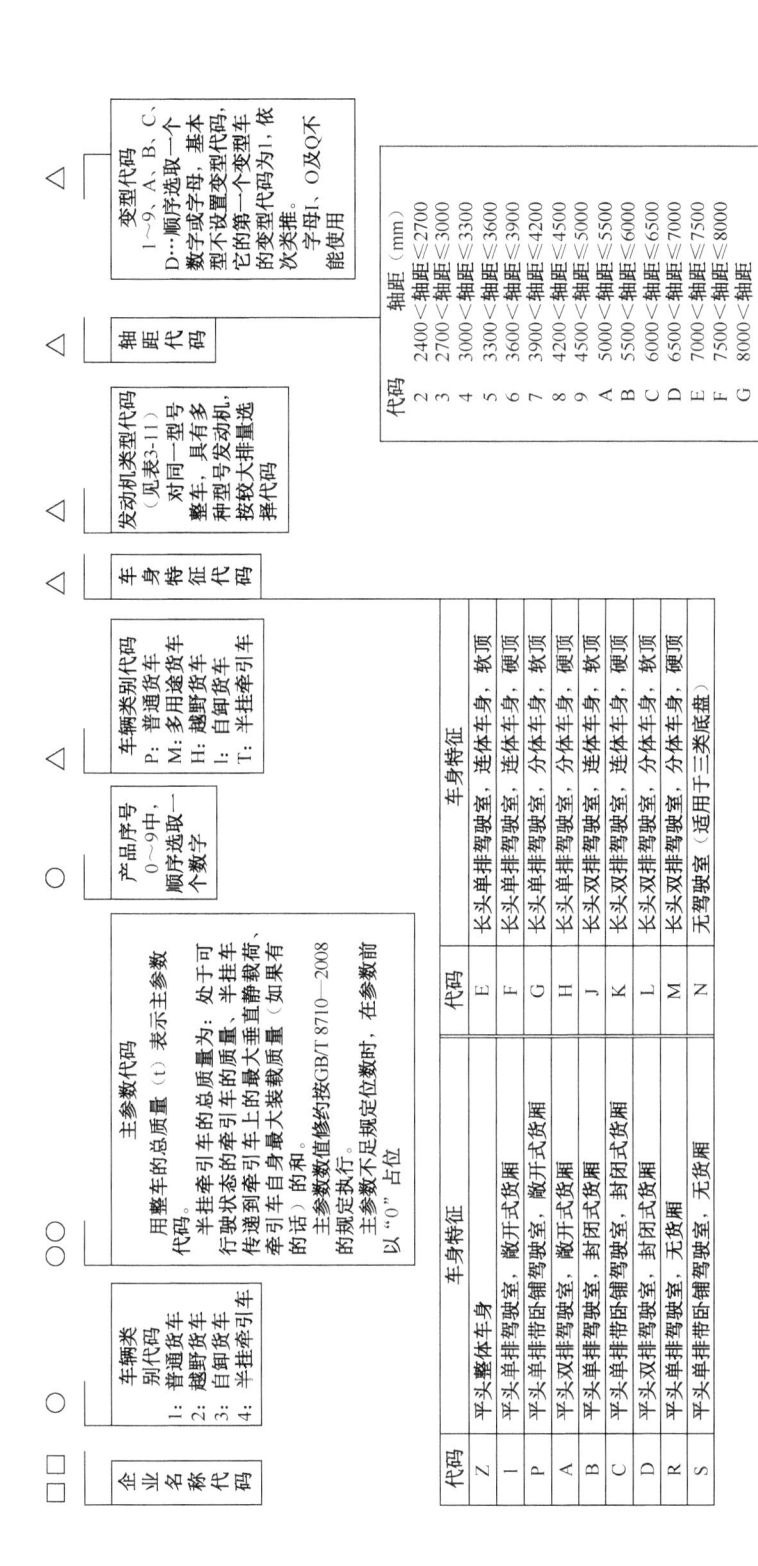

代码	车身特征
Z	平头整体车身
I	平头单排驾驶室、敞开式货厢
P	平头单排带卧铺驾驶室、敞开式货厢
A	平头双排驾驶室、敞开式货厢
B	平头单排驾驶室、封闭式货厢
C	平头单排带卧铺驾驶室、封闭式货厢
D	平头双排驾驶室、封闭式货厢
R	平头单排驾驶室、无货厢
S	平头单排带卧铺驾驶室、无货厢

代码	车身特征
E	长头单排驾驶室、连体车身
F	长头单排带卧铺驾驶室、连体车身
G	长头单排驾驶室、分体车身
H	长头单排带卧铺驾驶室、分体车身
J	长头双排驾驶室、连体车身
K	长头双排驾驶室、分体车身
L	长头双排驾驶室、连体车身
M	长头双排驾驶室、分体车身
N	无驾驶室（适用于三类底盘）

图 3-17 货车产品型号编制规则

（4）专用机动车产品型号编制规则如图 3-18 所示。

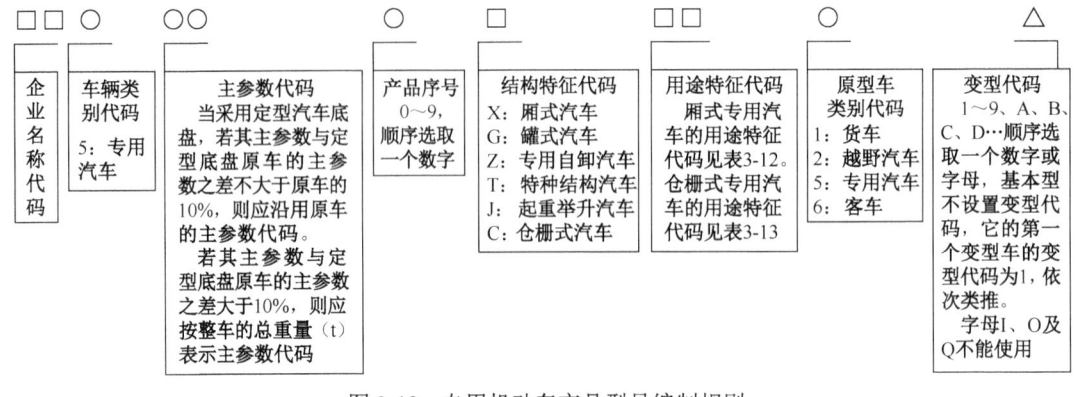

| 企业名称代码 | 车辆类别代码 5：专用汽车 | 主参数代码 当采用定型汽车底盘，若其主参数与定型底盘原车的主参数之差不大于原车的10%，则应沿用原车的主参数代码。若其主参数与定型底盘原车的主参数之差大于10%，则应按整车的总重量（t）表示主参数代码 | 产品序号 0～9，顺序选取一个数字 | 结构特征代码 X：厢式汽车 G：罐式汽车 Z：专用自卸汽车 T：特种结构汽车 J：起重举升汽车 C：仓栅式汽车 | 用途特征代码 厢式专用汽车的用途特征代码见表3-12。仓栅式专用汽车的用途特征代码见表3-13 | 原型车类别代码 1：货车 2：越野汽车 5：专用汽车 6：客车 | 变型代码 1～9、A、B、C、D…顺序选取一个数字或字母，基本型不设置变型代码，它的第一个变型车的变型代码为1，依次类推。字母I、O及Q不能使用 |

图 3-18 专用机动车产品型号编制规则

表 3-11 发动机类型代码

发动机排量/L，汽缸数和燃油种类	代码	发动机排量/L，汽缸数和燃油种类	代码
排量≤1.6，四缸汽油机	A	排量≤1.6，四缸柴油机	P
1.6＜排量≤2.0，四缸汽油机	B	1.6＜排量≤2.0，四缸柴油机	R
2.0＜排量≤2.5，四缸汽油机	D	2.0＜排量≤2.5，四缸柴油机	S
2.5＜排量≤3.0，四缸汽油机	E	2.5＜排量≤3.0，四缸柴油机	T
3.0＜排量≤4.0，四缸汽油机	F	3.0＜排量，四缸柴油机	U
4.0＜排量，四缸汽油机	G	排量≤6.0，六缸柴油机	V
排量≤6.0，六缸汽油机	H	6.0＜排量≤8.0，六缸柴油机	W
6.0＜排量≤8.0，六缸汽油机	J	8.0＜排量，六缸柴油机	Z
8.0＜排量，六缸汽油机	K	8.0＜排量≤9.0，八缸柴油机	X
排量≤9.0，八缸汽油机	M	9.0＜排量，八缸柴油机	Y
9.0＜排量，八缸汽油机	N	天然气发动机	C
其他代用燃料发动机	1，2，3，…（依次使用一个）	液化石油气发动机	L

表 3-12 厢式专用机动车的用途特征代码

术语	用途特征代码	术语	用途特征代码
保温车	BW	售货车	SH
殡仪车	BY	手术车	SS
餐车	CC	计划生育车	SY
厕所车	CS	图书馆车	TS
电视车	DS	通信车	TX
防疫车	FY	厢容可变车	XB
工程车	GC	宣传车	XC
化验车	HY	消毒车	XD
警备车	JB	通信指挥消防车/勘察消防车/宣传消防车	XF
检测车	JC	血浆运输车	XJ
监测车	JE	修理车	XL

续表

术　语	用途特征代码	术　语	用途特征代码
救护车	JH	厢式运输车	XY
计量车	JL	运钞车	YC
警犬运输车	JQ	翼开启厢式车	YK
检修车	JX	仪器车	YQ
冷藏车	LC	邮政车	YZ
勘察车	KC	X射线诊断车	ZD
淋浴车	LY	指挥车	ZH
囚车	QC	住宿车	ZS
爆破器材运输车	QY	地震装线车	ZX
伤残运送车	SC		

表 3-13　仓栅式机动车用途特征代码

术　语	用途特征代码	术　语	用途特征代码
畜禽运输车	CQ	养蜂车	YF
散装粮食运输车	LS	散装种子运输车	ZZ
散装饲料运输车	SL	仓栅式运输车	CY

3.3.2　车辆识别代号

依据《道路车辆　车辆识别代号（VIN）》（GB 16735—2019）规定，车辆识别代号是为了识别某一辆车，由车辆制造厂为该车辆指定的一组字码。

一、基本要求

（1）每一辆机动车、挂车、摩托车和轻便摩托车都必须有车辆识别代号。

（2）在30年内生产的任何车辆的识别码不得相同。

（3）车辆识别代号应尽量位于车辆的前半部分、易于看到且能防止磨损或替换的部位。

（4）9人座或9人座以下的车辆和最大总质量小于或等于3.5t的载货机动车的车辆识别代号应位于仪表板的上方，在白天日光照射下，观察者不需移动任一部件从车外即可分辨出车辆识别代号。

（5）每辆车的车辆识别代号应表示在车辆部件上（玻璃除外），该部件除修理以外是不可拆的；车辆识别代号也可以表示在永久性地固定在上述车辆部件上的一块标牌上，此标牌不损坏则不能拆掉。如果制造厂愿意，允许在一辆车上同时采取以上两种表示方法。

（6）车辆识别代号的字码在任何情况下都应是字迹清楚，坚固耐用和不易替换的。

（7）车辆识别代号的字码高度；若直接打印在机动车和挂车（车架、车身等部件）上时，至少应为7mm高；其他情况至少应为4mm高。

（8）车辆识别代号仅能采用以下阿拉伯数字和大写拉丁字母：1，2，3，4，5，6，7，8，9，0，A，B，C，D，E，F，G，H，J，K，L，M，N，P，R，S，T，U，V，W，X，Y，Z（不应采用字母"I""O""Q"）。

（9）车辆识别代号在文件上表示时应写成一行，且不要空格，打印在车辆或车辆标牌上时也应标示在一行。特殊情况下，由于技术上的原因必须标示在两行上时，两行之间不应有空行，每行的开始与终止处应选用一个分隔符表示。分隔符必须是不同于车辆识别代号所用的任何字码，且不易与车辆识别代号中的字码混淆的其他符号。

二、基本内容与构成

1. 车辆识别代号的基本构成

车辆识别代号由世界制造厂识别代号（WMI）、车辆说明部分（VDS）、车辆指示部分（VIS）三部分组成，共17位字码。

对年产量大于或等于1 000辆的完整车辆和/或非完整车辆制造厂，车辆识别代号的第一部分为世界制造厂识别代号（WMI）；第二部分为车辆说明部分（VDS）；第三部分为车辆指示部分（VIS），如图3-19所示。

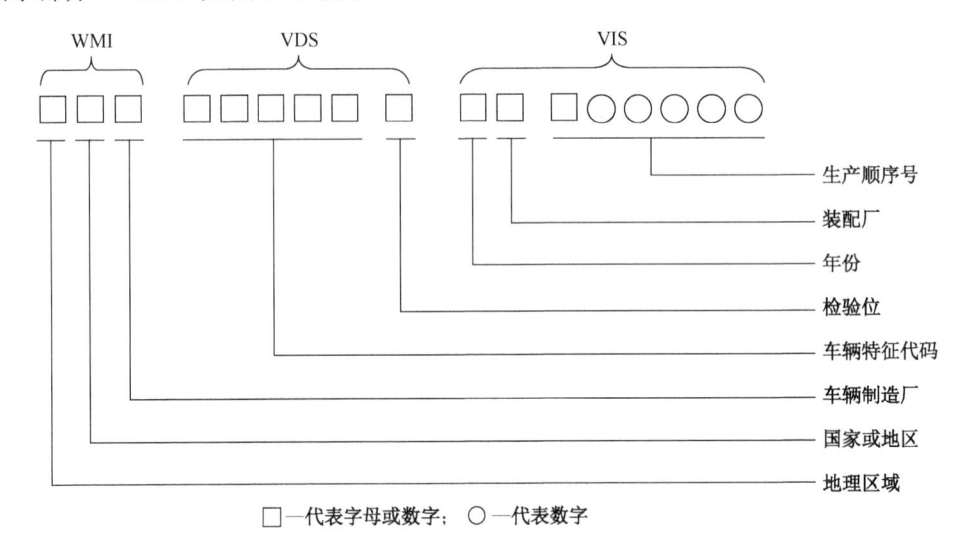

图3-19 车辆识别代号结构示意图（年产量大于或等于1 000辆的完整车辆和/或非完整车辆）

对年产量小于1 000辆的完整车辆和/或非完整车辆制造厂，车辆识别代号的第一部分为世界制造厂识别代号（WMI）；第二部分为车辆说明部分（VDS）；第三部分的三、四、五位与第一部分的三位字码一起构成世界制造厂识别代号（WMI），其余五位为车辆指示部分（VIS），如图3-20所示。

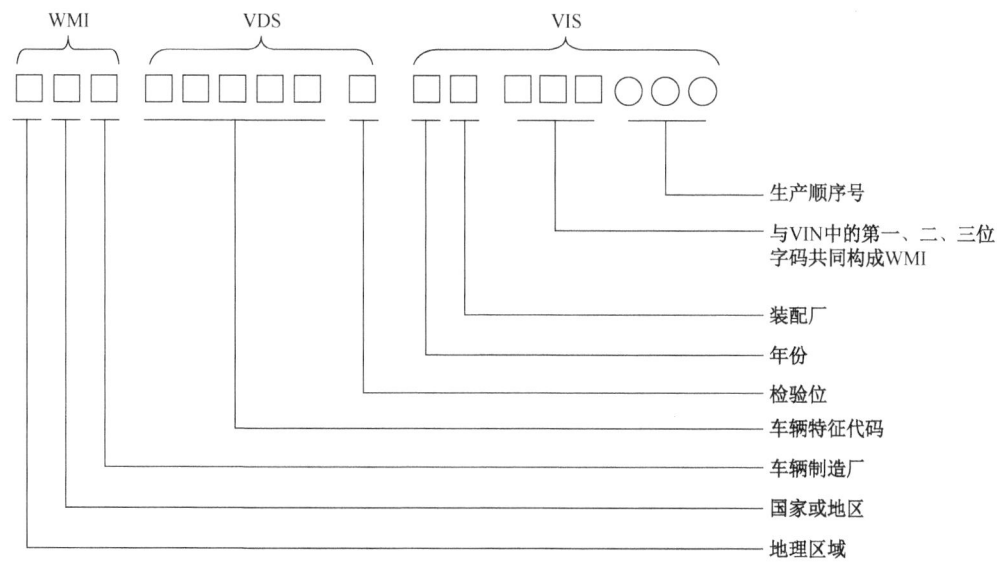

图 3-20 车辆识别代号结构示意图（年产量小于 1 000 辆的完整车辆和/或非完整车辆）

2. 车辆识别代号内容

（1）世界制造厂识别代号（WMI）。

世界制造厂识别代号是车辆识别代号的第一部分，由车辆制造厂所在国家或地区的授权机构预先分配，WMI 应符合 GB 16737—2019 的规定。必须经过申请、批准和备案后方能使用。

① 世界制造厂识别代号的第一位字码是标明一个地理区域的字母数字，第二位是标明一个特定地区的或一个国家的字母或数字。第二位字码的组合将能保证国家识别标志的唯一性。

② 世界制造厂识别代号的第三位字码是标明某个特定制造厂识别标志的唯一字母或数字。第一、二、三位字码的组合能保证制造厂识别标志的唯一性。

③ 对于年产量大于或等于 500 辆的制造厂，世界制造厂识别代号由三位字码组成。对于年产时小于 500 辆的制造厂，世界制造厂识别代号将与第一部分的三位字码一起作为世界制造厂识别代号。

第一位：部分生产国家或地区代码见表 3-14。

表 3-14 部分生产国家或地区代码

代码	国家或地区	代码	国家或地区	代码	国家或地区	代码	国家或地区
1	美国	J	日本	6	澳大利亚	V	法国
2	加拿大	S	英国	9	巴西	R	台湾
3	墨西哥	K	韩国	W	德国	Y	瑞典
4	美国	L	中国	T	瑞士	Z	意大利

第二位：机动车制造商代码。

1—雪佛兰 Chevrolet；B—宝马 BMW；M—现代 Hyundai；

2—庞蒂亚克 Pontiac；B—道奇 Dodge；M—三菱 Mitsubishi；

3—奥兹莫比尔 Oldsmobile；C—克莱斯勒 Chrysler；M—水星 Mercury；

4—别克 Buick；D—梅赛德斯 Mercedes；N—英菲尼迪 Infiniti；

5—庞蒂亚克 Pontiac；E—鹰牌 Eagle；N—日产 Nissan；

6—凯迪拉克 Cadillac；F—福特 Ford；P—普利茅斯 Plymouth；

7—通用加拿大 GM Canada；G—通用 General Motors；S—斯巴鲁 Subaru；

8—土星 Saturn；G—铃木 Suzuki；T—雷克萨斯 Lexus；

8—五十铃 Isuzu；H—讴歌 Acura；T—丰田 Toyota；

A—阿尔法·罗密欧 Alfa Romeo；H—本田 Honda；V—大众 Volkswagen；

A—奥迪 Audi；J—吉普 Jeep；V—沃尔沃 Volvo；

A—捷豹 Jaguar；L—大宇 Daewoo；Y—马自达 Mazda；

L—林肯 Lincoln；Z—福特 Ford；Z—马自达 Mazda；

G—所有属于通用机动车的品牌，如别克 Buick，凯迪拉克 Cadillac，雪佛兰 Chevrolet，奥兹莫比尔 Oldsmobile，庞蒂亚克 Pontiac，土星 Saturn 等。

目前将第二、三位字符合并表示生产厂家，例如：

DC—神龙，SW—上汽，MW—宝马，CA—一汽，EQ—二汽，TJ—天津

第三位：机动车类型代码（不同的厂商有不同的解释）。

有些厂商可能使用前三位组合代码表示特定的品牌，例如：

TRU/WAU 奥迪（Audi）；1YV/JM1 马自达（Mazda）；4US/WBA/WBS 宝马（BMW）；WDB 梅赛德斯-奔驰（Mercedes Benz）；2HM/KMH 现代（Hyundai）；VF3 标志（Peugeot）；SAJ 捷豹（Jaguar）；WP0 保时捷（Porsche）；SAL 路虎（Land Rover）；YK1/YS3 萨博（Saab）；YV1 沃尔沃（Volvo）。

（2）车辆说明部分（VDS）。

车辆说明部分是车辆识别代号的第二部分，由六位字码组成（即 VIN 的第四位～第九位）。如果车辆制造厂不使用其中的一位或几位字码，应在该位置填入车辆制造厂选定的字母或数字占位。

VDS 的第一位～第五位（即 VIN 的第四位～第八位）应对车辆一般特征进行描述，其组成代码及排列次序由车辆制造厂决定。

① 车辆的一般特征包括但不限于：

车辆类型（如乘用车、货车、客车、挂车、摩托车、轻便摩托车、非完整车辆等）。

车辆结构特征（如车身类型、驾驶室类型、货箱类型、驱动类型、轴数及布置方式等）。

车辆装置特征（如约束系统类型、动力系统特征、变速器类型、悬架类型等）。

车辆技术特性参数（如车辆质量参数、车辆尺寸参数、座位数等）。

② 对于以下不同类型的车辆，在 VDS 中描述的车辆特征至少应包括下表中规定的内容。车辆特征描述见表 3-15。

表 3-15 车辆特征描述

车 辆 类 型	车 辆 特 征
乘用车	车身类型、动力系统特征[a]
客车	车辆长度、动力系统特征[a]
货车（含牵引车、专用作业车）	车身类型、车辆最大设计总质量、动力系统特征[a]
挂车	车身类型、车辆最大设计总质量[a]
摩托车和轻便摩托车	车辆类型、动力系统特征[a]
非完整车辆	车身类型[b]、车辆最大设计总质量、动力系统特征[a]

a. 其中对于仅发动机驱动的车辆至少包括对燃料类型、发动机排量和/或发动机最大净功率的描述；对于其他驱动类型的车辆，至少应包括驱动电机峰值功率（若车辆具有多个驱动电机，应为多个驱动电机峰值功率之和；对于其他驱动类型的摩托车应描述驱动电机额定功率）、发动机排量和/或发动机最大净功率（若有）的描述。

b. 车身类型分为承载式车身、驾驶室—底盘、无驾驶室—底盘等。

VDS 的最后一位（即 VIN 的第九位字码）为检验位，检验位应按照规定的方法计算。

第四位：表示车辆种类，如 1—普通乘用车；2—活顶乘用车等。

第五位：表示车型系列代码与生产厂家有关和第四位数字共同组成车型代码。

第六位：表示车身外形代码，如 1—二厢五门车，2—旅行车，3—三厢四门车。有些公司是用字母表示车辆外观。

第七位：表示发动机类型代码，如 L—1.6 升发动机，2—2.0 升发动机。

第八位：表示所装备变速器类型，如 1—四挡手动变速器，2—五挡手动变速器，3—自动变速器。

第九位：校验位，按标准加权计算，通过一定的算法防止输入错误。

（3）车辆指示部分（VIS）。

车辆指示部分是车辆识别代号的第三部分，由八位字码组成(即 VIN 的第十～十七位)。

VIS 的第一位字码（即 VIN 的第十位）应代表年份。年份代码（见表 3-16）按规定使用（30 年循环一次）。车辆制造厂若在此位使用车型年份，应向授权机构备案每个车型年份的起止日期，并及时更新；同时在每一辆车的机动车出厂合格证或产品一致性证书上注明使用了车型年份。

表 3-16 年份代码

年 份	代 码	年 份	代 码	年 份	代 码	年 份	代 码
2011	B	2014	E	2017	H	2020	L
2012	C	2015	F	2018	J	2021	M
2013	D	2016	G	2019	K	2022	N

续表

年　份	代　码	年　份	代　码	年　份	代　码	年　份	代　码
2023	P	2030	Y	2037	7	2044	E
2024	R	2031	1	2038	8	2045	F
2025	S	2032	2	2039	9	2046	G
2026	T	2033	3	2040	A	2047	H
2027	V	2034	4	2041	B	2048	J
2028	W	2035	5	2042	D	2049	K
2029	X	2036	6	2043	C	2050	L

VIS 的第二位字码（即 VIN 的第十一位）应代表装配厂。

如果车辆制造厂生产年产量大于或等于 1 000 辆的完整车辆和/或非完整车辆，VIS 的第三～八位字码（即 VIN 的第十二位～十七位）用来表示生产顺序号。

如果车辆制造厂生产年产量小于 1 000 辆的完整车辆和/或非完整车辆，则 VIS 的第三、四、五位字码（即 VIN 的第十二位～十四位）应与第一部分的三位字码一同表示一个车辆制造厂，VIS 的第六、七、八位字码（即 VIN 的第十五～十七位）用来表示生产顺序号。

（4）字码。

在车辆识别代号中仅应使用下列阿拉伯数字和大写拉丁字母：

1，2，3，4，5，6，7，8，9，0，A，B，C，D，E，F，G，H，J，K，L，M，N，P，R，S，T，U，V，W，X，Y，Z（为避免与数字 1，0，9 混淆，字母 I、O 及 Q 不使用。第十位车辆年份代码不使用字母 I，O，U，Q，Z）。

（5）分隔符。

分隔符的选用由车辆制造厂自行决定，例如，☆、★。分隔符不得使用车辆识别代号的任何字码及可能与之混淆的字码，不得使用重新标示或变更标识符及可能与之混淆的符号。

（6）车辆识别代号的标示位置。

每辆车辆都应具有唯一的车辆识别代号，并永久保持地标示在车辆上，同一车辆上标示的所有的车辆识别代号的字码构成与排列顺序应相同。除了相关规定的情况，不得对已标示的车辆识别代号进行变更。

车辆应在产品标牌上标示车辆识别代号（L_1、L_3 类车辆可除外），产品标牌的类型、标示位置、标示要求应符合《机动车产品标牌》（GB/T 18411—2018）的规定。

车辆应至少有一个车辆识别代号直接打刻在车架上能防止锈蚀、磨损的部位（无车架的车辆应打刻在车身主要承载且不能拆卸的部件上）。

具有电子控制单元的机动车，其至少有一个电子控制单元应不可篡改地存储车辆识别代号。

M_1、N_1 类车辆应在靠近风窗立柱的位置标示车辆识别代号，该车辆识别代号在白天不需移动任何部件从车外即能清晰识读。

3.3.3 机动车玻璃识别码

机动车玻璃识别码表征机动车玻璃信息的代码，用于区分不同机动车玻璃产品。其包含的信息内容应符合《汽车玻璃识别码信息要求》（GB/T 38587—2020）的规定，见表 3-17。

表 3-17 汽车玻璃识别码信息要求

序号	识别信息内容	含义
1	汽车制造商性质分类	表示汽车制造商性质类别，包括国产、进口和合资等信息
2	汽车品牌	表示对应的汽车品牌信息
3	汽车车型	表示同一汽车品牌下对应的车型信息
4	玻璃类型	表示玻璃加工类型，包括夹层安全玻璃、钢化安全玻璃、中空安全玻璃、塑玻复合材料、刚性塑料、贴膜玻璃等信息
5	玻璃厚度	表示玻璃的公称厚度信息
6	玻璃装车位置	表示玻璃装在车上的位置，包括前风窗玻璃、后窗玻璃、门玻璃、侧窗玻璃、天窗玻璃等；当同一车上上述同一位置包括多片玻璃时，则需要增加左右、前后、上下等信息
7	玻璃本体颜色	表示加工前平板玻璃的本体颜色，包括白玻、绿玻、蓝玻、灰玻、茶玻等信息
8	PVB 遮阳带颜色	表示夹层中间层 PVB 膜片遮阳带的颜色，包括无色带、绿色、蓝色、灰色、茶色等信息
9	图案印刷	表示玻璃油墨印刷的图案，包括引擎位编码框、后视镜位、感应器位等，以及特殊图案或符号等信息
10	感应功能附件	表示玻璃上安装的具有感应功能的附件，包括雨水感应器、温湿度感应器、光感器、摄像感应等附件信息
11	隔热功能	表示玻璃具备的隔热功能，包括 solar 绿玻隔热、热反射镀膜隔热、PET 膜隔热、PVB 隔热膜等信息
12	加热功能	表示玻璃具备的加热功能，包括夹丝加热、银浆加热、镀膜加热、加热膜加热等信息
13	天线功能	表示玻璃具备的天线功能，包括夹丝天线、银浆天线、镀膜天线等信息
14	包边	表示玻璃上的包边类型，包括注塑包边、挤出包边、简易包边等信息
15	带装配附件	表示玻璃上安装的具有装配功能的附件。包括托架、钉柱、卡扣、定位胶条、镜座等附件信息
16	特殊功能	表示玻璃具备的除上述功能外的其他功能。包括隔音、抬头显示（HUD）、憎水、调光、太阳能光伏等信息
17	玻璃变异	表示同一款车的同一个位置由于附件形状变化、印刷尺寸变化或印刷标示变化而导致产品差异的信息
18	制造商品牌信息	表示玻璃制造商信息，包含玻璃制造商品牌简称以及制造厂的3C认证工厂编号等信息
19	其他信息	以上未包含的其他信息

一、国产汽车玻璃上的标识

国产机动车玻璃上的标识可分为四大类：国家安全认证标识、国外认证标识、机动车生产厂标识、玻璃生产企业标识。

在机动车玻璃的左（右）下角有生产厂家的安全认证信息，进口机动车（正规渠道）也不例外，这是国家强制要求的。

1. 国家安全认证标识

机动车用安全玻璃属国家强制认证产品，所以机动车上的每块玻璃都应有国家安全认证标识，也就是俗称的"方圆标志"，这是机动车玻璃上最常见也是最重要的标识。

2. 国外认证标识

如美国的"DOT"标识、欧洲 ECE 的"E"标识等，表示该产品也经过了这些国外认证机构的许可，并可以向国外出口。当然，有的企业获得国外认证仅仅是为说明其产品的质量具有"国标水准"。

3. 机动车生产厂标识

一般而言，玻璃生产厂会应机动车生产厂的要求在玻璃上印制该机动车生产厂家的标识，如商标、公司名称等。

4. 玻璃生产企业标识

玻璃生产企业会在自己生产的玻璃上印制商标或公司简称，如"FY"就是福耀玻璃工业集团股份有限公司的简称。

二、机动车玻璃上的标识内容

机动车玻璃上的标识除了以上说的这些内容，还包含了其他更多的信息，如其生产地生产日期及玻璃的类型等。以机动车玻璃上的标识图片为例对标识内容做详细的解读，如图 3-21 所示。

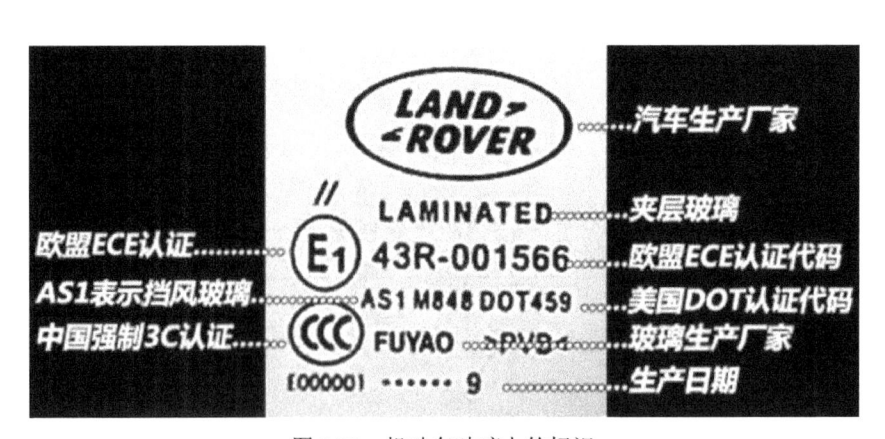

图 3-21 机动车玻璃上的标识

(1) //代表的是玻璃类型。

玻璃类型的代码代表的意义如下：

/——增韧挡风玻璃；

//——常规挡风玻璃夹层玻璃；

///——夹层玻璃；

////——玻璃，塑料；

/////——其他，玻璃的透光率低于70%。

(2) 圆圈中的"E"，代表着联合国欧洲经济委员会汽车法规（ECE），表示许可出口到相应国家（当然有的也仅是代表其生产水准）；数字是欧盟成员国代码。

E标志认证的执行测试机构一般是ECE成员国的技术服务机构。E标志证书的发证机构是ECE成员国的政府部门。目前ECE包括欧洲28个国家，除了欧盟成员，还包括东欧、南欧等非欧盟国家。ECE法规是推荐各成员国适用，不是强制性标准。成员国可以套用ECE法规，也可以沿用本国法规。各国的证书有相应的编号，部分欧盟标准（ECE）成员国代码见表3-18。

表3-18 部分欧盟标准（ECE）成员国代码

代码	国家	代码	国家	代码	国家
E1	德国	E12	奥地利	E25	克罗地亚
E2	法国	E13	卢森堡	E26	斯洛文尼亚
E3	意大利	E14	瑞士	E27	斯洛伐克
E4	荷兰	E16	挪威	E28	白俄罗斯
E5	瑞典	E17	芬兰	E29	爱沙尼亚
E6	比利时	E18	丹麦	E31	波黑
E7	匈牙利	E19	罗马尼亚	E37	土耳其
E8	捷克	E20	波兰	E42	欧洲共同体
E9	西班牙	E21	葡萄牙	E43	日本
E10	南斯拉夫	E22	俄罗斯		
E11	英国	E23	希腊		

(3) "AS1"这一栏代表的是玻璃的透光率

其中，"AS1"代表的是这块玻璃的透光率不小于70%，即"清楚的玻璃""可用于前挡风"；"AS2"代表光线传输率不小于70%的玻璃，但它的可用范围是"可用于除了前挡风挡的任何部位"。

(4) 3C认证：3C认证，即中国强制性产品认证，英文名称China Compulsory Certification，英文缩写为CCC。

(5) LAND ROVER这一栏代表的是机动车生产厂商的代码或者标志。

(6) LAMINATED这一栏代表的是玻璃结构。其中，LAMINATED代表的是夹层玻璃，而TEMPERED则是代表钢化玻璃。

（7）43R-001566 则代表的是欧盟 ECE 认证代码。

（8）DOT459 和 E1 一样，也是海外认证的代码，它代表的是美国 DOT 认证。

（9）FUYAO 则代表玻璃生产厂家：福耀玻璃工业集团股份有限公司。一般一个玻璃厂家有一个代码，而福耀则有两个，如 FY 和 FUYAO 都是福耀的厂家代码。

（10）最后一行的"……9"是生产日期代码，常见形式有以下几种。

① 数字+圆点的形式（见图 3-21）。

日期读取方式：数字是这块玻璃的生产年份，代表的是年份最终一位数，如图中的数字"9"代表生产年份，数字前面的点数代表生产月份，具体含义如下，"9"代表着生产年份是 2009 年，而月份则要根据数字是在黑点前还是黑点后来决定。

如何认定为 2009 呢？为何不是 1999 或 2019 年呢？依据车辆的出厂日期来断定，车辆出厂日期在 2008 或者 2009 年，那么玻璃的年份数字 9 应该是 2009 年的，玻璃和车辆的出厂日期是不会相差 10 年的。

小黑点就是玻璃的生产月份，有些玻璃的小黑点在数字前面，有些玻璃的小黑点在数字后面。

如果小黑点在数字前面，那么就用 7 减去黑点个数，图中 7-6=1 月份；如果小黑点在数字后面，那么就用 13 减去黑点个数。最终得到的就是玻璃的生产月份。

② 数字+小圆点+大圆点（见图 3-22）。

日期读取方式：数字代表年份；小圆点代表季度，一年一共有 4 个季度，小圆点最多为 4 个；大圆点代表季度对应的月份，一个季度为 3 个月，大圆点最多为 3 个。图 3-22 中，数字 3 代表 2003 年或者 2013 年，根据车辆出厂日期为 2013 年。

数字后面跟着的点形状是不同的，数字 3 后边跟的小圆点代表季度，后面的多角形点为这一个季度的第几个月。

如图 3-22 所示为第二季度的第一个月，也就是 2013 年 4 月份。

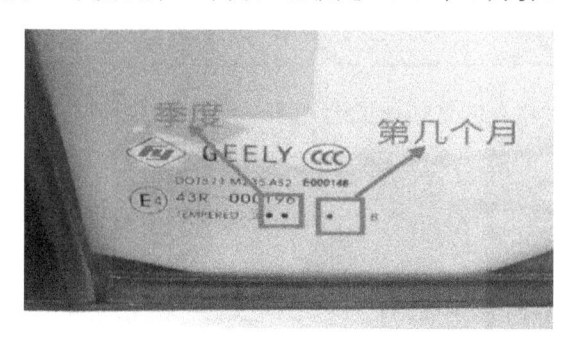

图 3-22 数字+小圆点+大圆点

③ 第一行数字+小圆点，第二行大圆点+小圆点（见图 3-23）。

它采用上下两行的形式进行表示，虽然表达方式复杂，但却可以精确表述该玻璃生产年月日三项。

日期读取方式：数字代表玻璃生产年份。第一行的小圆点代表该年的月份，月份最少 1 个点，最多 12 个点。第二行是两种形状不同的点组成，第一种点为大圆点，一个点表示 10 天，2 个点表示 20 天，3 个点表示 30 天；第二种点为小圆点，一个点表示 1 天，2 个点表示 2 天，以此类推（如图 3-23 所示，年份表示为 2006 年 5 月 19 日）。

图 3-23　第一行数字+小圆点，第二行大圆点+小圆点

④ 进口玻璃日期。

进口玻璃无法显示日期，它本身就不带日期。

玻璃是否更换不是只有通过日期才能识别，还要看密封胶的状态，以及玻璃四周是否留有胶条痕迹。

3.3.4　机动车轮胎标识

一、斜交轮胎的规格

目前大多数国家包括我国在内均采用英制表示斜交轮胎的规格，如图 3-24 所示。

（1）高压轮胎规格一般用 $D×B$ 表示，单位均为英寸，"×"表示高压胎。

例如：轮胎的尺寸 34×7 表示该轮胎为高压胎，外径为 34 英寸，断面宽度为 7 英寸。

（2）低压轮胎规格一般用 $B—d$ 表示，单位均为英寸，"－"表示低压胎。

例如：轮胎的尺寸 9.00－20 表示该轮胎为低压胎，断面宽度为 9 英寸，轮辋直径为 20 英寸。

（3）胎体帘线材料用汉语拼音表示。如 M—棉帘布，R—人造丝帘布，N—尼龙帘布，G—钢丝帘布，ZG—钢丝子午线帘布轮胎。

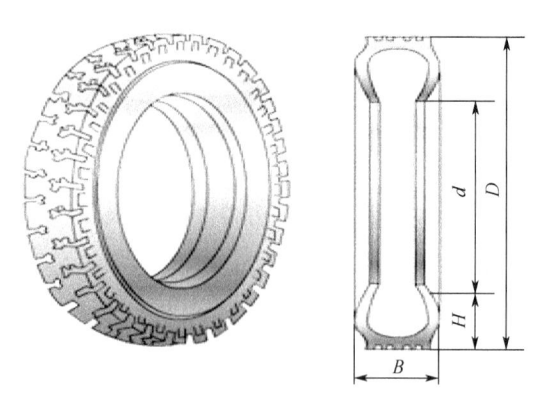

D—外胎直径；d—轮辋直径；B—断面宽度；H—断面高度

图 3-24　斜交轮胎的规格

若轮胎侧面注有"△""—""□"等符号或注有"W""D"等字母，则表示此处为轮胎最轻的部分。

二、子午线轮胎的规格

子午线轮胎的规格如图 3-25 所示。

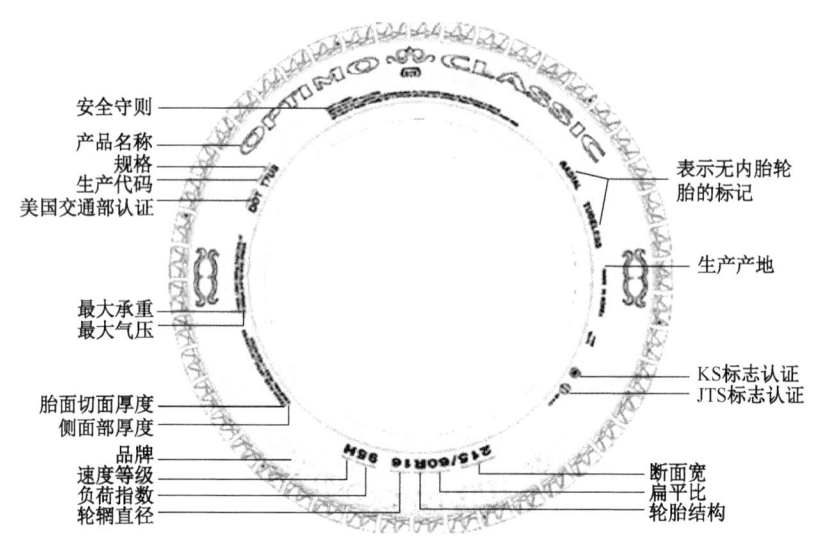

图 3-25　子午线轮胎的规格

子午线轮胎一般标注有字母"Z"，但也有用字母"R"表示的。子午线轮胎的轮胎宽单位用毫米表示，车轮轮辋用英寸表示，轮胎强度、扁平比（高宽比）、轮胎结构、负荷指数、轮辋直径等用字母或数字表示。

例如：195/60R 14 85H（上海桑塔纳 2000GSi 轿车轮胎）。

① 195：轮胎宽度为 195mm。

② 60：扁平比为 60%。扁平比为轮胎高度 H 与宽度 B 之比。

现代轿车的轮胎扁平比多在 50%～70%，常见的有 60%、65%、70%、75%、80% 五个级别。数值越小，轮胎形状越扁平。随着车速的提高，为了降低轿车的重心和轴心，轮胎的直径不断缩小。为了保证有足够的承载能力，改善行驶的稳定性和抓地力，轮胎和轮圈的宽度只能不断加大。因此，轮胎的截面形状由原来的近似圆形向扁平化的椭圆形发展。

轮胎扁平比越低，轮胎行驶越平稳、操控性越强，但乘坐起来感觉轮胎弹性不足，震动较大。近几年的轿车已经实现了子午线轮胎无内胎，俗称"原子胎"。这种轮胎在高速行驶中不易聚热，当轮胎受到钉子或尖锐物穿破后，漏气缓慢，可继续行驶一段距离。另外，原子胎还有简化生产工艺、减轻重量、节约原料等优点。

③ R：子午线轮胎，即"Radial"的第一个字母。

④ 14：轮辋直径为 14 英寸（inch）。

⑤ 85：负荷指数，可表示最大载重质量。负荷指数为 85 的轮胎的最大载重质量为 515kg。最大载重能力通过负荷指数来表示，负荷指数（LI）与最大载重质量（kg）之间的关系见表 3-19。

表 3-19 负荷指数（LI）与最大载重质量（kg）之间的关系

负荷指数/LI	最大载重质量/kg	负荷指数/LI	最大载重质量/kg	负荷指数/LI	最大载重质量/kg	负荷指数/LI	最大载重质量/kg
50	190	71	345	92	630	113	1 150
51	195	72	355	93	650	114	1 180
52	200	73	365	94	670	115	1 215
53	206	74	375	95	690	116	1 250
54	212	75	387	96	710	117	1 285
55	218	76	400	97	730	118	1 320
56	224	77	412	98	750	119	1 360
57	230	78	425	99	775	120	1 400
58	236	79	439	100	800	121	1 450
59	243	80	450	101	825	122	1 500
60	250	81	462	102	850	123	1 550
61	257	82	475	103	875	124	1 600
62	265	83	487	104	900	125	1 650
63	272	84	500	105	925	126	1 700
64	280	85	515	106	950	127	1 750
65	290	86	530	107	975	128	1 800
66	300	87	545	108	1 000	129	1 850
67	307	88	560	109	1 030	130	1 900
68	315	89	580	110	1 035		
69	325	90	600	111	1 040		
70	335	91	615	112	1 045		

⑥ H：速度等级，表明轮胎能行驶的最高车速，如 H 的最高车速为 210km/h。

轮胎的速度等级按 A 到 Z 的字母顺序排列，不同的字母代表不同的速度等级，越靠近

Z 的字母代表可达到的速度越高。字母与速度等级之间的关系见表 3-20。

表 3-20 字母与速度等级之间的关系

速度等级	速度/（km/h）	速度等级	速度/（km/h）	速度等级	速度/（km/h）
A1	5	A2	10	A3	15
A4	20	A5	25	A6	30
A7	35	A8	40	A9	50
B	60	C	65	D	70
E	80	F	90	G	100
K	110	L	120	M	130
N	140	P	150	Q	160
R	170	S	180	T	190
U	200	H	210	V	240
W	270	Y	300	ZR	速度等级 240 以上

另外，"P"—轿车轮胎；"REINFORCED"—经强化处理；"RADIAL"—子午线轮胎；"TUBELESS（或 TL）"—无内胎（真空胎）；"M+S（Mud and Snow）"—适用于泥地和雪地；"→"—轮胎旋向，不可装反。

任务 3.4 机动车总体构造

3.4.1 机动车的基本结构

一、机动车的基本结构

机动车（主要指汽车）的基本结构包括以下四个部分，如图 3-26 所示。

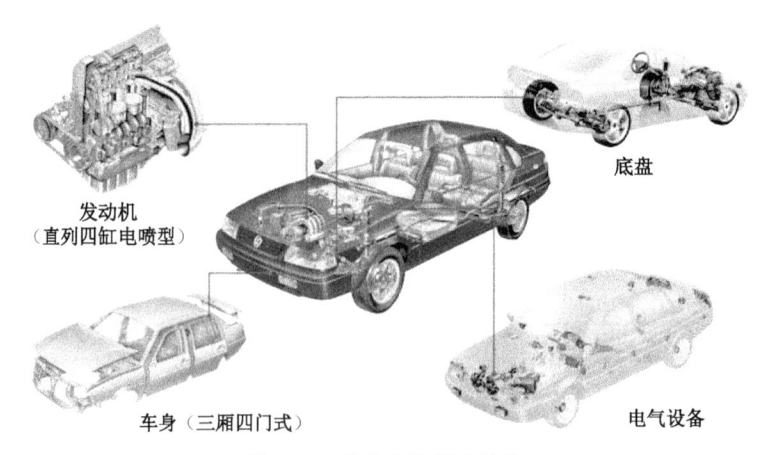

图 3-26 机动车的基本结构

（1）发动机。发动机是一种能够把其他形式的能转化为机械能的机器，如内燃机（汽油发动机等）、外燃机（斯特林发动机、蒸汽机等）、电动机等。如内燃机通常是把化学能转化为机械能。发动机既适用于动力发生装置，又可指包括动力装置的整个机器（汽油发动机、航空发动机等）。发动机最早诞生在英国，它的本义是指那种"产生动力的机械装置"。它经历了蒸汽机、外燃机和内燃机三个发展阶段。发动机主要由气缸体、气缸套、气缸盖和气缸垫等零件组成。

（2）底盘。底盘作用是支承、安装机动车发动机及其各部件、总成，形成机动车的整体造型，并接受发动机的动力，使机动车产生运动，保证正常行驶。底盘由传动系统、行驶系统、转向系统和制动系统四部分组成。

（3）车身。车身安装在底盘的车架上，用以驾驶员、乘客乘坐或装载货物。轿车、客车的车身一般是整体结构，货车车身一般是由驾驶室和货箱两部分组成。车身的作用主要是，保护驾驶员及构成良好的空气力学环境。好的车身不仅能带来更佳的性能，也能体现出车主的个性。车身结构从形式上说，主要分为非承载式和承载式两种。

（4）电气设备。电气设备由电源设备和用电设备两大部分组成。电源包括蓄电池和发电机；用电设备包括发动机的起动系统、汽油机的点火系统和其他用电装置。

二、机动车的布置方式

为满足不同的使用要求，机动车的总体构造和布置方式都不尽相同。一般安装发动机和各个部件总成的相对位置不同，以及驱动方式不同，现代机动车的布置方式通常可分为以下五种，如图3-27所示。

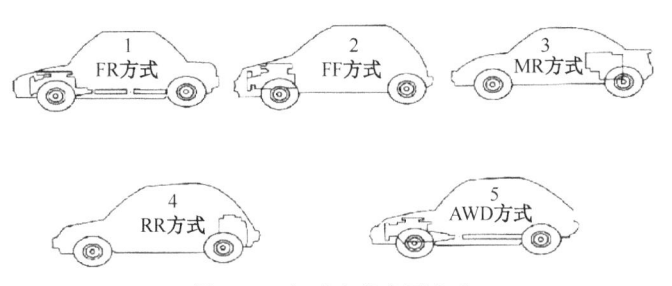

图 3-27 机动车的布置方式

（1）发动机前置、后轮驱动（FR）：这是比较传统的布置方式，一般多用在货车上，轿车及客车上就相对应用得少些。

（2）发动机前置、前轮驱动（FF）：这是目前轿车主流的布置方式，它具有结构紧凑、减少重量、降低底盘高度、改善高速时的操纵稳定性等优点。

（3）发动机中置、后轮驱动（MR）：多运用于运动型跑车和方程式赛车上。由于这类型的机动车需要极大功率的发动机，因此其发动机的尺寸也比较大，将发动机安置在驾驶员座椅之后和后桥之前,有利于获得最佳轴荷分配和提高机动车的性能。著名的保时捷跑车便采用这种布置方式。

(4)发动机后置、后轮驱动(RR):这是大多数客车所采用的布置方式,其具有降低室内噪声、利于车身内部布置等优点。

(5)全轮驱动(AWD):通常是越野车所采用的方式,此种方式一般发动机前置,在变速器后装有分动器,以便将动力分别输送到全部车轮上。不过现在的一些豪华轿车也都采用了这种方式,如奥迪A8等。

3.4.2 机动车车身构造

机动车(主要指汽车)车身指的是车辆用来载人和装货的部分,有时也指车辆整体。有的车辆的车身既是驾驶员的工作场所,又是容纳乘客和货物的场所。车身包括车窗、车门、驾驶室、乘客室、发动机舱和后备箱等。

车身的造型有厢型、鱼型、船型、流线型及楔型等,结构形式分单厢、两厢和三厢等。车身造型结构是车辆的形体语言,其设计好坏将直接影响车辆的性能。

一、车身要求

机动车车身应为驾驶员提供便利的工作条件,为乘客提供舒适的乘坐环境,保护他们免受机动车行驶时的振动、噪声,废气的侵袭及外界恶劣气候的影响,并保证完好无损地运载货物且装卸方便。机动车车身上的一些结构设施和设备还有助于安全行车和减轻事故的影响。

车身应保证机动车具有合理的外部形状,在机动车行驶时能有效地引导周围的气流,以减少空气阻力和燃料消耗。此外,良好的车身设计还应有助于提高机动车行驶稳定性和改善发动机的冷却条件,并保证车身内部良好的通风。

机动车车身是一件精致的综合艺术品,应以其明晰的雕塑形体、优雅的装饰件和内部覆饰材料及悦目的色彩使人获得美的感受,点缀人们的生活环境。

二、分类

1. 非承载式车身

非承载式车身(见图3-28)的机动车装备有刚性车架,又称底盘大梁架。在非承载式车身中,发动机、传动系统的一部分、车身等总成部件都用悬架装置固定在车架上,车架通过前后悬架装置与车轮连接。非承载式车身比较笨重,质量大,高度高,一般用在货车、客车和越野车上,也有部分高级轿车使用,因为它具有较好的平稳性和安全性。

图 3-28 非承载式车身

2. 承载式车身

承载式车身（见图 3-29）的机动车没有刚性车架，只是加强了车头、侧围、车尾、底板等部件，发动机、前后悬架、传动系统的一部分等总成部件装配在车身上设计要求的位置，车身负载通过悬架装置传给车轮。承载式车身除了其固有的承载功能，还有直接承受各种负荷力的作用。它具有质量小、高度低、装配容易等优点，大部分轿车采用这种车身结构。

图 3-29 承载式车身

3. 车身结构

机动车车身结构主要包括：车身壳体、车门、车窗、车前板制件、车身内外装饰件和车身附件、座椅及通风、暖气、冷气、空气调节装置等。在货车和专用机动车上，还包括

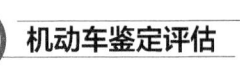

车厢和其他装备。

（1）车身壳体。

车身壳体是整个车身部件的安装基础，通常是指纵梁、横梁和支柱等主要承力部件及与它们相连接的板件共同组成的刚性空间结构。客车车身多数具有明显的骨架，而轿车车身和货车驾驶室则没有明显的骨架。车身壳体通常还包括在其上敷设的隔音、隔热、防震、防腐、密封等材料及涂层。壳体和车身板件形成了容纳发动机、车轮等部件的空间。

（2）车门。

车门通过铰链安装在车身壳体上，其结构较复杂，是保证车身使用性能的重要部件。

（3）车身装饰。

车身外部装饰件主要指装饰条、车轮装饰罩、标志、浮雕式文字等。散热器面罩、保险杠、灯具及后视镜等附件亦有明显的装饰性。

车身内部装饰件包括仪表板、顶篷、侧壁、座椅等表面覆饰物，以及窗帘和地毯。在轿车上广泛采用天然纤维或合成纤维的纺织品、人造革或多层复合材料、连皮泡沫塑料等表面覆饰材料；在客车上则大量采用纤维板、纸板、工程塑料板、铝板、橡胶板及复合装饰板等覆饰材料。

（4）车身附件。

车身附件有门锁、门铰链、玻璃升降器、各种密封件、风窗刮水器、风窗洗涤器、遮阳板、后视镜、拉手、点烟器、烟灰盒等。在现代机动车上，常常装有无线电收放音机和杆式天线，在有的机动车车身上还装有无线电话机、网络设备、电视机或加热食品的微波炉和小型电冰箱等附属设备。

车身内部的通风、暖气、冷气及空气调节装置是维持车内正常环境、保证驾驶员和乘客安全舒适的重要装置。

（5）座椅。

座椅是车身内部重要装置之一。座椅由骨架、坐垫、靠背和调节机构等组成。坐垫和靠背应具有一定的弹性和舒适性。调节机构可以使座位前后或上下移动，也可以调节坐垫和靠背的倾斜角度。某些座椅还有弹性悬架和减震器，可对其弹性悬架加以调节以便在不同体重的驾驶员作用下仍能保证坐垫距离地板的高度适当。在某些货车驾驶室和客车车厢中还设置适应夜间长途行车需要的卧铺。

（6）其他设施。

为保证行车安全，在现代机动车上广泛采用对乘客施加保护的安全带、头枕、气囊及机动车碰撞时防止乘客受伤的各种缓冲和包垫装置。按照运载货物的不同种类，货车车箱可以是普通栏板式结构、平台式结构、倾卸式结构、闭式车厢，装运气体、液体及运输散粒货物（谷物、粉状物等）所采用的专用容器、罐体或适于公路、铁路、水路、航空联运和国际联运的各种标准规格的集装箱。

4. 车身加工工艺

（1）冲压工艺。

车身大致可以分为发动机盖、车顶盖、行李箱盖、翼子板和前围板五部分。曲面形状复杂，并要求有较高的尺寸精度和较小的表面粗糙度。曲面的冲压生产线一般有两种类型，一种是单机连线，另一种是采用多工位压床的生产线。单机连线将压床按工序贯穿排列，采用机械手、传动装置或者机器人完成上下料和零件的传送工作，具有独立同步式和全自动同步式。

独立同步式生产线的压床各自独立运转，由输送带控制生产节拍，利用柔性中间存储装置使各压床组形成独立同步机组，其性能比较灵活。

（2）装焊工艺。

车身焊接常称为装焊，即将冲压零件组装、焊接成符合要求的车身。

通常，把整个车身分成若干个总成进行装焊。地板总成、发动机舱总成、左侧和右侧总成、后围总成、顶盖总成、左车门和右车门总成、发动机罩总成、左翼子板和右翼子板总成。装焊多采用电阻焊，主要使用点焊和凸焊等工艺，其生产率高、成本低，约占总焊接量的90%。所用焊接设备包括悬挂式点焊机、固定式点焊机、多点焊机、螺柱式焊机、焊接机器人和激光焊接。

（3）涂装工艺。

机动车涂装工艺是指将机动车铁壳或塑料零部件表面涂上不同颜色和质感材料的工艺。机动车涂料是经过多次调配、加工后成为符合要求的涂料，然后经过涂装机械设备自动或手工喷涂在机动车表面，最终形成机动车外观。机动车涂装工艺中包括了涂装前的机动车表面处理、底漆涂装、中漆涂装、面漆涂装等步骤。

机动车涂装可以起到保护、装饰和标志等作用，并能起到车内隔热、消声、抗震密封等特殊作用，而且还要求有良好的力学性能和较高的耐腐蚀性。

3.4.3 新能源汽车简介

一、新能源汽车的定义

因国家不同，其名称也不相同，新能源汽车在日本通常被称为"低公害汽车"，2001年日本国土交通省、环境省和经济产业省制订了"低公害汽车开发普及行动计划"。该计划所指的"低公害汽车"包括5类，即以天然气为燃料的汽车、混合动力汽车、电动汽车、

以甲醇为燃料的汽车、排污和燃效限制标准最严格的清洁汽油汽车。在美国，通常将新能源汽车称作"代用燃料汽车"。

在我国工业和信息化部出台的《新能源汽车生产企业及产品准入管理规定》中，新能源汽车指采用非常规的车用燃料作为动力来源（或使用常规的车用燃料、采用新型车载动力装置），综合车辆的动力控制和驱动方面的先进技术，形成的技术原理先进、具有新技术、新结构的汽车。

为促进新能源汽车产业的发展，更好地辨识新能源汽车，公安部启用新能源汽车专用号牌，实施差异化交通管理政策。公安部交通管理局组织相关机构，设计了新能源汽车号牌式样。

二、分类

新能源汽车包括混合动力电动汽车（HEV）、纯电动汽车（BEV，包括太阳能汽车）、燃料电池电动汽车（FCEV）、其他新能源（如超级电容器、飞轮等高效储能器）汽车等。非常规的车用燃料指除汽油、柴油之外的燃料。

1. 混合动力汽车

混合动力汽车（Hybrid Electric Vehicle，HEV）是指那些采用传统燃料的，同时配以电动机/发动机来改善低速动力输出和燃油消耗的车型。按照能否外接充电又可以分为非插电式混合动力汽车（Mild Hybrid Electric Vehicle，MHEV）和插电式混合动力汽车（Plug-in Hybrid Electric Vehicle，PHEV）。

（1）非插电式混合动力汽车。

优点：

① 采用混合动力后可按平均需用功率来确定内燃机的最大功率，确定此时处于油耗低、污染少的最优工况下工作。需要大功率而内燃机功率不足时，由电池来补充；负荷小时，富余的功率可供给电池充电，由于内燃机可持续工作，电池又可以不断得到充电，故其行程和普通汽车一样。

② 因为有了电池，可以十分方便地回收制动时、下坡时、怠速时的能量。

③ 在繁华市区，可关停内燃机，由电池单独驱动，实现"零"排放。

④ 有了内燃机可以十分方便地解决耗能大的空调、取暖、除霜等纯电动汽车遇到的难题。

⑤ 可以利用现有的加油站加油，不必再投资。

⑥ 可让电池保持在良好的工作状态，不发生过充、过放，可延长其使用寿命，降低成本。

缺点：长距离高速行驶基本不能省油。

（2）插电式混合动力汽车。

优点：

① 包含以上非插电式混合动力汽车全部优点；

② 通常拥有比非插电式混合动力汽车长得多的纯电续航里程，日常通勤可以做到完全纯电行驶。

缺点：电量不足时驾驶感受会有所降低。

《插电式混合动力电动商用车 技术条件》（GB/T 34598—2017）规定了插电式混合动力电动商用车的术语和定义、要求及试验方法。插电式混合动力电动商用车指具有可外接充电功能，并且有一定的纯电动续驶里程的混合动力电动商用车。《插电式混合动力电动商用车 技术条件》（GB/T 34598—2017）主要内容见表 3-21。

表 3-21 《插电式混合动力电动商用车 技术条件》（GB/T 34598—2017）主要内容

技术条件	主要内容
动力蓄电池	不应采用铅酸电池，循环寿命、安全、电性能应符合国家相关规定的要求
整车安全要求	N_1 类车辆在设计时应考虑车辆起动、车速低于 20km/h 时，能够给车外人员发出适当的提示性声响
纯电驱动模式续航里程	N_1 类车辆按照 GB/T 18386 的工况法进行试验（含市郊循环工况），续驶里程应不低于 50km；M_2、M_3、N_2、N_3 类采用 GB/T 18386 的等速法进行试验，续驶里程应不低于 50km
里程分配	可靠性试验应在混合动力模式和/或纯电动模式下进行，其中纯电动模式下行驶里程不低于 10 000km
故障	整个可靠性试验过程中，整车控制器及总线系统、发动机及控制器、动力蓄电池及管理系统、电机及电机控制器、车载充电系统（如果有）等系统和设备不应出现危及人身安全、引起主要总成报废、对周围环境造成严重危害的故障（致命故障）；也不应出现影响行车安全、引起主要零部件或总成严重损坏或用易损备件和随车工具不能在短时间内排除的故障（严重故障）
车辆维护	整个行驶试验期间，不应更换动力系统的关键部件，如电机及其控制器、动力蓄电池及管理系统、车载充电系统（如果有）等
其他	外廓尺寸、轴荷及质量限值、燃料消耗量及排放、充电接口及通讯等，应合国家相关规定

2. 纯电动汽车

纯电动汽车（Battery Electric Vehicle，BEV）是指以车载可充电蓄电池为动力，用电机驱动车轮行驶的车辆。电动汽车的运行是依靠动力电池输出电能，通过电机控制器驱动电机运转产生动力，再通过减速机构，将动力传给驱动车轮，使电动机动车行驶。

（1）系统组成。

典型的纯电动汽车主要包括电源系统、驱动电机系统、整车控制器和辅助系统。

① 电源系统。

电源系统主要包括动力电池、电池管理系统、车载充电机及辅助动力源等。动力电池是电动汽车的动力源，是能量的存储装置，目前纯电动汽车的电池以锂离子蓄电池为主。

电池管理系统实时监控动力电池的使用情况，对动力电池的端电压、内阻、温度、剩余电量等状态参数进行检测，并按要求进行调温控制，通过限流控制避免动力蓄电池过充、过放电，对有关参数进行显示和报警。车载充电机是把电网供电制式转换为对动力电池充电要求的制式。辅助动力源一般为 12V 或 24V 的直流低压电源。它主要给动力转向装置、制动力调节控制装置、照明、空调、电动窗门等各种辅助用电装置提供所需的能源；直流/直流（DC/DC）转换器将动力电池的高压直流电转换为能够为整车所使用的低压直流电，纯电动汽车所用的电是蓄电池提供的 12V 的低压电，纯电动汽车起动以后动力电池代替蓄电池，通过 DC/DC 为整车提供低压电。

② 驱动电机系统。

驱动电机系统主要包括电机控制器和驱动电机，电机控制器是按照整车控制器的指令、驱动电机的转速和电流反馈信号对驱动电机、扭矩和旋转方向进行控制。驱动电机在纯电动机动车中承载着电动和发电双重功能，在正常行驶时发挥其主要的电动功能，将电能转化为机械能，而在减速和下坡滑行时进行发电，承担发电机功能。

③ 整车控制器。

根据驾驶员输入的加速踏板和制动踏板的信号，向电机控制器发出指令，对电机进行控制，在纯电动机动车减速或下坡滑行时，整车控制器配合电源系统的电池管理系统进行发电回馈，使动力蓄电池反向充电。

④ 辅助系统。

辅助系统包括车载信息显示系统、动力转向系统、导航系统等，借助这些辅助设备来提高机动车的操纵性和乘客的舒适性。

（2）纯电动汽车工作模式。

充电状态：通过专用充电桩或普通 220V 家用交流电源为电池进行充电。直流电源可以进行大功率快速充电，交流电源通常是低功率慢速充电，经过车载充电机进行交流/直流（AC/DC）转换后为电池充电。

行驶状态：高压电池包作为能源，通过驱动电机带动车轮运转。

制动回收：车轮减速、制动、滑行时，驱动电机反转作为充电机为电池包充电。

优点：技术相对简单成熟，只要有电力供应的地方都能够充电。

缺点：蓄电池单位重量储存的能量较少，电动车的电池较贵，使用成本高。

《纯电动乘用车 技术条件》（GB/T 28382—2012）规定了纯电动乘用车的术语、定义、要求及试验方法。主要内容见表 3-22。

表 3-22 《纯电动乘用车 技术条件》（GB/T 28382—2012）主要内容

技术条件		主要内容
定义		纯电动乘用车：驱动能量完全由电能提供的、由电机驱动的乘用车； 微型低速纯电动乘用车：座位数在 4 座及以下、最高车速小于 70km/h 的纯电动乘用车
外廓尺寸、整备质量		微型低速纯电动乘用车的长度应不大于 3 500mm，宽度应不大于 1 500mm，高度应不大于 1 700mm 微型低速纯电动乘用车的整车整备质量不应超过 750kg
安全	电安全	车辆的电安全应符合 GB 18384 的要求； 车辆的蓄电池应该配备电池管理系统，安全要求应符合 GB 38031 的要求，其中微型低速纯电动乘用车的蓄电池模拟碰撞试验，在 x 方向加速度为 GB 38031 要求的 80%，y 方向加速度要求保持不变； 车辆的蓄电池电性能应符合 GB/T 31486 的要求； 车辆的蓄电池循环寿命应符合 GB/T 31484 的要求； 车辆的蓄电池系统能量密度不应低于 70Wh/kg； 车辆充电接口应符合 GB/T 20234 所有部分的要求
	碰撞后安全	车辆所有座椅均应至少装备三点式机动车安全带； 车辆应该按照 GB/T 31498 进行碰撞试验，其中微型低速纯电动乘用车的正面碰撞试验以 40km/h 的速度进行，试验结果应符合 GB/T 31498 的要求
稳定性要求		车辆按照 GB/T 6323 进行操纵稳定性试验，其指标应符合 QC/T 480 的要求； 微型低速纯电动乘用车按照 GB/T 14172 规定的方法，在空载、静态状态下测试，向左侧和右侧倾斜的侧倾稳定角均大于等于 35°
动力性能要求	最高车速	车辆按照 GB/T 18385 规定的试验方法测量 30 分钟最高车速，其值应不小于 100km/h；其中微型低速纯电动乘用车的 30 分钟最高车速应大于等于 40km/h 且小于 70km/h
	加速性能	车辆按照 GB/T 18385 规定的试验方法测量车辆 0～50km/h 和 50～80km/h 的加速性能，其加速时间应分别不大于 10 秒和 15 秒，其中微型低速纯电动乘用车测量 0～30km/h 的加速时间，应不大于 10 秒
动力性能要求	爬坡性能	车辆按照 GB/T 18385 规定的试验方法，测量车辆爬坡车速和车辆最大爬坡度，最大爬坡度应不低于 20%，其中微型低速纯电动乘用车通过 4% 坡度的爬坡车速不小于 20km/h，通过 12% 坡度的爬坡车速不小于 10km/h
	比功率	微型低速纯电动乘用车采用电机峰值功率与整车整备质量之比计算的比功率值应不小于 10kW/t 且不大于 20kW/t
故障		整个可靠性试验过程中，整车控制器及总线系统、动力蓄电池及管理系统、电机及电机控制器、车载充电系统（如果有）等系统和设备不应出现危及人身安全、引起主要总成报废、对周围环境造成严重危害的故障（致命故障）；也不应出现影响行车安全、引起主要零部件和总成严重损坏或用易损备件和随车工具不能在短时间内排除的故障（严重故障）
其他		其他系统和零部件参照相关标准的要求考核

3. 燃料电池电动汽车

燃料电池电动汽车（Fuel Cell Electric Vehicle，FCEV）指以氢气、甲醇等为燃料，通过化学反应产生电流，依靠电机驱动的机动车。其电池的能量是通过氢气和氧气的化学反应，而不是经过燃烧，直接转换成电能。燃料电池的化学反应过程不会产生有害产物，因此燃料电池车辆是无污染机动车，燃料电池的能量转换效率比普通内燃机要高 2～3 倍，因此从能源的利用和环境保护方面，燃料电池机动车是一种理想的车辆。

（1）分类如图 3-30 所示。

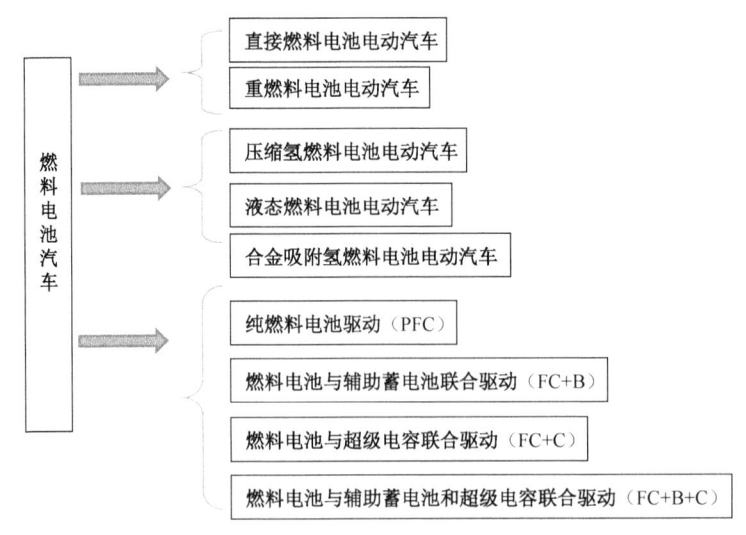

```
燃料电池汽车
├── 直接燃料电池电动汽车
│   重燃料电池电动汽车
├── 压缩氢燃料电池电动汽车
│   液态燃料电池电动汽车
│   合金吸附氢燃料电池电动汽车
└── 纯燃料电池驱动（PFC）
    燃料电池与辅助蓄电池联合驱动（FC+B）
    燃料电池与超级电容联合驱动（FC+C）
    燃料电池与辅助蓄电池和超级电容联合驱动（FC+B+C）
```

图 3-30　燃料电池机动车分类

（2）特点。

与传统汽车相比，燃料电池电动汽车具有以下优点。

① "零"排放或"近似零"排放。

② 减少了机油泄漏带来的污染。

③ 降低了温室气体的排放。

④ 提高了燃油经济性。

⑤ 提高了发动机燃烧效率。

⑥ 运行平稳、无噪声。

项目四 机动车静态技术鉴定

知识目标

- 掌握机动车手续和证件及可交易车辆鉴定的内容。
- 掌握机动车静态技术鉴定部位和内容。

能力目标

- 能够正确鉴别机动车手续和证件的真伪。
- 能够正确识别是否为可交易车辆。
- 能够正确检测车身油漆涂层及改色识别。
- 能够鉴别事故车、泡水车、火烧车。

思政目标

- 培养机动车鉴定评估从业人员文化自信和创新自信,提升自主创新能力。
- 培养机动车鉴定从业人员吃苦在前、享受在后、勤奋工作、努力拼搏的工作作风。

思政育人

坚定理想信念　补足精神之钙

经过全国各族人民持续奋斗,我们实现了第一个百年奋斗目标,我国已经全面建成了小康社会。在新的征程上,作为社会主义事业的接班人,在工作岗位上,以永不懈怠的精神状态、一往无前的奋斗姿态,奋力开创更加美好的明天!同时我们当以坚定的理想信念和时代精神,立足岗位做贡献、担当作为勇争先,在急难险重任务面前勇挑重担,在取得成绩荣誉之时不骄不躁,始终坚持吃苦在前、享受在后的优良传统。

任务 4.1 机动车手续和证件

4.1.1 机动车手续和证件检验

查验机动车登记证书、行驶证、有效机动车安全技术检验合格标志、车辆购置税完税证明、车船税缴付凭证、车辆保险单、车辆一致性证书、运营证等法定证明、凭证是否齐全。查验委托方与委托车辆之间的所属或权属关系。

登记车辆使用性质信息，明确运营与非运营车辆。登记车辆基本情况信息，包括车辆类别、品牌型号、生产厂家、注册登记日期、表显里程等。

一、机动车的来历证明

1. 全国统一的机动车销售发票

为规范机动车行业发票使用行为，营造公平、公正、有序的营商环境，国家税务总局、工业和信息化部、公安部联合制定了《机动车发票使用办法》。本办法所称的机动车发票是指销售机动车（不包括二手车）的单位和个人（简称"销售方"）通过增值税发票管理系统开票软件中机动车发票开具模块所开具的增值税专用发票和机动车销售统一发票（包括纸质发票、电子发票）。增值税发票管理系统开票软件自动在增值税专用发票左上角打印"机动车"字样。机动车销售统一发票票样如图4-1所示。

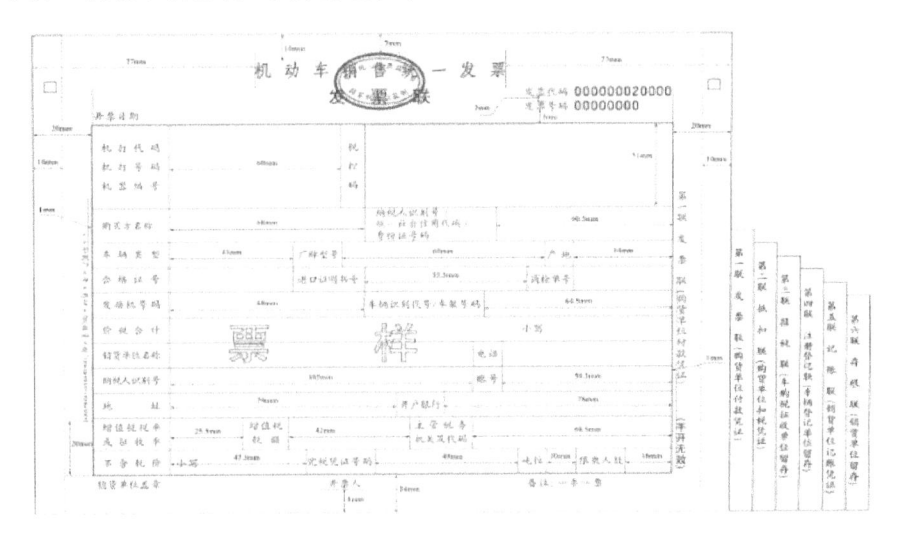

图4-1 机动车销售统一发票票样

2. 二手车销售发票

根据国家税务总局《关于统一二手车销售发票式样问题的通知》规定：二手车经销企业、经纪机构和拍卖企业，在销售、中介和拍卖二手车收取款项时，必须开具二手车销售统一发票，简称二手车发票。

（1）二手车发票由以下用票人开具。

① 从事二手车交易的市场，包括二手车经纪机构和消费者个人之间二手车交易需要开具发票的，由二手车交易市场统一开具。

② 从事二手车交易活动的经销企业，包括从事二手车交易的机动车生产和销售企业。

③ 从事二手车拍卖活动的拍卖公司。

二手车发票由二手车交易市场、经销企业和拍卖公司开具的，存根联、记账联、入库联由开票方留存；发票联、转移登记联由购车方记账和交公安交管部门办理过户手续。

二手车交易市场或二手车拍卖公司在办理过户手续过程中需要收取过户手续费，以及二手车鉴定评估机构收取评估费，应另外由其开具地方税务局监制的服务业发票；而二手车发票价款中不应包括过户手续费和评估费。

（2）二手车发票为一式五联计算机票。计算机票第一联为发票联，印色为棕色；第二联为转移登记联（公安车辆管理部门留存），印色为蓝色；第三联为出入库联，印色为紫色；第四联为记账联，印色为红色；第五联为存根联，印色为黑色。

二手车销售统一发票票样如图 4-2 所示，规格为 241mm×178mm。

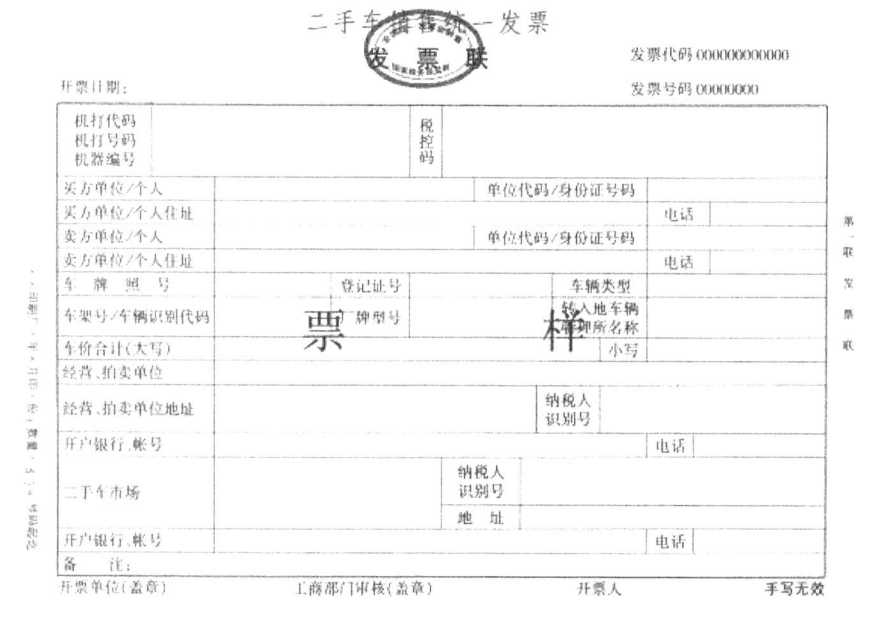

图 4-2 二手车销售统一发票票样

在国外购买的机动车，其来历凭证是该车销售单位开具的销售发票及其翻译文本。

3. 其他机动车的来历证明

人民法院的调解书、裁定书或者判决书及相应的协助执行通知书；仲裁机构仲裁裁决转移的机动车，其来历凭证是仲裁裁决书和人民法院出具的协助执行通知书；公证机关出具的公证书保险公司出具的权益转让证明书等有效法律文件。

二、身份证明

卖方：机动车登记证书、车主身份证、机动车行驶证、购车原始发票。卖方是单位则需要组织机构代码证书原件及公章。

买方：身份证，外地人上当地牌照另需有效期内暂住证（部分城市改用居住证）。买方是单位则需要组织机构代码证原件及公章，如图4-3所示。

图4-3 组织机构代码证

检查二手车户手续，重点核对身份证号码是否和机动车登记证书上的身份证号是否一致，并且是在有效期内的。企业重点查看组织机构代码证是否在有效期内。

三、机动车行驶证

机动车行驶证是机动车取得合法行驶权的凭证。《中华人民共和国道路交通安全法规定》，机动车行驶证是车辆上路行驶必需的证件，《机动车登记规定》规定机动车行驶证是二手车过户、转籍必不可少的证件。检验合格期查验是过户的重要因素。

机动车行驶证本分为正本和副本，正本上为车辆基本信息，包括车牌号码、车辆类型、车主姓名、住址、使用性质、车辆品牌型号、车辆识别代号（VIN）、发动机号、注册日期和发证日期。如果注册日期和发证日期一致，可以判断这台车是一手车；如果不一致，可能是后补的行驶证,也可能是这台车过过户,发证日期为最后一次过户的日期。这些都是基本的判断,最详细的信息都可以在登记证书上找到。副本上为车辆年检有效期的信息。机动车行驶证样图如图 4-4 所示。

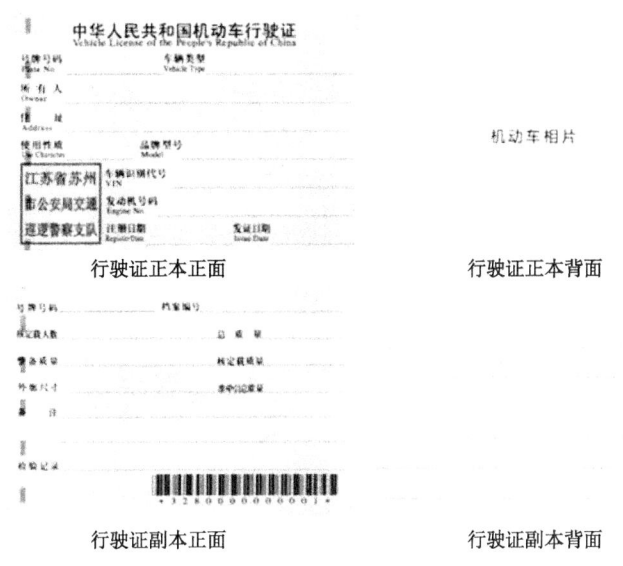

图 4-4 机动车行驶证样图

四、机动车登记证书

根据 2004 年 5 月 1 日起实施的《机动车登记规定》(2022 年 5 月开始实施其修订版),在我国境内道路上行驶的机动车,应当按规定经机动车登记机构办理登记手续。登记证书第 1~2 页显示的是第一手车主及这台车的基本信息,包括检查手续时重点核对,登记证书第 3~4 页记录这台车的交易及变更情况。检查手续时重点核对车主身份证号是否一致,该车是否有抵押等情况。如果是抵押车辆,解除抵押才能过户。

机动车所有人申请办理机动车各项登记业务时均应出具机动车登记证书。当登记信息发生变动时,机动车所有人应当及时到车辆管理所办理相关手续;当机动车所有权转移时,原机动车所有人应当将机动车登记证书随车交给现机动车所有人。机动车登记证书是有效资产证明,是机动车的"户口本",是检验车辆改装的重要依据。机动车登记证书封面如图 4-5 所示。

五、机动车号牌

图 4-5 机动车登记证书封面

机动车号牌是由公安车辆管理机关依法对机动车进行注册登记并核发的,是机动车取得合法行驶权的标志，和机动车行驶证一同核发。

1. 机动车号牌（以下简称号牌）的分类、规格、颜色及适用范围

公安部技术监督委员会批准发布的行业标准《中华人民共和国机动车号牌》（GA 36—2018）中对机动车号牌（以下简称号牌）的分类、规格、颜色及适用范围做了详细规定，见表 4-1。

表 4-1 机动车号牌的分类、规格、颜色及适用范围

序号	分类	外廓尺寸/(mm×mm)	颜色	数量	适用范围
1	大型汽车号牌	前：440×140 后：440×220	黄底黑字，黑框线	2	符合 GA 802—2019 规定的中型（含）以上载客、载货汽车和专项作业车（适用大型新能源汽车号牌的除外）；有轨电车
2	挂车号牌	440×220		1	符合 GA 802—2019 规定的挂车
3	大型新能源汽车号牌	480×140	黄绿底黑字，黑框线		符合 GA 802—2019 规定的中型（含）以上的新能源汽车
4	小型汽车号牌	440×140	蓝底白字，白框线		符合 GA 802—2019 规定的中型以下的载客、载货汽车和专项作业车（适用小型新能源汽车号牌的除外）
5	小型新能源汽车号牌	480×140	渐变绿底黑字，黑框线	2	符合 GA 802—2019 规定的中型以下的新能源汽车
6	使馆汽车号牌	440×140	黑底白字，白框线		符合外发〔2017〕10 号通知规定的汽车
7	领馆汽车号牌				驻华领事馆的汽车
8	港澳入出境车号牌		黑底白字，白框线		港澳地区入出内地的汽车
9	教练汽车号牌		黄底黑字，黑框线		教练用汽车
10	警用汽车号牌		白底黑字，红"警"字，黑框线		汽车类警车
11	普通摩托车号牌	220×140	黄底黑字，黑框线	1	符合 GA 802—2019 规定的两轮普通摩托车、边三轮摩托车和正三轮摩托车
12	轻便摩托车号牌		蓝底白字，白框线		符合 GA 802—2019 规定的两轮轻便摩托车和正三轮轻便摩托车
13	使馆摩托车号牌	220×140	黑底白字，白框线	1	符合外发〔2017〕10 号通知规定的摩托车
14	领馆摩托车号牌		黑底白字，白框线		驻华领事馆的摩托车
15	教练摩托车号牌		黄底黑字，黑框线		教练用摩托车
16	警用摩托车号牌		白底黑字，红"警"字，黑框线		摩托车类警车

续表

序号	分类	外廓尺寸/(mm×mm)	颜色	数量	适用范围
17	低速车号牌	300×165	黄底黑字，黑框线	2	符合 GA 802—2019 规定的低速载货汽车、三轮汽车和轮式专用机械车
18	普通机动车临时行驶车号牌		天（酞）蓝底纹，黑字黑框线	2	行政辖区内临时上道路行驶的载客汽车
				1	行政辖区内临时上道路行驶的非载客汽车
19	试验用机动车临时行驶车号牌	220×140	棕黄底纹，黑"试"字，黑字黑框线	2	试验用载客汽车、进行道路测试和示范应用的载客智能网联机动车
				1	试验其他机动车、进行道路测试和示范应用的非载客智能网联机动车
20	特型机动车临时行驶车号牌		棕黄底纹，黑"超"字，黑字黑框线	1	特型机动车，即质量参数和/或尺寸参数超出 GB 1589—2016 规定的汽车、挂车
21	临时入境汽车号牌		白底棕蓝色专用底纹，黑字黑边框	1	临时入境汽车
22	临时入境摩托车号牌	88×60		1	临时入境摩托车
23	拖拉机号牌	按 NY 345.1 执行			上道路行驶的拖拉机

2．专用号牌简称用汉字

各种专用号牌机动车登记编号中使用的汉字简称如下。

（1）领馆汽车号牌和领馆摩托车号牌为"领"。

（2）使馆汽车号牌和使馆摩托车号牌为"使"。

（3）警用汽车号牌和警用摩托车号牌为"警"。

（4）教练汽车号牌和教练摩托车号牌为"学"。

（5）挂车号牌为"挂"。

（6）香港特别行政区入出内地车辆号牌为"港"。

（7）澳门特别行政区入出内地车辆号牌为"澳"。

（8）试验车的临时行驶车号牌为"试"。

（9）特型车的临时行驶车号牌为"超"。

3．金属材料号牌外观要求

（1）表面应清晰、完整，不应有明显的皱纹、气泡、颗粒杂质等缺陷或损伤。

（2）字符整齐，着色均匀。

（3）表面不同反光区域应反光均匀，不应有明显差异，其中小型汽车号牌和轻便摩托车号牌字符应反光。

（4）反光膜应与基材附着牢固，字符和加强筋边缘不应有断裂。

（5）正面应有清晰的反光膜型号标识和省、自治区、直辖市汉字简称标识或新能源汽车号牌专用标识。标识和机动车登记编号方向一致且无倾斜或变形。

（6）生产序列标识应清晰完整，且有动态的省、自治区、直辖市行政区划代码字符。

（7）大型新能源汽车号牌和小型新能源汽车号牌的两条正弦曲线应连续清晰，且有动态景深效果。

4. 金属材料号牌安装

领取金属材料号牌应立即安装，安装要求如下。

（1）应正面朝外、字符正向安装在号牌板（架）上，禁止反装或倒装。

（2）前号牌安装在机动车前端的中间或者偏右（按机动车前进方向），后号牌安装在机动车后端的中间或者偏左，不应影响机动车安全行驶和号牌的识别。

（3）安装要保证号牌无任何变形和遮盖，横向水平，纵向基本垂直于地面，纵向夹角不大于15°（摩托车号牌向上倾斜纵向夹角不大于30°）。

（4）安装孔均应安装符合 GA 804—2008 要求的固封装置，但受车辆条件限制无法安装的除外。

（5）使用号牌架辅助安装时，号牌架内侧边缘距离机动车登记编号字符边缘大于 5mm 以上，不应遮盖生产序列标识。

（6）号牌周边不应有其他影响号牌识别的光源。

六、车辆购置税完税证明

车辆购置税完税证明的作用有以下几点。

（1）车辆购置税完税证明是纳税人缴纳车辆购置税的完税依据。

（2）车辆购置税完税证明是车辆管理部门办理车辆牌照的主要依据，在办理车辆登记手册手续的时候，需要出示车辆购置税完税证明，如果没有，公安机关车辆管理机构不得办理车辆登记注册手续。

（3）车辆购置税完税证明是车辆在社会道路上行驶的依据之一，但一般情况下可以不随身携带，警察可以直接检查车辆的登记信息。

（4）车辆购置税完税证明可以防止偷税漏税的情况出现。

车辆购置税完税证明现在已经实行电子版，纳税人可进入申报缴纳车辆购置税的税务机关网站查询车辆购置税完税证明（电子版），如图4-7所示。

车辆购置税完税证明（电子版）

编号：9132038100000*****500005

厂牌型号：丰田牌/TOYOTAGT*****LPCKM
发动机号：***3319
车辆识别代号（车架号）：LVGBPB9E*****7634
纳税类型：征税

征收机关名称：国家税务总局**市税务局

温馨提示：免税、减税车辆因转让、改变用途等原因不再属于免税、减税范围的，纳税人应当在办理车辆过户或者变更登记前缴纳车辆购置税。

图 4-7　车辆购置税完税证明（电子版）

七、机动车交通事故责任强制保险

我国从 2006 年 7 月 1 日起施行《机动车交通事故责任强制保险条例》（简称交强险），根据《机动车交通事故责任强制保险条例》第一章第二条，在中华人民共和国境内道路上行驶的机动车的所有人或者管理人，应当依照《中华人民共和国道路交通安全法》的规定投保机动车交通事故责任强制保险。

机动车强制保险电子保单是指由保险公司向车险消费者签发的以数据电文形式存在的证明机动车强制保险合同关系的电子文件，将传统纸质保险合同以具备同等法律效力的数据电文形式予以体现。强制保险电子标志如图 4-8 所示。

图 4-8　强制保险电子标志

4.1.2　可交易车辆鉴定

二手车是否具备可交易的技术鉴定和价值评估，需检查项目正确判别，可交易车辆判别表见表 4-2。

表 4-2　可交易车辆判别表

序号	检查项目	判别	
1	是否达到国家强制报废标准	是□	否□
2	是否为抵押期间或海关监管期间的车辆	是□	否□
3	是否为人民法院、检察院、行政执法等部门依法查封、扣押期间的车辆	是□	否□
4	是否为通过盗窃、抢劫、诈骗等违法犯罪手段获得的车辆	是□	否□
5	发动机号与机动车登记证书登记号码是否一致，且无凿改痕迹	是□	否□
6	车辆识别代号或车辆识别代号与机动车登记证书登记号码是否一致，且无凿改痕迹	是□	否□
7	是否走私、非法拼组装车辆	是□	否□
8	是否法律法规禁止经营的车辆	是□	否□

说明：

（1）如发现上述法定证明、凭证不全或表 4-2 检查项目任何一项判别为"是"的车辆，应告知委托方，不须继续进行技术鉴定和价值评估（司法机关委托等特殊要求的除外）。

（2）发现法定证明、凭证不全，或者表 4-2 中第 1 项、4 项至 8 项任意一项判断为"是"的车辆应及时报告公安机关等执法部门。

此外，车辆上市交易前，必须先到公安交通管理机关申请临时检验，经检验合格，在其行驶证上签注检验合格记录后，方可进行交易。检验被交易车辆的车辆识别代号和发动机号码的符号、数字及各种外文字母的全部拓印，发现有不一致或有改动、凿痕、锉痕、重新打刻等人为改变或毁坏痕迹的，对车辆一律扣留审查。

任务 4.2　车身油漆涂层检测

4.2.1　漆面色差检查

一、颜色基本理论

1. 色相

色相是区分不同彩色的视觉属性，它取决于光源的光谱组成及物体表面对各种波长可见光的反射比例，是表示物体的颜色在"质"的方面的特性。

2. 明度

明度是人眼对物体明亮程度的感觉，换言之，是人眼对物体反射光强度的感觉，是表示物体的颜色在"量"方面的特性。明度与光源亮度有对应关系，光源亮度越高，则观察到的颜色明度也越高。

3. 饱和度

饱和度是表示颜色是否饱和纯正的一种特性，物体反射出的光线的单色性越强，物体颜色的饱和度值越高。掺入白光成分越多，就越不饱和。当掺入的白光比例大到足以压倒或掩盖其余光线时，看到的就不再是彩色而是白色了。白色、灰色和黑色等无彩颜色的饱和度最低。饱和度取决于物体表面对光的反射选择性程度。两个颜色如果色相、明度和饱和度都相等，即两个颜色完全相同。

4. 色差

色漆的颜色是指物体在日光（即白光）照射下所呈现的颜色，分为红、橙、黄、绿、青、蓝、紫七种颜色，人的眼睛可以在两个相邻颜色的过渡区域中看到中间色，一般说，波长变动 1～2Nm 时，人眼就能觉察出颜色变化。用对光物理量的测量可以间接地测得色知觉量，初步解决了对颜色进行定量描述和测量。

5. 色差的标准

色差的测量点一般来说，以与塑料件相邻的部位作为色差测量的重点部位，如与保险杠及油箱盖相匹配的前翼子板和后翼子板。目前车身油漆色差可根据其自身经验进行判断。

二、车身油漆色差的影响因素

1. 油漆材料批次色差的质量影响

由于每批油漆的制造配方存在差别，所以只有控制油漆材料每个批次的色差不超出标准色板的允许偏差范围，才能保证车身及外协件的色差稳定，不产生较大偏差。

材料遮盖能力对车身色差有较大影响。一般情况下金属漆施工厚度如下。

① 静电旋杯：8～10μm。

② 空气喷枪：4～5μm。

③ 总厚度：12～15μm。

若材料工艺遮盖力厚度>15μm，则底色漆膜厚度达到 12～15μm 时，还不能完全遮盖底材，车身外观将产生质量缺陷，如漆膜发花，有色差等。

2. 施工参数对色差的影响

在油漆遮盖比较充分的情况下，调整喷涂参数及喷涂方法能够影响色差变化。现场施工参数的调整对油漆色差有直接影响，主要会影响到色差值的变化。出漆量增大时，色差值减小，明度降低，雾化空气、成型空气和喷涂速度增大时，色差值增大，明度增高。

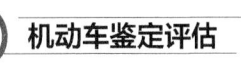

3. 循环输漆系统施工参数控制及对色差的影响

色漆在供漆系统中的流速对颜色有较大影响，特别是某些高铝粉含量的色漆，如果流速过低，铝粉易沉降，从而在短期内对颜色有较大影响。由于金属漆中含有大量的铝粉片，涂料在该系统中长时间的循环使用造成颜色的改变是可见的。这种变质对实色漆的影响比对金属漆的影响小。金属漆的铝粉在高分散力作用下会变质，甚至会在长时间的剪切力下被粉碎，这样就引起了颜色和效果的改变。

4. 手工补漆对色差影响

因喷涂工艺及手工操作手法的差异，会造成车身部件存在色差，尤其是浅色面漆、金属漆、珠光漆等。对于这个问题，需加强现场手工作业操作培训，规范手工喷涂喷枪与工件的距离，成型空气流速的大小及走枪的速度。

5. 供漆系统的清洁状态

如果供漆系统清洗不干净，系统中如管壁或阀门内残留的油漆混入新加的油漆中，势必对新油漆的颜色产生较大影响，随着循环时间的增长，影响的程度也会增大。色漆在供漆系统中长期不用，循环时间超过六个月，应及时将系统进行清洗，否则色漆老化变质，在管路中出现沉淀和结块现象，反而会导致清洗工作量增加。

三、漆面色差检查

对于二手车，由于它无法像新车出厂一样做到标准化，所以在购买二手车时通常都会进行一次全方位的检测，通过最终的检测结果来确定车辆最终的成交价格。检测漆面是否有修补的痕迹，是二手车检测过程中最重要的一项。

1. 车身油漆涂层外观缺陷分类

① 起泡：涂层表面呈现鼓包的现象。
② 针孔：漆膜表面呈现针状小孔或毛孔的现象。
③ 起皱：漆膜表面呈现凹凸不平且无规则线状褶皱的现象。
④ 橘皮：漆膜表面呈现橘皮状纹路的现象。
⑤ 缺陷（露底）：漏涂或未能完全覆盖前道涂层或材料色泽的现象。
⑥ 遮盖不良：涂敷过薄或涂料遮盖力差使底色隐约可见的现象。
⑦ 裂纹：漆膜表面呈现不规则，深浅不同、断裂纹路的现象在漆膜表面呈现。
⑧ 脱落：漆膜从涂面呈现片状脱离的现象。
⑨ 麻点（凹陷）：涂层表面因水、油等异物影响致使涂料不能均匀附着，产生抽缩形式泡疤而呈现凹坑的现象。

⑩ 流痕（流漆）：喷涂在垂直面上的涂料向下流动，使漆面产生条痕的现象。严重时称为流挂杂漆（发花），即漆膜表面呈现不相容的色点或块状的现象。

⑪ 颗粒：漆膜表面附着颗粒状物质的现象。

⑫ 锈痕：漆膜中产生锈点或接缝处呈现锈斑的现象。

⑬ 砂纸纹：涂装干燥后，面漆仍可清楚地见到砂纸打磨纹的现象。

⑭ 碰划伤：漆膜表面受外力碰伤而呈划痕的现象。

车身油漆色差是每个涂装生产部门都会遇到的一个非常复杂且难以控制的问题，随着保险杠、门把手、后视镜等彩色塑料件的大量采用，要求车身与塑料件的颜色无偏差，这就对车身油漆色差的控制提出了更高的要求。目前主要的方法是采用仪器测量与目测相结合的方式来控制色差，一般提供一块标准颜色样板，要求车身及塑料配件的颜色与该标准样板相比，无论是目测，还是仪器测量都应接近。车身油漆色差的影响因素众多，它与色漆材料、喷涂工艺、喷涂设备、供漆系统状态等因素密切相关。

2. 色差检查

（1）专业的色差检测仪器——分光测色仪。

喷漆肯定是会有色差，也是无法完全避免的。要把控机动车色差在合理的范围内，需用专业色差检测仪器——分光测色仪。当机动车的车身和外部饰品经过喷漆涂装后，都应该使用分光测色仪进行色差检验。

分光测色仪的应用原理是分光测色法，可以准确地测出颜色的绝对值，是根据光反射的光谱特性，然后利用光谱光度分析法得来精确测量产品色彩 L、a、b、c、h 值（其中："L"代表物体的明亮度，0 为黑色，100 为白色；"a"代表物体的红绿色，负值为绿色，0 为中性色，正值为红色；"b"代表物体的黄蓝色，负值为蓝色，0 为中性色，正值为黄色；"c"代表颜色饱和度；"h"代表色相角）的高精密仪器，可以分别表示出样品颜色不同的纬度参数。它比普通的色差计更加复杂，测量精度更高，并且测量数据结果也可以进行企业内外部的颜色交流，进行协调配色。

目前对于机动车油漆色差，国家并没有统一的标准。一般的油漆色差值是控制在 0.3%～0.5%（一般色卡的生产商的色差值多接近 0.5%）。没有完全一样的颜色。每一批次的油漆出来，都会存在不同程度的色差，涉及取值的不同，但范围相同。机动车色差评估时，常常都是采用目视和数据结合的方式，有时候数据虽然很接近但目视还是能看出来有差别。

（2）通过目测法检查色差。

迎着光看漆面上是否有褶皱，距离在 1m 左右。因为原车喷漆比修理厂补漆要均匀，所以后补的漆在这种情况下会看出有些褶皱的感觉，如图 4-9 所示。

图 4-9 通过目测法检查色差

通过车身反射光的明暗对比来判断是否补过漆，一般补过漆的地方反射光会变暗。但一些高档车都是在厂家指定的特约维修站烤漆，计算机配色、配漆、配亮油，喷漆质量非常好，不容易观察到。对于金属漆，可以检查漆面金属配料含量的多少。喷漆质量好的车影响不大，喷漆质量不好的车会产生色差，通过仔细观察可以检查出来。

注意：检查漆面色差时，要把车辆停放在一个光线明亮的地方，不要在地下停车场。

（3）通过漆面的顺滑性检查色差。

用手感觉顺滑性：重新喷漆的地方感觉不顺滑、发涩，有麻点、有颗粒感，同时车身的不平整也可以感觉出来，如图 4-10 所示。

图 4-10 通过漆面顺滑性的检查色差

（4）通过砂纸打磨痕迹检查漆面色差。

观察有无砂纸打磨的痕迹：机动车车身表面只要刮完腻子用砂纸打磨后，都会留有痕迹，有很多或粗或细的条纹，与其周边完好的原车漆部分是不同的，会有色差，如图 4-11 所示。

（5）通过敲打法检查漆面色差。

事故比较严重的车辆，外观部件如果不更换，就要进行钣金修复，钣金修复后，由于表面不平整，就要在表面刮较厚的腻子。当表面刮完较厚的腻子时，钣金的部位声音要低沉一些，机动车车身重新刮腻子的薄厚程度和原车漆是不一样的，也会造成色差，如图 4-12 所示。

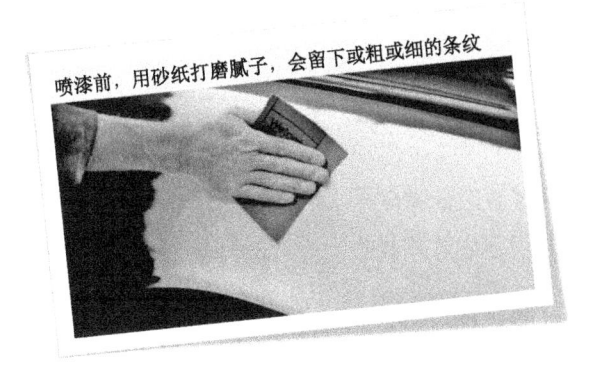

图 4-11 通过砂纸打磨痕迹检查漆面色差

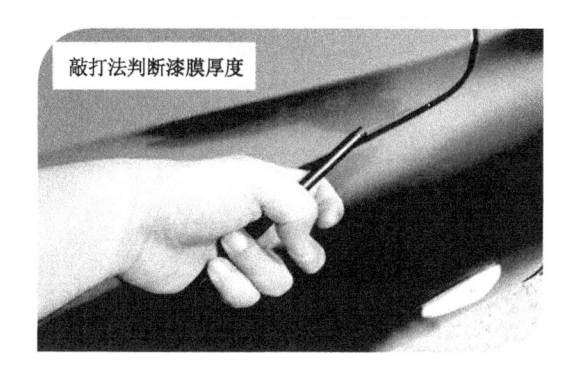

图 4-12 通过敲打法检查漆面色差

4.2.2 外观部件及装饰密封条留漆检查

在对事故车辆进行喷漆时,有些汽车销售服务 4S 店或修理厂为了节省人工,直接用遮挡的方法遮住车门玻璃压条、车门拉手后直接喷漆,很难做到将遮挡物与车的线条严密地契合住。因此在喷漆的时候难免会有一些油漆飞到周围的地方,这样就很容易在车门玻璃压条或车门的接缝处残留油漆痕迹,如图 4-13 所示。

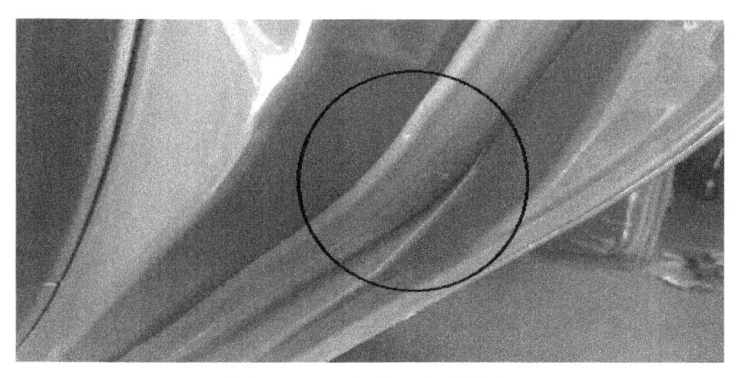

图 4-13 "留漆"痕迹检查

一、常见局部喷漆后留漆的部位

1. 前保险杠和前照灯接缝处有流漆现象

观察前保险杠和前照灯接缝处喷漆留下的流漆情况,如果有,说明前保险杠发生过碰撞,要重点检查机动车前部是否发生过事故损伤。前照灯接缝处有流漆现象,如图4-14所示。

图4-14 前照灯接缝处有流漆现象

2. 前雷达及倒车雷达缝隙有挂漆现象

相比原厂的机器人喷漆,人工喷漆通常无法将油漆喷得非常均匀,尤其在这些带有凹凸和接缝的地方非常容易留下挂漆。这说明前保险杠发生过碰撞,同样要重点检查车前部是否发生过事故损伤,如图4-15所示。

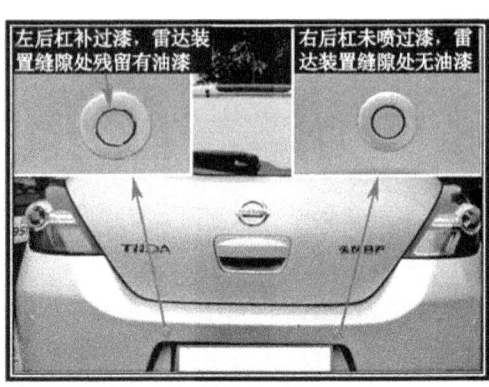

图4-15 前雷达及倒车雷达装置缝隙处有挂漆现象

3. 车门玻璃压条留有残漆

这是在喷漆时没有拆下车门压条留下的残漆。这说明车门发生过碰撞,要重点检查车侧面是否发生过事故损伤,如图4-16所示。

4. 发动机舱内翼子板塑料件侧留有残漆

打开发动机舱盖,通过观察发动机舱内翼子板塑料件一侧是否留有残漆,也可以判断是否是事故车,如图4-17所示。

图 4-16　车门玻璃压条留有残漆

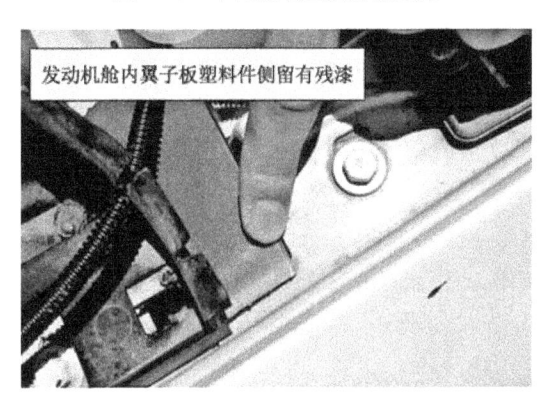

图 4-17　发动机舱内翼子板塑料件侧留有残漆

5. 利用油箱盖进行辅助判断残漆

汽车的油箱盖是事故车辆喷漆调漆的样板，需要调漆时会把油箱盖拆下来，根据上面的漆色调配油漆，这样喷出来的漆就很难发现色差，如图 4-18 所示。在检查二手车是否补过漆时，应检查油箱盖的固定螺钉有没有被拧过的痕迹，如果有，就要特别注意。

图 4-18　利用油箱盖进行辅助判断残漆

4.2.3 漆面橘皮现象检查

漆面橘皮现象是指车辆漆面产生橘皮似的团块状褶皱现象，像橘子皮的表面。漆面橘皮现象主要是"流平不佳"导致的。

流平不佳指喷枪喷出的油漆颗粒经过雾化到达喷涂表面时，不能再流动，导致的漆膜表面不平滑。还有另外一个原因就是，喷漆的时候工艺不当，或者烘干的时候温度控制不当，就容易产生橘皮现象，这和出厂的镜面车漆对比有很大的差距。检查车辆时，最好是在光照下观察有无漆面橘皮现象，这样漆面反光时就很容易看出来，如图4-19所示。

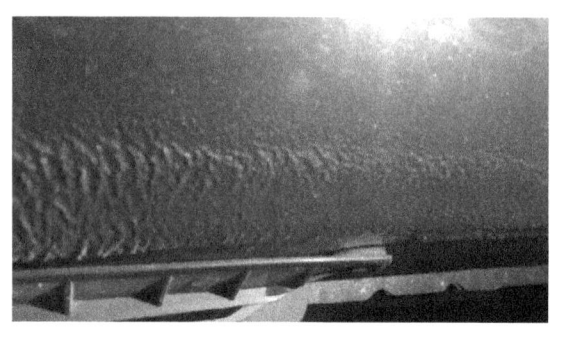

图4-19 漆面橘皮现象检查

漆面橘皮现象检测目前主要采用目视检查和漆面橘皮仪测试两种方法。

1. 目视检查

目视检查即通过人眼的观察和对比来评估。人眼在零部件漆膜上找到反射的光源（一般是直线双管荧光灯），然后用人眼对反射光源的清晰度进行观察来评估漆膜外观橘皮状态。如图4-20中右图的边界相对于左图比较模糊，所以橘皮现象比较明显，喷漆质量较差。在少数特殊情况下，也会通过用手触感来粗略比较橘皮状态。

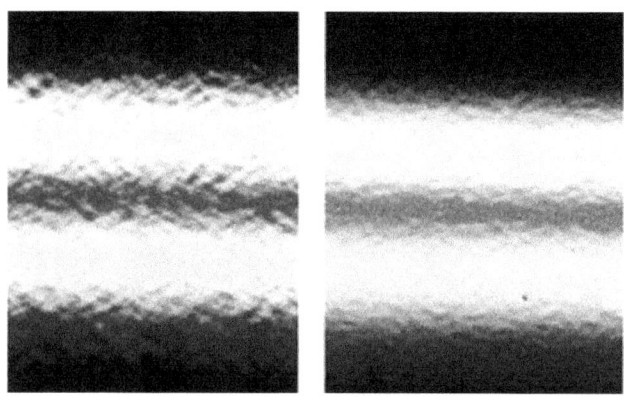

图4-20 目视检查漆膜外观橘皮状态

为了更好地规范评估，在橘皮检测评判时有一套标准板进行对比。橘皮由平滑至粗糙，每块板标有相应的额定值（从 1 到 10），代表橘皮目视效果从优到劣，如图 4-21 所示。数字越大，板的质量越低。

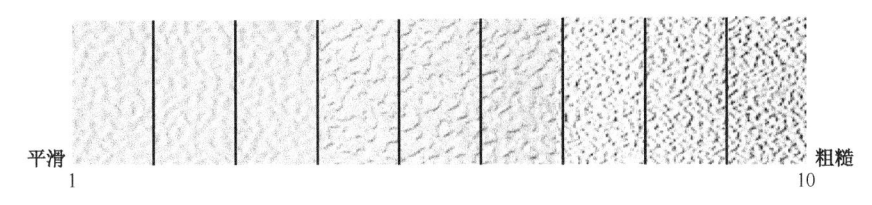

图 4-21 橘皮检测标准板

2. 漆面橘皮仪测试

采用漆面橘皮仪来进行数据化测量评估，可评估表面结构的大小及表面的明亮度。

随着消费者要求和市场要求的提高，为降低目视评价的风险，二手车鉴定评估时常采用漆面橘皮仪来进行数据化测量评价。

为了更好地模拟人眼的观察，科学研究发现人眼可见的漆膜表面的结构波纹长度尺寸基本在 0.1～30mm 范围内，在这范围内，人眼对漆膜波纹结构的波纹长度与可见度关系图，如图 4-22 所示。

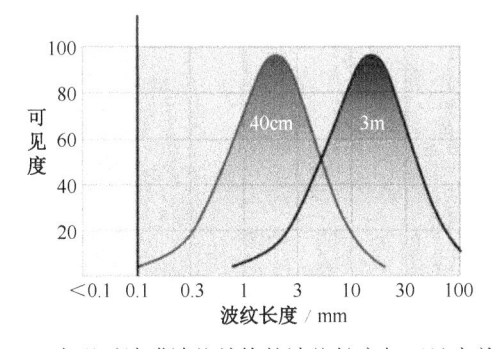

图 4-22 人眼对漆膜波纹结构的波纹长度与可见度关系图

当我们处于远距离（3m 以上）观察时，能看到的 90%以上都是 10～20mm 波长的漆膜表面波纹，小于 1mm 波长的表面波纹就很难观察到；当我们处于近距离（40cm 左右）观察时，能看到的 90%以上都是 1～3mm 波长的漆膜表面波纹，小于 0.1mm 波长的表面波纹就很难观察到。

漆面橘皮仪根据上述原理，利用 60°激光聚焦在漆膜表面 10cm 直线长度的距离内定量测出其表面起伏波纹，测得漆膜表面的光学轮廓获得一组准确的数据，然后按照一定的算法（结合目视评价效果）转换成输出的数据，如图 4-23 所示。

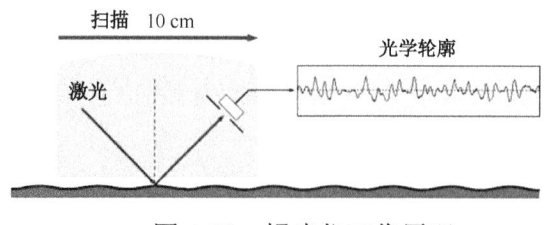

图 4-23　橘皮仪工作原理

为了模拟人眼的分辨率，漆面橘皮仪通过滤波器将波长 1.2～12mm 的测量数据归纳为长波 LW，代表表面较长波长的漆膜表面变化，即远距离可以观测到的漆膜表面橘皮结构；将波长 0.3～1.2mm 的数据归纳为短波 SW，代表较短波长的漆膜表面变化，即近距离才可以观测到漆膜表面橘皮结构。

4.2.4　涂层厚度测定仪检测车漆

二手车鉴定师常用"涂层厚度测定仪"对漆面进行检测，来判断车辆漆面的新旧程度，以及是否有补过漆的部位。对车辆漆面厚度进行测试，是一项重要的衡量指标。

涂层厚度测定仪，简称漆膜仪，是一种高精度的检测仪器，是专门用来检测涂层厚度的专业仪器，可以用来检测钢铁和铝合金的漆膜厚度。所以，漆膜仪也完全适合用来检测机动车漆面的厚度，以此来判断漆面是否有过喷漆、修复。

漆膜仪厚度的计量单位也可以进行设定，分为 μm（微米）和 mil（密耳）两种，由于在我们日常生活中，微米的应用更为广泛，因此大部分测量数据也都以微米为单位。

在使用漆膜仪之前，需要先对漆膜仪进行校准，以保证读数的准确性。

校准完成后，就可以进行正式检测了。使用漆膜仪检测漆面厚度时，要保证仪器与漆面呈 90°的角度进行检测，只有这样才能保证检测数值的准确性。

如图 4-24 所示，仪表中共显示了三项数值。其中，图中央显示的数值"115"是漆面厚度值，右下角显示的"μm"是漆面厚度的单位符号微米，所以，这个点位的漆面厚度为115μm。左下角显示的"Fe"则表示漆面的材质，大部分漆膜仪可以检测铁和铝合金两种金属材质，而 Fe 则表示磁性金属基体，由此可以断定此车发动机舱盖的原材料为铁质。如果检测漆面为非磁性金属，漆膜仪则会显示"NFe"，表明金属为铝合金。纤维板或玻璃材质，目前还无法使用漆膜仪进行测量，检测后仪表显示"FFF"，如图 4-25 所示。

通常情况下，大部分机动车的原车漆面厚度在 90～180μm，因为品牌之间的标准不一致，也有个别厂商的漆面厚度会低于 90μm，但一般超过 180μm 的并不常见，所以当检测发现漆面厚度超过了 180μm，就要怀疑此车是否经过了维修和重新喷漆。但是仅凭一个点位不能确定是否存在补漆，所以可以对其对向位置进行检测，如果对比之后数值差异较大，则说明存在重新喷漆的可能。

图 4-24　使用漆膜仪检测漆面 　　　　　图 4-25　漆膜仪无法测量的材质

对于二手车而言，最需要检测的就是那些容易发生碰撞的点位，特别是对于前后翼子板、车门及后备箱盖等，如果发现数值差异较大，就需要确定此车是否经过重新维修。另外，如果在 A 柱和 B 柱位置检测发现数值偏大，或是在不同点位测试后数值差异比较明显，就需要确定此车是否发生过碰撞事故。

4.2.5　车漆改色识别

通常所说的"改色车"，即改变过车辆车身颜色的车。改色一般通过两种方法实现，贴膜改色和喷漆改色。

根据相关法律规定，轿车可改变本身颜色，变更颜色后，必须在十天内向车管所申请备案，而且有三种颜色，特种车专用的颜色不能随意更改，比如消防专用的红色，工程抢险专用的黄色，国家执行行政命令专用的"上白下蓝"。

一、识别贴膜改色

由于贴膜有局限性，细节部位很难处理到位，如车门内侧边缘、门槛、柱体内侧等，如图 4-26 所示。

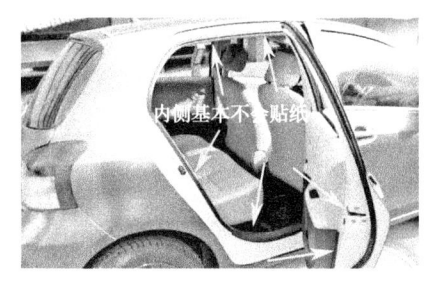

图 4-26　贴膜改色识别

这类汽车只要打开车门或者打开发动机舱盖，就能发现贴膜痕迹，内侧基本不会贴膜，而且改色膜的光泽度也没有油漆面的亮，比较容易区别。

二、识别油漆改色

1. 检查密封胶条识别改色

扒开原车 A、B、C 柱的密封胶条，查看胶条遮挡部位漆面颜色与车身漆面是否一致。一般的改色，不会拆除胶条，也就导致内部的原车漆面没有被修改，与改色车身形成了对比。

2. 检查发动机舱内部识别改色

打开发动机舱盖，观察翼子板内缘、减振器座、纵梁这些部位，这些地方的漆面是车辆未安装任何零件的时候整体喷涂的，因此与车身颜色是一致的，而后期要想将这些部位改色，必须将发动机舱内的部件全部拆除，显然不太现实，所以观察发现颜色与车身不一致，那很可能是后期改色了，甚至可能为拼装车。如图 4-27 所示，发动机舱内的减振器座、翼子板内缘等与 A 柱、车门颜色明显不一致。

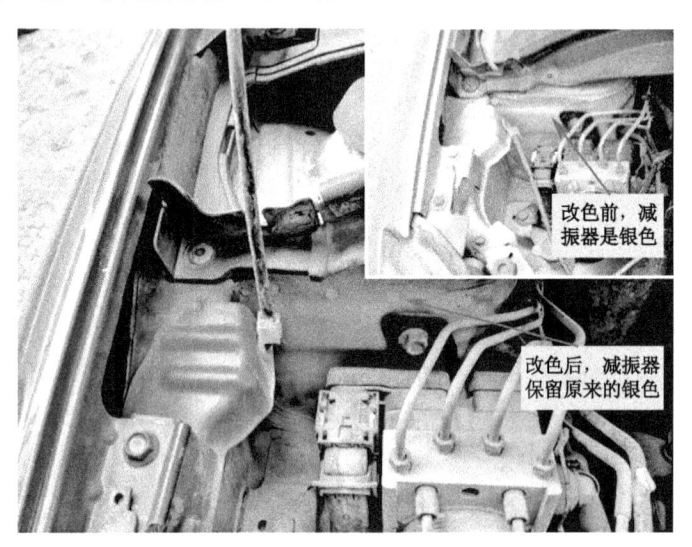

图 4-27　发动机舱内部识别改色

3. 检查天窗识别改色

如果车辆有天窗，打开天窗，观察导轨处的漆面颜色。此处的漆面也是在未安装任何零件的时候整体喷涂的，后期改色几乎不会拆除天窗重新喷漆，此处原车漆就会被保留下来，只要天窗内侧的颜色与车身颜色不一致，那就表示有过改色了，如图 4-28 所示。

4. 检查备胎舱识别改色

将备胎舱的地毯掀开，查看备胎槽的颜色，备胎槽表面的色漆，一般与车身颜色也是一致或相近的。正常改色过程并不会对备胎槽重新喷漆改色，而新车在喷漆的时候，此处会有一层与车身颜色相近的薄漆面，只要里外颜色不一致就能判断该车改色过，如图 4-29 所示。

5. 检查车铭牌识别改色

车辆铭牌在喷漆时一般是不拆的，因为拆下后很难装上。所以喷漆时只能遮挡，喷涂时会在遮挡缝隙处留有痕迹，如图4-30所示。

图4-28 检查天窗识别改色

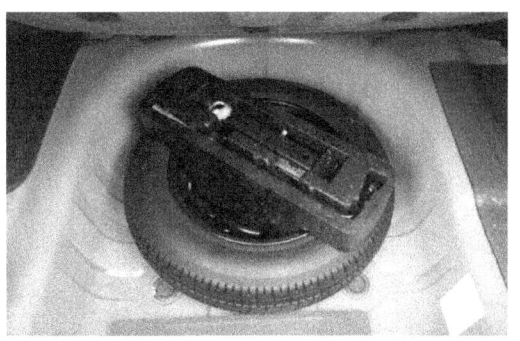

图4-29 检查备胎舱识别改色

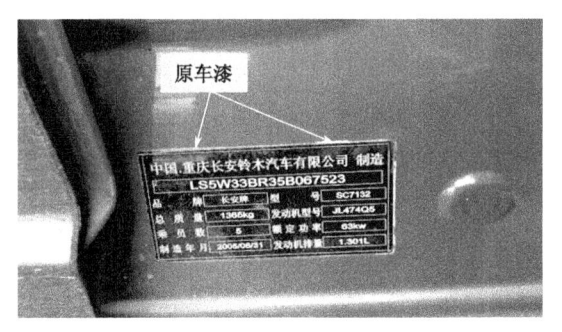

图4-30 检查车铭牌识别改色

任务4.3 后备箱围板更换鉴定

车辆的后备箱围板在车辆后备箱的下方位置，它外侧被后保险杠包裹，后备箱围板是一个3mm左右的钢板。

后备箱围板跟车身骨架采用焊接的方式进行连接，焊接工艺为传统的点焊工艺。在焊点的外侧会有钣金胶进行覆盖。

一、后备箱围板的鉴定步骤

车辆的后备箱围板大部分都被后保险杠包裹着，只能看到一部分结构，鉴定时需要仔细看这些位置。鉴定后备箱围板有以下三个步骤。

（1）举升车辆，查看车辆下部后备箱围板和地板的钣金胶和焊点。

有条件的情况就把车辆举升起来，没条件的情况下，可以趴到车底观察底部的后备箱围板和地板的钣金胶和焊点，如图 4-31 所示。

这个位置由于在车辆的底部，即便是精修的车辆也不会刻意去掩盖，很多时候还会被泥土覆盖。如果在这个位置看到焊点发黑、钣金胶有重新打胶的痕迹、有大面积的锈蚀等情况，那就是说明此车存在问题，可能是后备箱围板的问题，也可能是后备箱地板的问题。

（2）鉴定后备箱内部地板和围板钣金胶和焊点的情况。

大部分车辆的这个位置只能看到钣金胶，判断钣金胶是否有重新打胶的痕迹即可，少数车辆在这个位置没有钣金胶仅有焊点，此时可以检查焊点是否正常，如图 4-32 所示。

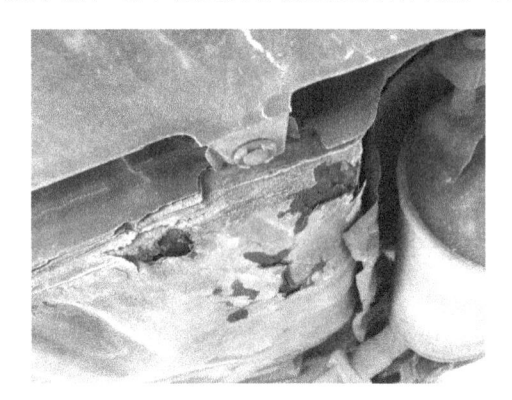

图 4-31　车辆下部后备箱围板

图 4-32　后备箱内部围板

（3）鉴定后备箱围板两侧胶条连接位置的情况。

后备箱围板两侧胶条是否有老化、皱裂等现象，其老化程度与该车车龄是否相匹配，是否更换过，如图 4-33 所示。

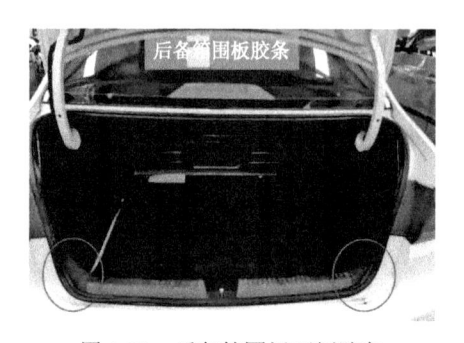

图 4-33　后备箱围板两侧胶条

任务 4.4　车辆里程表鉴定

"调表车"是指调整了旧机动车行驶里程数的车辆。二手车的使用年限和行驶里程决定了它的车况和性价比。决定二手车价格的因素有三点：里程、年限、车况，但是后两项均无法以低成本改动，车辆里程数可以低成本改动，且不会影响机动车技术状况。

一、汽车里程表调校原因

1. 里程表调低

（1）为了牟取卖车利润，将里程表进行回调。

（2）4S店新车，正常4S店新车都是有少量里程的，大概3km左右，但由于运输或是不正常行驶，会导致车辆里程数变多，为了不影响后期销售，将里程数进行调低。

（3）新车私家车主免费保养期内调表换取保养次数。

2. 里程表调高

有些驾驶员为了牟取车辆补贴，将里程表进行调高。

二、里程表调校方法

1. 走表器

首先，寻找车辆的速度传感器，速度传感器一般有三根线或两根导线。一般安装在变速器附近。然后把走表器直接插入点烟器，连接走表器和走表器延长线，打开点火开关，旋转一下，调动走表器的按钮，进行速度调整。

2. 更改仪表电路CPU存储器数据

卸下仪表并拆开，然后把表针拔下（注意：有些里程表可以不用拔下表针）。首先在仪表电路板CPU的附近找到存储器，其次使用专业工具拆下存储器，然后把存储器安放到机动车编程器上读取里程数并进行原仪表数据备份，最后再进行千米数的数据修改。

3. 电脑调表器

将设备数据线直接跟车辆车载诊断（OBD）进行连接，通过选取仪表里程调校，选择相应的车型。进入车型后，进行里程数的更改。

三、识别调表车

有效识别调表车的方法有以下几点。

1. 通过4S店查询准确里程数判断是否为调表车

同一品牌的汽车4S店，其数据库都为联网共享状态，机动车的维修和保养记录都可以在4S店查到。但这通常只适用于还在质保期内或长期在4S店定期保养和维修的机动车，因为一些车主在过了质保期后都不再去4S店维修，就不会有完整的维修记录了。对已经过了质保期的车辆，还可以前往保险公司查询。保险单上，也会有保险期段记录的里程数。如果以上两种方法都无法确定，还可以结合后面的方法进一步综合判断。

2. 检查转向盘的磨损情况判断是否为调表车

一般来说，更换转向盘的可能性很小，转向盘在每天的转动中，不知不觉中就会留下很深的印记，所以它最能反映用车频率，不过也有车主会用转向盘套，增加了一些判断的难度，此时需要找准鉴定位置。转向盘的磨损情况检查如图4-34所示。

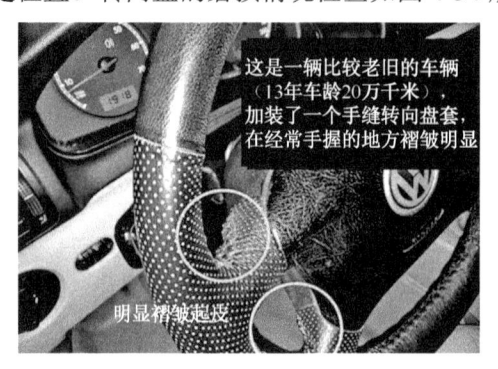

图4-34 转向盘的磨损情况检查

3. 检查驾驶员座椅磨损情况判断是否为调表车

主要检查主驾驶位座椅靠近车门一侧，车辆使用年限越长、行驶里程越多，主驾驶位座椅破损越严重，座椅还伴有明显塌陷。驾驶员座椅的磨损情况检查如图4-35所示。

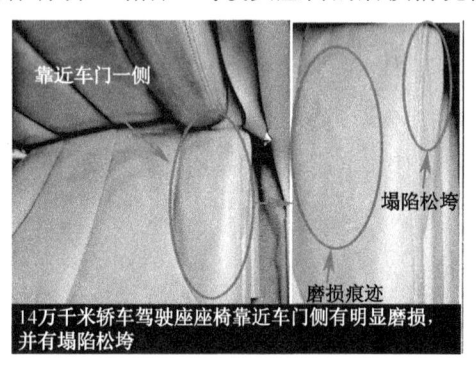

图4-35 驾驶员座椅的磨损情况检查

4. 检查车门饰板的磨损情况判断是否为调表车

车门饰板首先要检查扶手位置，行驶里程越大的车辆车门饰板的磨损越严重，并可看到会有光亮或磨损痕迹。车门饰板的磨损情况检查如图4-36所示。

5. 检查变速杆的磨损情况判断是否为调表车

只要开车，就会用到变速杆，使用久了变速杆头就会留下磨损的痕迹，行驶里程越大磨损就越明显，变速杆防尘套也会老化掉皮。变速杆的磨损情况检查如图 4-37 所示。

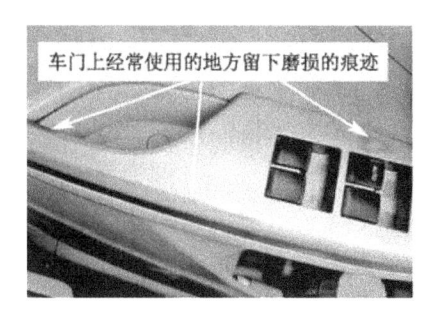

图 4-36　车门饰板的磨损情况检查

图 4-37　变速杆的磨损情况检查

6. 检查踏板的磨损情况判断是否为调表车

手动挡的汽车有三个踏板，从左至右分别是离合器踏板、制动踏板和加速踏板。自动挡的机动车只有两个踏板，分别是左侧的制动踏板和右侧的加速踏板。加速踏板使用频率最高，其次是离合器踏板、制动踏板，这三个踏板反映了车辆的使用状况，观察离合器踏板，制动踏板及加速踏板，尤其是制动踏板和加速踏板，如果制动踏板右侧磨损严重，或者加速踏板已经磨损严重，说明这辆车的行驶里程也不会太少，应再配合行驶里程进行检查。踏板的磨损情况检查如图 4-38 所示。

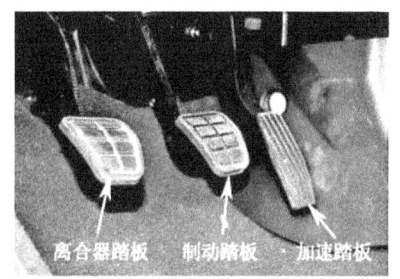

图 4-38　踏板的磨损情况检查

7. 检查制动片磨损情况判断是否为调表车

如果制动盘双面的总磨损深度达到 3mm，就应该及时更换制动盘。我们可以根据卡尺测量磨损程度，预估车辆行驶里程。

在正常情况下制动片的更换周期为 5 万～8 万千米，制动盘寿命约 8 万～10 万千米，可以根据制动片、制动盘的磨损程度去推算其真实千米数。制动片的磨损情况检查如图 4-39 所示。

图 4-39　制动片的磨损情况检查

8. 检查轮胎的磨损情况判断是否为调表车

检查轮胎时，首先，要看轮胎的生产日期与上牌年限是否吻合，通常一条轮胎正常磨损的话可以跑 5 万千米左右，通过对比日期可以粗略估算里程；其次，观察四个轮胎是否为同一个品牌、同一生产时间，如果发现四条轮胎品牌不同、生产时间差异大，则说明轮胎被更换过；如果四轮胎同时更换过，则车辆的行驶里程数可能较大。最后，看轮胎的磨损程度，一般轮胎磨损严重，它的行驶里程数肯定大。轮胎的磨损情况检查如图 4-40 所示。

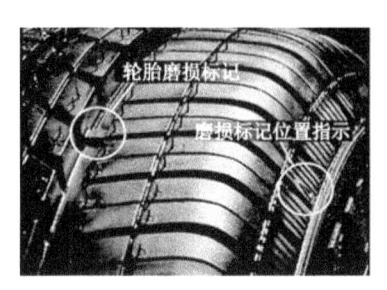

图 4-40 轮胎的磨损情况检查

注意：新轮胎花纹深度为 10～12mm；花纹深度极限值为 1.6mm；正常情况下，轮胎使用里程约为 8 万～10 万千米，时间寿命约为 4～6 年。

任务 4.5　事故车、泡水车、火烧车鉴别

4.5.1　事故车鉴别

一、判别事故车标准

判断事故车标准主要是看车辆的结构件是否受到损伤。可使用漆面厚度检测设备配合对车体结构部件进行检测，还可以使用车辆结构尺寸检测工具或设备检测车体左右对称性。

二、事故车车体部件

参照如图 4-41、图 4-42、图 4-43 所示的车体结构示意（代码为 1～29），按照表 4-3 的要求检查车辆结构件，判别车辆是否发生过碰撞，确定车体结构是否完好无损或者有无事故痕迹。

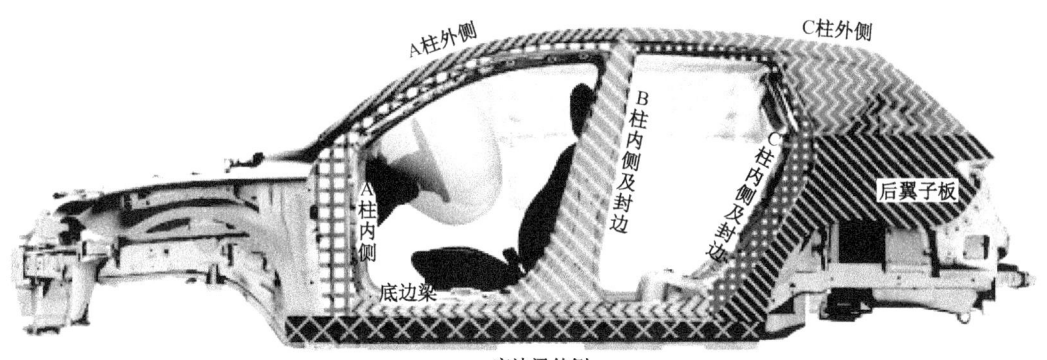

图 4-41 车体结构示意

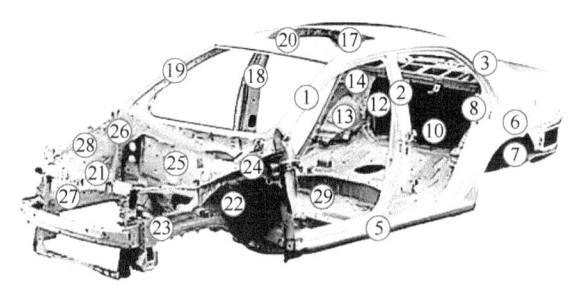

图 4-42 车体结构示意

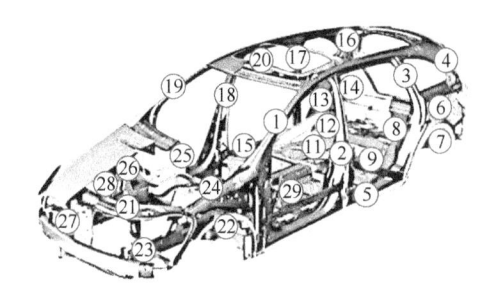

图 4-43 车体结构示意

车辆结构件代码见表 4-3，车辆结构件缺陷描述对应表见表 4-4。根据表 4-3、表 4-4 对车体状态进行缺陷描述。即车体部件代码+状态，例如，3SH，表示左 C 柱内侧有烧焊痕迹。

表 4-3 车辆结构件代码

部件代码	部件名称	部件代码	部件名称
1	左 A 柱内侧	16	右 D 柱内侧
2	左 B 柱内侧	17	右 C 柱内侧
3	左 C 柱内侧	18	右 B 柱内侧
4	左 D 柱内侧	19	右 A 柱内侧
5	左底边梁	20	车顶
6	左后翼子板	21	不可拆水箱框架
7	左后翼子板内骨架	22	左前翼子板内骨架
8	左后减振器座	23	左前纵梁
9	左后纵梁	24	左前减振器座
10	后围板	25	前围板
11	右后纵梁	26	右前减振器座
12	右后减振器座	27	右前纵梁
13	右后翼子板内骨架	28	右前翼子板内骨架
14	右后翼子板	29	车身底板
15	右底边梁		

表 4-4　车辆结构件缺陷描述对应表

代表字母	BX	NQ	GH	SH	ZZ	BJ
缺陷描述	变形	扭曲	更换	烧焊	褶皱	钣金

三、事故车判定

事故车判定表见表 4-5。当缺陷描述组合中任何一个检查项目存在表 4-5 中几个缺陷项时，可认定该车为事故车。

表 4-5　事故车判定表

部件代码	部件名称	缺陷项					
1	左A柱内侧	变形	钣金	褶皱	烧焊	切割	扭曲
2	左B柱内侧	变形	钣金	褶皱	烧焊	切割	扭曲
3	左C柱内侧	变形	钣金	褶皱	烧焊	切割	扭曲
4	左D柱内侧	变形	钣金	褶皱	烧焊	切割	扭曲
5	左底边梁	变形	钣金	褶皱	烧焊	切割	扭曲
6	左后翼子板	切割	×	×	×	×	×
7	左后翼子板内骨架	切割	×	×	×	×	×
8	左后减振器座	变形	钣金	褶皱	烧焊	切割	扭曲
9	左后纵梁	变形	钣金	褶皱	烧焊	切割	扭曲
10	后围板	切割	×	×	×	×	×
11	右后纵梁	变形	钣金	褶皱	烧焊	切割	扭曲
12	右后减振器座	变形	钣金	褶皱	烧焊	切割	扭曲
13	右后翼子板内骨架	切割	×	×	×	×	×
14	右后翼子板	切割	×	×	×	×	×
15	右底边梁	变形	钣金	褶皱	烧焊	切割	扭曲
16	右D柱内侧	变形	钣金	褶皱	烧焊	切割	扭曲
17	右C柱内侧	变形	钣金	褶皱	烧焊	切割	扭曲
18	右B柱内侧	变形	钣金	褶皱	烧焊	切割	扭曲
19	右A柱内侧	变形	钣金	褶皱	烧焊	切割	扭曲
20	车顶	切割	×	×	×	×	×
21	不可拆水箱框架	切割	烧焊	×	×	×	×
22	左前翼子板内骨架	切割	钣金	烧焊	×	×	×
23	左前纵梁	变形	钣金	褶皱	烧焊	切割	扭曲
24	左前减振器座	变形	钣金	褶皱	烧焊	切割	扭曲
25	前围板	变形	钣金	褶皱	烧焊	切割	扭曲
26	右前减振器座	变形	钣金	褶皱	烧焊	切割	扭曲
27	右前纵梁	变形	钣金	褶皱	烧焊	切割	扭曲
28	右前翼子板内骨架	切割	钣金	烧焊	×	×	×
29	车身底板	切割	烧焊	×	×	×	×

4.5.2 泡水车鉴别

一、鉴别泡水车的方法

泡水车部件代码表见 4-6，泡水车缺陷状态描述对应表见 4-7。当表 4-6 中有三个或以上的检查项目存在表 4-7 中对应的缺陷时，则该车为泡水车。

如仅在部件 30，32，37 存在表 4-7 中相应缺陷，尚不足以判定为泡水车，但仍需在二手车技术状况表及机动车鉴定评估报告（见 6.3.3）中予以注明。

表 4-6 泡水车部件代码表

部件代码	部件名称
30	车内地毯
31	乘客/驾驶室地板线束及接口
32	座椅滑轨
33	座椅坐垫下方
34	座椅坐垫下方
35	转向柱
36	转向柱
37	点烟器底座
38	驾驶室内保险丝盒
39	发动机舱保险丝盒
40	空调出风口
41	发动机线束及接口
42	车顶篷

表 4-7 泡水车缺陷状态描述对应表

代表字母	PSXS	PSNS	PSSZ	PSMB	PSXF
缺陷描述	泡水锈蚀	泡水泥沙	泡水水渍	泡水霉斑	泡水修复

二、泡水车缺陷状态认定标准

泡水锈蚀：指车内金属部件由于泡水造成的大面积极为明显的锈蚀。

泡水泥沙：指车内存在明显泥沙痕迹。

泡水水渍：指因为泡水车内存留的水印。

泡水霉斑：指车内部件因为泡水后造成的明显发霉现象。

三、泡水车示意图

如图 4-44 所示，当泡水线在座椅地板以上（包含座椅地板）的车辆即为泡水车。

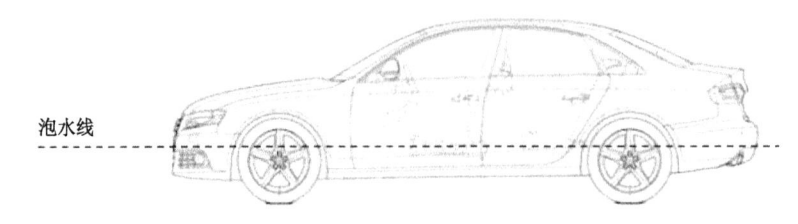

图 4-44　泡水车示意

泡水车评估应使用现行市价法计算车辆剩余价值。

4.5.3　火烧车鉴别

一、判别火烧车

火烧车部件代码表见表 4-8，火烧车缺陷状态描述对应表见表 4-9。当表 4-8 中任何一个检查项目存在表 4-9 中对应的缺陷时，则该车为火烧车。

表 4-8　火烧车部件代码表

部件代码	部件名称	部件代码	部件名称
43	发动机舱盖隔音棉	47	仪表台及内饰
44	防火墙隔音棉	48	车身底板
45	机舱内线束	49	后备箱地板
46	机舱内管路		

表 4-9　火烧车缺陷状态描述对应表

代表字母	HSXH	HSZK
缺陷描述	火烧、熏黑、碳化	火烧、炙烤、融化

二、火烧车缺陷状态认定标准

单点火烧熏黑、碳化痕迹或火烧、炙烤、融化面积达到 $0.3 \sim 0.5 m^2$ 以上或多点火烧痕迹累计面积达到 $0.8 m^2$ 则可认定为火烧车。

火烧车评估应使用现行市价法计算车辆剩余价值。

项目五

机动车动态技术鉴定

知识目标

- 掌握机动车运行安全技术状况的动态检查项目。
- 掌握机动车排气污染物噪声等的检测要求。
- 掌握机动车动态技术鉴定部位和方法。

能力目标

- 能够正确进行机动车无负荷技术鉴定测试分析。
- 能够对机动车转向轮定位值进行正确检测与调整。
- 能够按照机动车路试的步骤要领进行动态技术鉴定。

思政目标

- 培养机动车鉴定评估从业人员坚持全心全意为人民服务的根本宗旨。
- 培养机动车鉴定评估从业人员操作规范、保证安全的工作态度。

思政育人

以匠心追逐梦想，用实干成就未来

机动车鉴定评估从业人员以劳模、工匠为榜样，学习他们爱岗敬业、艰苦奋斗、甘于奉献的精神。认真学习贯彻党的二十大精神，以昂扬的斗志、饱满的热情，奋发图强、苦干实干，在本职岗位上展现新作为、新担当，为企业做贡献。以匠人之心，投入平凡岗位，用工匠精神创造新的伟业。以实干精神全心全意为人民服务。

由于二手车的特殊性，在二手车的使用中由于机件之间的摩擦力和自然力的作用使汽车一直处于损耗的过程中，随着使用年限和行驶里程的增加，导致汽车的技术状况变差，为评定车辆实物和价值带来困难。此时需要依靠从业人员的专业知识对车辆进行动态检查。

二手车技术状况的动态检查是通过对车辆在发动机起动、急速运转、汽车起步、从低速挡到高速挡、从高速挡到低速挡、加速行驶、匀速行驶、滑行、强制减速、紧急制动等各种工况下行驶时，检查发动机、变速器、悬架系统、制动系统、定位参数是否正常，依次检查车辆的经济性、动力性、制动性、操纵稳定性、乘坐舒适性、安全性及噪声和废气排放情况，以鉴定二手车的技术状况。机动车技术状况动态鉴定包括对车辆进行的无负荷技术鉴定和路试检查两部分。

任务 5.1 机动车无负荷技术鉴定

5.1.1 发动机功率测试分析

发动机输出的有效功率是指发动机输出轴上发出的功率，是发动机一项综合性指标，通过检测，可掌握发动机的技术状况，确定发动机是否需要大修或鉴定发动机的维修质量。

发动机功率测试方法：稳态测功（有负荷测功或有外载测功）；动态测功（无负荷测功或无外载测功）。按测功原理，无负荷测功可分为两类测试方案：用测定瞬时加速度的方法测定瞬时功率；用测定加速时间的方法测定平均功率。

一、稳态测功

稳态测功是指在节气门开度一定，转速一定，其他参数保持不变的稳定状态下，在发动机试验台上由测功器测试功率的方法。通过测量发动机的输出转矩和转速，由下式计算出发动机的有效功率：

$$P_e = \frac{nM}{9550} \text{（主要用于测试）}$$

式中　　P_e——发动机功率（kW）；

　　　　n——转速（r/m）；

　　　　M——扭矩（N·m）。

稳态测功的特点：优点是结果比较准确、可靠，多为发动机设计、制造、院校和科研单位做性能试验所采用；缺点是费时费力、成本较高，并且需要大型、固定安装的测功器。

二、动态测功

动态测功是指发动机在低速运转时，突然全开节气门或置节气门齿杆位置为最大，使发动机加速运转，用加速性能直接反映最大功率。这种方法不加负荷，可在实验台上进行，也可就车进行，但测量精度比稳态测功要差。

动态测功特点：优点是所用仪器轻便，测功速度快，方法简单，用小巧的无负荷测功仪就车检测即可，非常适用于汽车使用单位在不解体条件下进行就车试验测定发动机功率；缺点是测功精度较低。

三、发动机无负荷测功

用发动机无负荷测功仪可以在不拆卸发动机的情况下，快速测定发动机的功率。

1. 发动机无负荷测功仪的原理

发动机无负荷测功仪不需外加载装置，其测量原理：对于某结构的发动机，它的运动件的转动惯量可以认为是一定值，这就是发动机加速时的惯性负载，因此，只要测出发动机在指定转速范围内急加速时的平均加速度，即可得知发动机的动力性能。或者说通过测量某一定转速时的瞬时加速度，就可以确定出发动机的功率大小。瞬时加速度越大，则发动机功率越大。

2. 发动机无负荷测功仪按其测功原理可分为两种测试方案

（1）测定瞬时加速度的方案。

第一种方案是通过测量加速过程中某一转速的加速度从而获得瞬时功率。该方案涉及的仪器有传感器、脉冲整形装置、时间信号发生器、加速度计算器和控制装置、转换分析器、转换开关、功率指示表、转速表和电源等。

工作原理：电磁感应式传感器装在离合器壳体上的一个特制的加工孔内，与飞轮齿圈的齿顶保持 2～4mm 的间隙，属于非接触式传感器。当飞轮转动时，传感器产生脉冲信号。脉冲信号的频率为飞轮齿圈齿数乘飞轮每秒钟转数，即发动机的转速信号。从传感器传来的脉冲信号经过脉冲整形装置的整形、放大，变成矩形触发脉冲信号。一般要把脉冲信号的频率放大 2～4 倍。

（2）测定加速时间的方案。

第二种方案是通过测量加速过程中某一转速范围内的加速时间，从而获得平均加速功率。该方案涉及的仪器有转速信号传感器、脉冲整形装置、起始转速触发器、终止转速触发器、时间信号发生器、计算与控制装置和显示装置等。

这种仪器能把来自点火系一次电路断电器触电开闭一次电流的感应信号，作为发动机

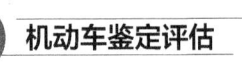

转速的脉冲信号，经整形电路整形为矩形波形，并变为平均电压信号。当发动机节气门突然全开，转速达到起始转速时，此时与对应的电压信号通过触发器触发计算与控制电路，使时间信号进入计算器并寄存，当发动机加速到终止转速时，对应的电压信号通过触发器触发计算与控制电路，使时间信号停止进入计算器，并把寄存器中的时间脉冲数经 A/D 转换成电流信号，在指示仪表上显示加速时间或直接标定成功率。

根据测定结果进行分析，对发动机技术状况做出判断。在用车发动机功率不得低于原额定功率的 75%，大修后发动机功率不得低于原额定功率的 90%。

5.1.2　车轮定位检测要求

汽车的转向车轮、转向节和前轴三者之间的安装具有一定的相对位置，这种具有一定相对位置的安装叫做转向车轮定位，也称前轮定位。前轮定位包括主销后倾（角）、主销内倾（角）、前轮外倾（角）和前轮前束四个内容。

这是对两个转向前轮而言，对两个后轮来说也同样存在与后轴之间安装的相对位置，称后轮定位。后轮定位包括车轮外倾（角）和四个后轮前束。前轮定位和后轮定位总称四轮定位。

检测车轮定位值十分必要，车轮定位对保持汽车直线行驶的稳定性，保证汽车转弯时转向轻便，且使转向轮自动回正，减少轮胎的磨损等起到重要作用。

机动车转向轮定位值是安全检测中和路试检测的重点检测项目之一。

一、车轮定位检测要求

在《机动车运行安全技术条件》（GB 7258—2017）中，对机动车有关转向轮定位值的检测作如下规定。

（1）机动车转向轮转向后应有自动回正能力，以保持机动车稳定的直线行驶。

（2）机动车前轮定位值应符合该车有关技术条件的规定。

（3）用侧滑仪检验前轮的侧滑量，其值不得超过 5m/km。

二、四轮定位检测

当驾驶车辆时感到方向转向沉重、发抖、跑偏、不正、不归位或发现轮胎出现单边磨损、波状磨损、块状磨损、偏磨等不正常磨损及驾驶时车感飘浮、颠簸、摇摆等现象出现时，应做四轮定位检测。

1. 轮胎气压和轮胎胎面磨损

不均匀的轮胎磨损表示轮胎、转向装置或悬架等某些方面出了故障。

轮胎不规则磨损和磨损过快有很多种原因。其中最常见的原因是不适当的充气压力、未定期进行轮胎换位、驾驶习惯不当或原来的四轮定位不正确等。

2. 车轮振摆

振摆是由于各种原因引起轮胎不稳定旋转的一种情况，车轮和轮胎的振摆是指不规则的上下或左右运动。左右运动就是指车轮或轮胎的横向振摆，上下运动就是指车轮或轮胎的径向振摆。与振摆有关的振动故障只能通过寻找振摆的来源来消除。

振摆的修理通常包括车轮中轮胎的再组装或更换、车轮轴承更换、轮毂的更换或轮胎/车轮平衡等。

3. 车轮跑偏

跑偏是指车辆在径直道路上行驶，转向盘在不受任何外力作用的情况下，车辆行驶方向发生偏移。跑偏通常是由下列原因造成的：

① 轮胎结构（子午胎横向力）；
② 轮胎配合不当或磨损不均匀；
③ 前轮或后轮定位不当；
④ 转向机阀偏离中心；
⑤ 制动调节不匀称或制动器拖滞。

5.1.3 机动车排气污染物检测要求

机动车尾气污染是由汽车排放的废气造成的环境污染。主要污染物为碳氢化合物、氮氧化合物、一氧化碳、二氧化硫、含铅化合物、苯并芘及固体颗粒物等，能引起光化学烟雾等。

我国在用车的排气污染物检测方法：汽油车有双怠速法、稳态工况法、简易瞬态工况法；柴油车有排气污染物测量法（遥感检测法）。

为保证排放检测工作的质量，控制汽油车污染物排放，改善环境空气质量，依据《轻型汽车污染物排放限值及测量方法（中国第六阶段）》（GB 18352.6—2016），轻型汽车的测试项目包括常温下冷起动后排气污染物排放试验、实际行驶污染物排放试验、曲轴箱污染物排放试验、蒸发污染物排放试验、污染控制装置耐久性试验、低温下冷起动后排气中一氧化碳（CO）、碳氢化合物（HC）和氮氧化合物（NO_X）排放试验、加油过程污染物排放试验、车载诊断（OBD）系统试验、作为独立技术总成的替代用污染控制装置的型式试验、燃用液化石油气（LPG）或天然气（NG）汽车的型式检验试验、对排气后处理系统使用反应剂的汽车的技术要求等。

一、常温下冷起动后排气污染物排放试验（Ⅰ型试验）

在国家第六阶段机动车污染排放标准中，Ⅰ型试验（常温下冷起动后排气污染物排放试验）使用的测试循环为全球统一的轻型车测试循环。该循环按照时间顺序由低速段（589s）、中速段（433s）、高速段（455s）和超高速段（323s）四部分组成。一般来说，汽车起动后，尾气控制系统需要一定的时间才能进入闭环控制阶段。进入闭环控制后，燃油喷射量更准确，三元催化器也能更好地发挥作用。每次试验测得的排气污染物排放结果，应小于表 5-1 中规定的限值，排气污染物排放试验结果见表 5-1。

表 5-1　排气污染物排放试验结果

车辆类别	测试质量（TM）/kg	限值												
		CO/(mg/km)		HC/(mg/km)		NMHC/(mg/km)		NO_x/(mg/km)		N_2O/(mg/km)		PM/(mg/km)		PN[1]/(个/km)	
		6a阶段	6b阶段	6a阶段	6b阶段	6a阶段	6b阶段	6a阶段	6b阶段	6a阶段	6b阶段	6a阶段	6b阶段	6a阶段	6b阶段
第一类车	全部	700	500	100	50	68	35	60	35	20	20	4.5	3.0	$6.0×10^{11}$	$6.0×10^{11}$
第二类车	Ⅰ　TM≤1 305	700	500	100	50	68	35	60	35	20	20	4.5	3.0	$6.0×10^{11}$	$6.0×10^{11}$
	Ⅱ　1 305<TM≤1 760	880	630	130	65	90	45	75	45	25	25	4.5	3.0	$6.0×10^{11}$	$6.0×10^{11}$
	Ⅲ　1 760<TM	1 000	740	160	80	108	55	82	50	30	30	4.5	3.0	$6.0×10^{11}$	$6.0×10^{11}$

（1）2020 年 7 月 1 日前，汽油车过渡限值为 $6.0×10^{12}$ 个/km

二、实际行驶污染物排放试验（Ⅱ型试验）

依据《轻型汽车污染物排放限值及测量方法（中国第六阶段）》要求进行的实际行驶污染物排放试验（RDE）试验结果，市区行程和总行程污染物排放均应小于表 5-1 中规定的排气污染物排放试验（Ⅰ型试验）限值与规定的符合性因子的乘积，计算过程中不得进行修约，排气污染物排放试验符合性因子见表 5-2。

表 5-2　排气污染物排放试验符合性因子[1]

发动机类型	NO_x	PN	CO[3]
点燃式	2.1[2]	2.1[2]	—
压燃式	2.1[2]	2.1[2]	—

（1）2023 年 7 月 1 日前仅监测并报告结果。
（2）暂定值，2022 年 7 月 1 日前确认。
（3）在 RDE 测试中，应测量并记录 CO 试验结果。2022 年 7 月 1 日前确定

三、曲轴箱污染物排放试验（Ⅲ型试验）

所有汽车均应进行曲轴箱污染物排放试验。对于两用燃料车，仅对燃用汽油进行试验；对混合动力电动汽车，使用纯发动机模式进行试验。

确认曲轴箱通风系统的方法如下。

（1）发动机的缝隙或孔应保持原状。

（2）在适当位置测量曲轴箱内的压力。例如，在机油标尺处使用倾斜式压力计进行测量。

（3）如果在规定的各运转工况下，测得的曲轴箱内的压力均不应超过测量时的大气压力，则认为汽车曲轴箱污染物排放满足要求。

（4）用上述方法进行试验时，测量进气歧管的压力，其准确度应在±1kPa以内。

（5）测量底盘测功机指示的车速，其准确度在±2km/h以内。

（6）测量进曲轴箱的压力，其准确度在±0.01kPa以内。

在进行曲轴箱污染物排放试验时，不允许发动机曲轴箱通风系统有任何污染物排入大气，对没有采用曲轴箱强制通风系统的汽车，Ⅰ型排放试验过程中，应将曲轴箱污染物引入CVS系统，计入排气污染物总量。

四、蒸发污染物排放试验（Ⅳ型试验）

蒸发污染物指汽车排气管排放之外，从汽车的燃料（汽油）系统损失的碳氢化合物蒸气，包括以下2点。

（1）燃油箱呼吸损失（换气损失）：由于燃油箱内温度变化排放的碳氢化合物，用$C_1H_{2.33}$当量表示。

（2）热浸损失：汽车行驶一段时间后静止汽车的燃油系统排放的碳氢化合物，用$C_1H_{2.20}$表示。

除了单一气体燃料车，所有装用点燃式发动机的汽车均应进行此项试验，两用燃料车仅对汽车燃料进行此项试验，本试验同样适用于汽油机的混合动力电动汽车。

蒸发污染物排放试验结果应采用劣化修正值进行加和校正，校正后的蒸发污染物排放量应小于限值要求。蒸发污染物排放限值见表5-3。

表5-3　蒸发污染物排放限值

车辆类型		测试质量（TM）/kg	排放限值/（g/test）
第一类车		全部	0.70
第二类车	Ⅰ	TM≤1 305	0.70
	Ⅱ	1 305<TM≤1 760	0.90
	Ⅲ	1 760<TM	1.20

5.1.4　机动车噪声检测要求

一、测量仪器

（1）使用精密声级计或普通声级计和发动机转速表。

（2）声级计误差应不超过±2dB（A）。

（3）在测量前后，仪器应按规定进行校准。

二、车内噪声测量

1. 测量条件

（1）测量跑道应有足够试验需要的长度。应是平直、干燥的沥青路面或混凝土路面。

（2）测量时风速（指相对于地面）应不大于 3m/s。

（3）测量时车辆门窗应关闭。车内带有其他辅助设备是噪声源，测量时是否开动，应按正常使用情况而定。

（4）车内本底噪声比所测车内噪声至少低 10dB（A），并保证测量不被偶然的其他声源所干扰。

（5）车内除了驾驶员和测量人员，不应有其他人员。

2. 测量方法

（1）车辆以常用挡位 50km/h 以上不同车速匀速行驶，分别进行测量。

（2）用声级计"慢"挡测量 A、C 计权声级。分别读取表头指针最大读数的平均值。做车内噪声频谱分析时应包括中心频率为 31.5Hz、63Hz、125Hz、250Hz、500Hz、1 000Hz、2 000Hz、4 000Hz、8 000Hz 的倍频带。

3. 车内噪声标准

按照《机动车运行安全技术条件》（GB 7258—2017）中要求，汽车（纯电动汽车、燃料电池汽车和低速汽车除外）驾驶人耳旁噪声声级应小于等于 90dB（A）。

三、车外噪声测量

1. 测量条件

（1）测量场地应平坦而空旷，在测试中心以 25m 为半径的范围内，不应有大的反射物，如建筑物、围墙等。

（2）测试场地跑道应有 20m 以上的平直、干燥的沥青路面或混凝土路面。路面坡度不超过 0.5%。

（3）本底噪声系指测量对象噪声不存在时，周围环境的噪声。本底噪声（包括风噪声）应比所测车辆噪声至少低 10dB（A），并保证测量不被偶然的其他声源所干扰。

（4）为避免风噪声干扰，可采用防风罩，但应注意防风罩对声级计灵敏度的影响。

（5）声级计附近除了测量者，不应有其他人员，如不可缺少时，则必须在测量者背后。

（6）被测车辆不载重。测量时发动机应处于正常使用温度，车辆带有其他辅助设备亦是噪声源，测量时是否开动，应按正常使用情况而定。

2. 测量方法

当汽车通过确定的预加速位置点时，必须尽可能迅速地将加速踏板踩到底（即节气门全开），并保持不变，直到汽车最后端通过线时再尽快地松开加速踏板（即节气门关闭）。

3. 车外噪声限值

为贯彻《中华人民共和国环境保护法》和《中华人民共和国环境噪声污染防治法》，加强机动车噪声的控制和管理，改善环境质量，自 2020 年 07 月 01 日起，将执行新标准《汽车加速行驶车外噪声限值及测量方法》（GB 1495—2002）。

按照《汽车加速行驶车外噪声限值及测量方法》规定进行汽车加速度行驶车外噪声的测量，获得的结果不应超过表 5-4 中规定的限值。

表 5-4　汽车加速行驶车外噪声限值

汽车分类		噪声限值/dB（A）	
		第三阶段	第四阶段
M1	GVM≤1	77	74
M2	GVM≤2	78	76
	2<GVM≤3.5	79	77
M2（3.5<GVM≤12），M3（GVM>5）			
M2 M3	P<150	82	80
	P≥150	85	83
N1	GVM≤2	78	76
	2<GVM≤3.5	79	77
N2（3.5<GVM≤12），N3（GVM>12）			
N2 N3	P<75	83	81
	75<P≤150	86	83
	P≥150	88	84
注：GVM—汽车最大总质量（t）；P—发动机额定功率（kW）。			

任务 5.2　机动车路试技术鉴定

5.2.1　路试前的准备

一、机动车路试

路试，即通过对发动机起动、怠速、起步、加速、紧急制动，从低挡位到高挡位，再从高挡位到低挡位等，来检查车辆的操控性能、制动性能、滑行性能、动力性、离合器等情况。路试检查对于挑选机动车的客户是非常必要的，要全面检查并了解机动车的操控性、稳定性、制动性能、离合器及动力等车辆性能。

二、路试前的准备项目

机动车路试前要做好准备工作，只有路试准备工作充分才可以保证行驶安全，因此出行前一定要确认车辆"五油三水"是否缺失（五油包括机油、制动油、助力转向油、变速器油、燃油；三水包括防冻冷却液、电瓶水、风挡玻璃清洗液）、警示灯是否正常、胎压是否正常、踏板行程和转向行程是否在正常范围内。具体应做好以下项目后方可以开始测试。

（1）检查发动机舱盖，是否出现变形。

（2）检查发动机外部清洁情况，观察发动机是否有锈蚀、零部件损坏或缺失，查看发动机线路和管路连接是否松动。

（3）检查发动机润滑系统，如机油液面高度、机油颜色及黏度等。

（4）检查发动机冷却系统，如冷却液液面高度等。

（5）检查发动机点火系统，是否出现线束损坏情况。

（6）检查空气滤清器，是否脏堵。

（7）检查制动油、离合器油、助力转向油、变速器油等油液液面是否正确，颜色是否正常，是否存在污垢、杂质或存在异味。

（8）检查发动机、起动机、空调压缩机、助力转向泵、正时皮带等主要零件外观是否完好，安装是否牢固。检查各支架、螺栓是否松动或丢失，查看线束是否固定或裸露。

（9）检查制动踏板行程是否正常。将制动踏板踩下 25～50mm，正常情况下会感到很坚实且没有松软感（1～2min 感觉也不会变）。

（10）检查轮胎气压是否符合该车型要求，一般在驾驶室的门旁边都有标注，另外此标准值还可以在油箱盖上和说明书上找到。

（11）检查转向系统是否可靠，转向盘自由行程必须符合要求。

（12）检查发动机起动、怠速是否有异响，排气颜色是否正常。

（13）检查汽车（纯电动汽车、燃料电池汽车和低速汽车除外）驾驶员耳旁噪声声级应小于等于90dB（A）。测量驾驶员耳旁噪声时应注意：

① 汽车应处于空载状态；

② 汽车应处于静止状态且置变速器于空挡；

③ 发动机应处于额定转速状态（当发动机正常工作状态下无法达到额定转速时，则采用可达到的最大转速进行测量，并对测量转速进行记录说明）；

④ 门窗紧闭。

5.2.2 路试检查

一、发动机工作检查

1. 发动机工作要求

（1）发动机动力性能应良好，保持运转平稳，怠速稳定，无异响且机油压力和温度正常。

（2）发动机功率应大于等于标牌（或产品使用说明书）标明的发动机功率的75%。

（3）发动机应有良好的起动性能，点火、燃料供给、润滑、冷却和进排气等系统的机件应齐全，性能良好。

（4）柴油机的停机装置应灵活有效。

2. 发动机工作检查

（1）发动机的起动性能检查。

正常情况下发动机起动3次内一般就会成功起动的，且每次的起动时间不会超过5~10s。发动机的起动性能不好往往是由气路、电路、油路、机械故障四个方面造成的。空滤堵塞、供油不畅、点火系统漏电、气门关闭不严等都能造成发动机起动困难。不同因素造成的起动困难往往会大幅度地影响机动车的价格。

（2）发动机的怠速性能检查。

发动机起动后，使其保持怠速运转，然后观察运转状况。正常情况下发动机普遍怠速在800r/min左右，怠速平稳且发动机振动波动小。若在开空调的情况下观察怠速情况，转速会相应升高。如果在正常怠速情况下发现发动机转速升高、降低、抖动异常等现象，这说明发动机怠速异常。

(3) 发动机的急加速性能检查。

待水温、油温正常后，使发动机从怠速状态变为急加速状态，此时观察一下急加速性能，然后突然松开节气门，观察发动机是否会突然熄火或者工作不稳。通常急加速性能好的汽车，在急加速时会发出强劲且具有节奏感的轰鸣声。

(4) 发动机的噪声情况检查。

首先将汽车开到安静的地方，仔细听汽车的噪声情况。正常情况下，发动机起动后电机不会出现尖啸声，只会听见均匀平稳的"突突"声，除此之外没有其他的噪声；然后使发动机转速逐渐升高，再观察是否存在不正常的异响。如果在路试检查过程中听到发动机传出尖叫声、爆燃声、金属敲击声、"隆隆"声等复杂的异响，应立即停车，谨慎检查。

(5) 发动机的窜油情况检查。

可以将一张白纸放在距离加机油口 5cm 的地方，然后添加机油。若发动机窜油，白纸上留会有油迹，窜油严重时油迹会变大。

(6) 曲轴箱的窜气量检查。

检查曲轴箱的窜气量可以间接地反映出发动机的使用情况。检查时首先要打开发动机曲轴箱通风口，逐渐加大发动机转速，然后观察曲轴箱的窜气量（正常窜气量为 10～20L/min）。正常情况下，曲轴箱窜气量较少且无明显的汽油味道。假如在测试过程中闻到浓重的汽油气味，则说明气缸与活塞磨损严重，进而说明汽车行驶的里程数大且发动机经过大修。

(7) 观察尾气颜色。

尾气颜色可以直观地说明发动机的工作情况。如果在猛踏加速踏板时发现汽车尾气为蓝色，证明这辆车烧机油（一般大众品牌汽车烧机油情况较多）；如果发现汽车尾气为黑色，则说明汽车混合气过浓，不能完全燃烧，混合气过浓可能直接导致催化转化器损坏（温度过高引起）；如果发现尾气是白烟，则说明发动机燃烧室进水，很有可能是机体存在裂痕造成的，路试鉴定时要尤为注意。

(8) 测试排气流辨车况。

将手放在距离排气口 10cm 左右的地方，发动机工作良好的汽车，其排气流会很小。假如手能感觉到排气流呈现周期性或不规律间断性地喷溅，那么这辆车可能存在间断性的失火。如果手的敏感度不够可以用一张纸代替手，正常情况下纸会不间断地被气流吹开。如果出现排气口吸附纸片，则证明汽车配气系统出现故障。

二、离合器、自动变速器的检查

1. 离合器的检查

机动车的离合器应接合平稳，分离彻底，工作时不应有异响、抖动或不正常打滑等现象。

离合器踏板自由行程应与该车型的技术要求一致。离合器彻底分离时，踏板力应小于或等于 300N，手握力应小于或等于 200N。

2. 手动变速器和分动器的检查

（1）换挡时齿轮应啮合灵便，互锁、自锁和倒挡锁装置应有效，不得有乱挡和自行跳挡现象；运行过程中应无异响；换挡杆及其传动杆件不应与其他部件干涉。

（2）在换挡装置上应有驾驶员在驾驶座位上即可容易识别变速器和分动器挡位位置的标志。如在换挡装置上难以布置，则应布置在换挡杆附近易见部位或仪表板上。

（3）有分动器的机动车，应在挡位位置标牌或产品使用说明书上说明连通分动器的操作步骤。

（4）如果电动汽车是通过改变电机旋转方向来实现倒车行驶，且前进和倒车两个行驶方向的转换仅通过驾驶员的一个操作动作来完成，应通过设计保证只有在车辆静止或低速时才能够实现转换。

3. 自动变速器的检查

采用自动变速器的机动车，应通过设计保证只有当变速器换挡装置处于驻车挡（P 挡）或空挡（N 挡）时方可起动发动机，但具有自动起停功能时在驱动挡（D 挡）也可起动发动机；变速器换挡装置换入或经过倒车挡（R 挡），以及由驻车挡（P 挡）位置换入其他挡位时，应通过驾驶员的不同方向的两个动作完成。

（1）自动变速器升挡检查。

在路试过程中检查自动变速器工况时，首先让汽车低速行驶 10 分钟，让变速器和发动机都达到正常的工作温度。然后将变速操纵杆放到 D 挡位置，踩下节气门，让汽车起步加速，此时观察一下自动变速器的升挡情况。正常情况下，自动变速器在升挡时发动机会有瞬时的转速下降，同时车身存在轻微的闯动感，随着车速的逐渐升高，可以明显感觉到挡位逐渐从 1 挡升至最高挡。如果测试过程中发现挡位无法升到最高挡（3 挡及以上），可能是控制系统或换挡执行元件出现故障。

（2）检查自动挡变速器升挡车速。

由于在汽车行驶中降挡不易被察觉，所以最好通过升挡车速来判断自动变速器的好坏。升挡车速和节气门的开度息息相关，节气门开度不同，升挡车速也会表现不同，因此在测试时应当选择一个定量——节气门开度。一般 4 挡自动变速器节气门保持在开度为 1/2 时，一挡升到二挡的升挡车速为 25～35km/h，二挡升到三挡的升挡车速为 55～70km/h，三挡升到四挡的升挡车速为 90～120km/h。如果行车过程中，通过以上测试发现升挡车速保持在以上范围，且汽车加速良好、无换挡冲击感，则证明变速器升挡车速测试没有问题；如果升挡车速过低，则证明控制系统存在故障；如果升挡车速过高，则说明换挡控制元件或控制系统出现故障。

(3) 检查自动变速器的换挡质量。

检查自动变速器的换挡质量其实就是检测一下变速器是否存在换挡冲击。正常情况下，良好的自动变速器换挡冲击很小，电子控制的变速器更加微乎其微。若换挡过程中明显感到换挡冲击很大，则说明此车油路油压过高或者换挡执行元件打滑，车子出现此类故障时维修困难。

(4) 检查锁止离合器的工况。

在检查锁止离合器工况时，首先需要将车速控制在 80km/h，同时使节气门开度保持在低于 1/2 的位置，让汽车变矩器进入锁止状态；其次将加速踏板快速地踩至 2/3 开度，然后观察发动机转速。如果发动机转速没有发生什么太大的变化，则说明锁止离合器处于结合状态；反之，如果转速升高很多，则证明锁止控制装置出现故障。

三、转向系检查

(1) 机动车的转向盘（或方向盘）应转动灵活，无卡滞现象。机动车应设置转向限位装置。转向系统在任何操作位置上，不应与其他部件有干涉现象。机动车转向盘的最大自由转动量（最大设计车速大于或等于 100km/h 的机动车）应小于或等于 15°。

(2) 机动车的方向盘（或方向把）应转动灵活，操纵方便，无卡滞现象。机动车应设置转向限位装置。

(3) 转向系统在任何操作位置上，不得与其他部件有干涉现象

(4) 机动车在平坦、硬实、干燥和清洁的道路上行驶不应跑偏，其转向盘（或方向盘）不应有摆振等异常现象。

(5) 机动车（摩托车、三轮汽车、手扶拖拉机运输机组除外）正常行驶时，转向轮转向后应有一定的回正能力（允许有残余角），以使机动车具有稳定的直线行驶能力。

(6) 机动车在平坦、硬实、干燥和清洁的水泥或沥青道路上行驶，以 10km/h 的速度在 5s 之内沿螺旋线从直线行驶过渡到外圆直径为 25m 的车辆通道圆行驶，施加于转向盘外缘的最大切向力应小于或等于 245N。

(7) 转向节及臂，转向横、直拉杆及转向球销应连接可靠，且不应有裂纹和损伤，并且转向球销不应松旷。对机动车进行改装或修理时横、直拉杆不应拼焊。

四、路试制动性能检查

1. 基本要求

(1) 机动车行车制动性能和应急制动性能检验应在平坦、硬实、清洁、干燥且轮胎与地面间的附着系数大于或等于 0.7 的混凝土或沥青路面上进行。

（2）汽车制动完全释放时间（从松开制动踏板到制动消除所需要的时间）对两轴汽车应小于或等于 0.80s，对三轴及三轴以上汽车应小于或等于 1.2s。

（3）机动车在运行过程中不应有自行制动现象，但属于设计和制造上为保证车辆安全运行的除外。当挂车（由轮式拖拉机牵引的装载质量 3 000kg 以下的挂车除外）与牵引车意外脱离后，挂车应能自行制动，牵引车的制动仍应有效。

（4）检验时发动机应与传动系统脱开，但对于采用自动变速器的机动车，其变速器换挡装置应位于驱动挡（D 挡）；制动踏板的自由行程应与该车型的技术要求一致。

2. 行车制动性能检验

（1）用制动距离检验行车制动性能。

机动车在规定的初速度下的制动距离和制动稳定性要求应符合规定。对空载检验的制动距离有质疑时，可用规定的满载检验制动距离要求进行。制动距离和制动稳定性要求见表 5-5。

表 5-5 制动距离和制动稳定性要求

机动车类型	制动初速度/(km/h)	空载检验制动距离要求/m	满载检验制动距离要求/m	试验通道宽度/m
三轮汽车	20	≤5.0		2.5
乘用车	50	≤19.0	≤20.0	2.5
总质量小于等于 3 500kg 的低速货车	30	≤8.0	≤9.0	2.5
其他总质量小于等于 3 500kg 的汽车	50	≤21.0	≤22.0	2.5
铰接客车、铰接式无轨电车、汽车列车	30	≤9.5	≤10.5	3.0
其他汽车	30	≤9.0	≤10.0	3.0
两轮普通摩托车	30	≤7.0		—
边三轮摩托车	30	≤8.0		2.5
正三轮摩托车	30	≤7.5		2.3
轻便摩托车	20	≤4.0		
轮式拖拉机运输机组	20	≤6.0	≤6.5	3.0
手扶变型运输机	20	≤6.5		2.3

制动距离：机动车在规定的初速度下急踩制动踏板时，从脚接触制动踏板（或手触动制动手柄）时起至机动车停住时止机动车驶过的距离。

制动稳定性要求：制动过程中机动车的任何部位（不计入车宽的部位除外）不超出规定宽度的试验通道的边缘线。

（2）用充分发出的平均减速度检验行车制动性能。

汽车、汽车列车在规定的初速度下急踩制动踏板时充分发出的制动减速度及制动稳定性要求应符合表 5-6 的规定，且制动协调时间对液压制动的汽车应小于或等于 0.35s，对气压制动的汽车应小于或等于 0.60s，对汽车列车、铰接客车和铰接式无轨电车应小于或等于

0.80s。对空载检验的充分发出的平均减速度有质疑时，可用表 5-6 规定的满载检验充分发出的平均减速度进行。制动减速度和制动稳定性要求见表 5-6。

充分发出的平均减速度 MFDD：

$$\mathrm{MFDD} = \frac{v_b^2 - v_e^2}{25.92(s_e - s_b)}$$

式中　mFDD——充分发出的平均减速度，单位为米每平方秒（m/s²）；

　　　v_b——0.8v_0，试验车速，单位为千米每小时（km/h）；

　　　v_e——0.1v_0，试验车速，单位为千米每小时（km/h）；

　　　v_0——试验车制动初速度，单位为千米每小时（km/h）；

　　　s_b——试验车速从 v_0 到 v_b 之间车辆行驶的距离，单位为米（m）；

　　　s_e——试验车速从 v_0 到 v_e 之间车辆行驶的距离，单位为米（m）。

制动协调时间：在急踩制动时，从脚接触制动踏板（或手触动制动手柄）时起至机动车减速度（或制动力）达到表 5-6 规定的机动车充分发出的平均减速度的 75% 时所需的时间。

表 5-6　制动减速度和制动稳定性要求

机动车类型	制动初速度/(km/h)	空载检验充分发出的平均减速度/(m/s)	满载检验充分发出的平均减速度/(m/s)	试验通道宽度/(m)
三轮汽车	20	≥3.8		2.5
乘用车	50	≥6.2	≥5.9	2.5
总质量小于等于 3 500kg 的低速货车	30	≥5.6	≥5.2	2.5
其他总质量小于等于 3 500kg 的汽车	50	≥5.8	≥5.4	2.5
铰接客车、铰接式无轨电车、汽车列车	30	≥5.0	≥4.5	3.0
其他汽车、乘用车列车	30	≥5.4	≥5.0	3.0[a]
[a] 对车宽大于 2.55m 的汽车和汽车列车，其试验通道宽度（单位：m）为"车宽（m）+0.5"				

（3）制动踏板力或制动气压要求。

进行制动性能检验时的制动踏板力或制动气压应符合以下要求。

① 满载检验时。

气压制动系：气压表的指示气压≤额定工作气压。

液压制动系：踏板力，乘用车≤500N；其他机动车≤700N。

② 空载检验时。

气压制动系：气压表的指示气压≤600kPa。

液压制动系：踏板力，乘用车≤400N；其他机动车≤450N。

摩托车（正三轮摩托车除外）检验时，踏板力应小于或等于 350N，手握力应小于或等于 250N。

正三轮摩托车检验时，踏板力应小于或等于 500N。

三轮汽车和拖拉机运输机组检验时，踏板力应小于或等于 600N。

（4）应急制动性能检验。

汽车（三轮汽车除外）在空载和满载状态下，应进行初速度应急制动性能检验，应急制动性能要求见表 5-7。

表 5-7 应急制动性能要求

机动车类型	制动初速度 /（km/h）	制动距离 /m	充分发出的平均减速度 /（m/s²）	允许操纵力应小于等于 /N	
				手操纵	脚操纵
乘用车	50	≤38.0	≥2.9	400	500
客车	30	≤18.0	≥2.5	600	700
其他汽车（三轮汽车除外）	30	≤20.0	≥2.2	600	700

（5）驻车制动性能检验。

在空载状态下，驻车制动装置应能保证机动车在坡度为 20%（对总质量为整备质量的 1.2 倍以下的机动车为 15%）、轮胎与路面间的附着系数大于或等于 0.7 的坡道上正、反两个方向保持固定不动，时间应大于或等于 5min。检验汽车列车时，应使牵引车和挂车的驻车制动装置均起作用。

五、照明、信号装置检查

1. 基本要求

（1）机动车的灯具应安装牢靠、完好有效，不得因机动车振动而松脱、损坏、失去作用或改变光照方向；所有灯光的开关应安装牢固、开关自如，不得因机动车振动而自行开关。开关的位置应便于驾驶员操纵。

（2）机动车不得安装遮挡外部照明和信号装置透光面的装置。除了转向信号灯、危险警告信号、紧急制动信号、校车标志灯及消防车、救护车、工程救险车和警车安装使用的标志灯具，其他外部灯具不得闪烁。

（3）用户不得对外部照明和信号装置进行改装，也不得加装强制性标准以外的外部照明和信号装置，如货车和挂车向前行驶时向后方照射的灯具。

2. 照明和信号装置的一般要求

（1）机动车（手扶拖拉机运输机组除外）的前位灯、后位灯、示廓灯、侧标志灯、牵引杆挂车标志灯、牌照灯应能同时启闭，仪表灯（仪表板的背景灯）和上述灯具当前照灯关闭和发动机熄火时仍应能点亮。汽车和挂车的电路连接应保证前位灯、后位灯、示廓灯、侧标志灯和牌照灯只能同时打开或关闭，但前位灯、后位灯、侧标志灯作为驻车灯使用（复合或混合）的除外。

（2）机动车的前、后转向信号灯、危险警告信号及制动灯白天在距其100m处应能观察到其工作状况，侧转向信号灯白天在距30m处应能观察到其工作状况；前、后位置灯、示廓灯、挂车标志灯夜间能见度良好时在距其300m处应能观察到其工作状况；后牌照灯夜间能见度良好时在距其20m处应能看清号牌号码。制动灯的发光强度应明显大于后位灯。

（3）对称设置、功能相同的灯具的光色和亮度不应有明显差异。

（4）机动车照明和信号装置的任一条线路出现故障，不得干扰其他线路的正常工作。

（5）驾驶区的仪表板应采用不反光的面板或护板，车内照明装置及其在风窗玻璃、视镜、仪表盘等处的反射光线不应使驾驶员眩目。

（6）仪表板上应设置仪表灯。仪表灯点亮时，应能照清仪表板上所有的仪表且不应眩目。

（7）汽车（三轮汽车和装用单缸柴油机的低速货车除外）仪表板上应设置蓝色远光指示信号和与行驶方向相适应的转向指示信号。

（8）汽车（三轮汽车除外）和轮式拖拉机运输机组均应具有危险警告信号装置，其操纵装置不应受灯光总开关的控制。对于牵引挂车的汽车，危险警告信号控制开关也应能打开挂车上的所有转向信号灯，即使在发动机不工作的情况下，仍应能发出危险警告信号。危险警告信号和转向信号灯的闪光频率应为（1.5±0.5）Hz，起动时间应小于或等于1.5s。如某一转向灯发生故障（短路除外）时，其他转向灯应继续工作，但闪光频率可以不同于上述规定的频率。

（9）客车应设置车厢灯和门灯。车长大于6m的客车应至少有两条车厢照明电路，仅用于进出口处的照明电路可作为其中之一。当一条电路失效时，另一条仍应能正常工作，以保证车内照明。车厢灯和门灯不应影响本车驾驶员的视线和其他机动车的正常行驶。

3. 前照灯的检查

（1）基本要求。

① 机动车装备的前照灯应有远、近光变换功能；当远光变为近光时，所有远光应能同时熄灭。同一辆机动车上的前照灯不得左、右的远、近光灯交叉开亮；

② 所有前照灯的近光均不应眩目，汽车（三轮汽车和装用单缸柴油机的低速货车除外）、摩托车装用的前照灯应分别符合 GB 4599—2017、GB 21259—2017、GB 25991—2010、GB 5948—1998 及 GB 19152—2016 的规定。安装有自适应前照明系统的，应符合 GB/T 30036—2013 的规定；

③ 机动车前照灯光束照射位置在正常使用条件下应保持稳定；

④ 汽车（三轮汽车除外）应具有前照灯光束调整装置，以方便地根据装载情况对光束照射位置进行调整；该装置如为手动的，应坐在驾驶座上就能被操作，且在该装置附近应有永久性标识标明需要调节近光光束照射位置的各类装载情况。

（2）远光光束发光强度要求。

机动车每只前照灯的远光光束发光强度应达到规定要求；并且，同时打开所有前照灯（远光）时，其总的远光光束发光强度应符合 GB 4785—2019 的规定。测试时，电源系统应处于充电状态。前照灯远光光束发光强度最小值要求见表 5-8。

表 5-8　前照灯远光光束发光强度最小值要求　　　　　　　　　　单位：坎德拉

机动车类型		检查项目					
		新注册车			在用车		
		一灯制	二灯制	四灯制[a]	一灯制	二灯制	四灯制[a]
三轮汽车		8 000	6 000	—	6 000	5 000	—
最大设计车速小于 70km/h 的汽车		—	10 000	8 000	—	8 000	6 000
其他汽车		—	18 000	15 000	—	15 000	12 000
普通摩托车		10 000	8 000	—	8 000	6 000	—
轻便摩托车		4 000	3 000	—	3 000	2 500	—
拖拉机运输机组	标定功率＞18kW	—	8 000	—	—	6 000	—
	标定功率≤18kW	6 000[b]	6 000	—	5 000[b]	5 000	—

a 四灯制是指前照灯具有四个远光光束；采用四灯制的机动车其中两只对称的灯达到两灯制的要求时视为合格
b 允许手扶拖拉机运输机组只装用一只前照灯

（3）光束照射位置要求。

除轮式拖拉机运输机组外，检验前照灯近光照射位置时，在驾驶座上 1 名人员的空载车状态下，前照灯近光光束照射在距离 10m 的屏幕上，近光光束明暗截止线转角或中点的高度，对前照灯近光光束透光面中心（基准中心）高度小于等于 1 000mm 的机动车应在前照灯近光光束透光面中心所在水平面以下 50mm 的直线及其以下 300mm 的直线之间，对前照灯近光光束透光面中心高度大于 1 000mm 的机动车应在前照灯近光光束透光面中心所在水平面以下 100mm 的直线及其以下 350mm 的直线之间。除装用一只前照灯的机动车外，前照灯近光光束明暗截止线转角或中点的水平方向位置，应在前照灯近光光束透光面中心所在垂直面向左 170mm 的直线及向右 350mm 的直线之间。

检验前照灯远光照射位置时，在驾驶座上 1 名人员的空载车状态下，对于能单独调整远光光束的前照灯，前照灯远光光束照射在距离 10m 的屏幕上，其发光强度最大点的高度，应在前照灯远光光束透光面中心所在水平面（高度值为 H）以 100mm 的直线及其以下 $0.2H$ 的直线之间。除装用一只前照灯的机动车外，前照灯远光发光强度最大点的水平位置，左灯应在前照灯远光光束透光面中心所在垂直面向左 170mm 的直线及向右 350mm 的直线之间，右灯前照灯远光光束透光面中心所在垂直面向左和向右各 350mm 的直线之间。

5.2.3　路试后的检查

一、检查各零件温度

路试后需要测试一下各部件的温度是否正常，首先检查一下水温、油温。正常情况下防冻冷却液和机油温度不应超过 90℃，齿轮油温不超过 85℃。其次，还应该检查一下制动片、变速器壳体、驱动桥壳等是否存在过热现象。如果存在温度异常现象，要提高警惕。

二、检查漏油、漏电、漏气、漏水现象

检查漏油情况时，机动车连续行驶距离不小于 10km，停车 5min 后观察，不应有滴漏现象。

检查漏电情况时，可用电阻检测法检查是否漏电。断开点火开关，拆下蓄电池负极接线；用万用表黑表笔接蓄电池正极，红表笔接负极；将万用表调到欧姆挡（$R×1$挡），以此测量全车总电阻；若表针不动，阻值很大，则说明正常，无漏电现象；若指针偏转，显示为几欧姆或十几欧姆，则说明不正常，有短路现象存在。

检查漏气情况时，主要检查项目有发动机漏气、轮胎漏气、气压制动漏气等。

检查漏水情况时，在路试后不要着急熄火，首先将汽车停稳检查是否存在漏水情况，然后打开发动机舱盖，对散热器、水箱、水泵、水管及其连接件进行检查，查看是否存在泄漏痕迹。

三、检查车轮总成

（1）轮胎螺母和半轴螺母应完整齐全，并应按规定力矩紧固。

（2）车轮总成的横向摆动量和径向跳动量，总质量小于或等于 3 500kg 的汽车应小于或等于 5mm，摩托车应小于或等于 3mm，其他机动车应小于或等于 8mm。

（3）最大设计车速大于 100km/h 的机动车，车轮的动平衡要求应与该车型的技术要求一致。

四、轮胎检查

（1）机动车所装用轮胎的速度级别不应低于该车最大设计车速的要求，但装用雪地轮胎时除外。

（2）公路客车、旅游客车和校车的所有车轮及其他机动车的转向轮不得装用翻新的轮胎；其他车轮如使用翻新的轮胎，应符合相关标准的规定。

（3）同一轴上的轮胎规格和花纹应相同，轮胎规格应符合整车制造厂的出厂规定。

（4）乘用车用轮胎应有胎面磨耗标志。乘用车备胎规格与该车其他轮胎不同时，应在备胎附近明显位置（或其他适当位置）装置能永久保持的标识，以提醒驾驶员正确使用备胎。

（5）专用校车和卧铺客车应装用无内胎子午线轮胎，危险货物运输车及车长大于 9m 的其他客车应装用子午线轮胎。

（6）乘用车、摩托车和挂车轮胎胎冠上花纹深度应大于或等于 1.6mm，其他机动车转向轮的胎冠花纹深度应大于或等于 3.2mm；其余轮胎胎冠花纹深度应大于或等于 1.6mm。

（7）轮胎胎面不得因局部磨损而暴露出轮胎帘布层。轮胎不得有影响使用的缺损、异常磨损和变形。

（8）轮胎的胎面和胎壁上不得有长度超过 25mm 或深度足以暴露出轮胎帘布层的破裂和割伤。

（9）轮胎负荷不应大于该轮胎的额定负荷，轮胎气压应符合该轮胎承受负荷时规定的压力。具有轮胎气压自动充气装置的汽车，其自动充气装置应能确保轮胎气压符合出厂规定。

（10）双式车轮的轮胎的安装应便于轮胎充气，双式车轮的轮胎之间应无夹杂的异物。

项目六

机动车鉴定评估报告

📄 知识目标

➢ 掌握机动车鉴定评估流程。
➢ 掌握机动车综合车况鉴定内容。
➢ 掌握机动车车损评定技术等级项目。

能力目标

➢ 能够按作业要求对鉴定评估的机动车拍摄照片。
➢ 能够运用科学公允的评估方法,对机动车辆进行价格估算。
➢ 能够正确拟定机动车鉴定评估方案。
➢ 能够公平公正撰写机动车鉴定评估报告。

思政目标

➢ 培养机动车鉴定评估从业人员热爱劳动的伟大品格,增强主人翁意识。
➢ 培养机动车鉴定评估从业人员客观独立、科学公正的职业道德。

思政育人

弘扬劳动精神,为中国经济社会发展汇聚强大正能量

要全面建成社会主义现代化强国、实现第二个百年奋斗目标,以中国式现代化全面推进中华民族伟大复兴,就必须在全社会弘扬劳动精神、奋斗精神、奉献精神、创造精神、勤俭节约精神。

机动车鉴定评估从业人员要增强主人翁意识,大力弘扬劳动光荣、知识崇高、人才宝贵、创造伟大的时代新风,推动全社会热爱劳动、投身劳动、爱岗敬业,为改革开放和社

会主义现代化建设贡献智慧和力量。同时也要通过诚实劳动来实现人生的梦想、改变自己的命运，反对一切不劳而获、投机取巧、贪图享乐的思想。

任务 6.1 机动车综合车况鉴定要求

6.1.1 机动车鉴定评估流程

机动车鉴定评估机构开展机动车鉴定评估经营活动的流程作业如图 6-1 所示，并填写机动车鉴定评估作业表（见 6.3.3）。机动车经销、拍卖、经纪等企业开展业务涉及机动车鉴定评估活动的，参照图 6-1 有关内容和顺序作业，并填写机动车技术状况表（见 6.3.3）。

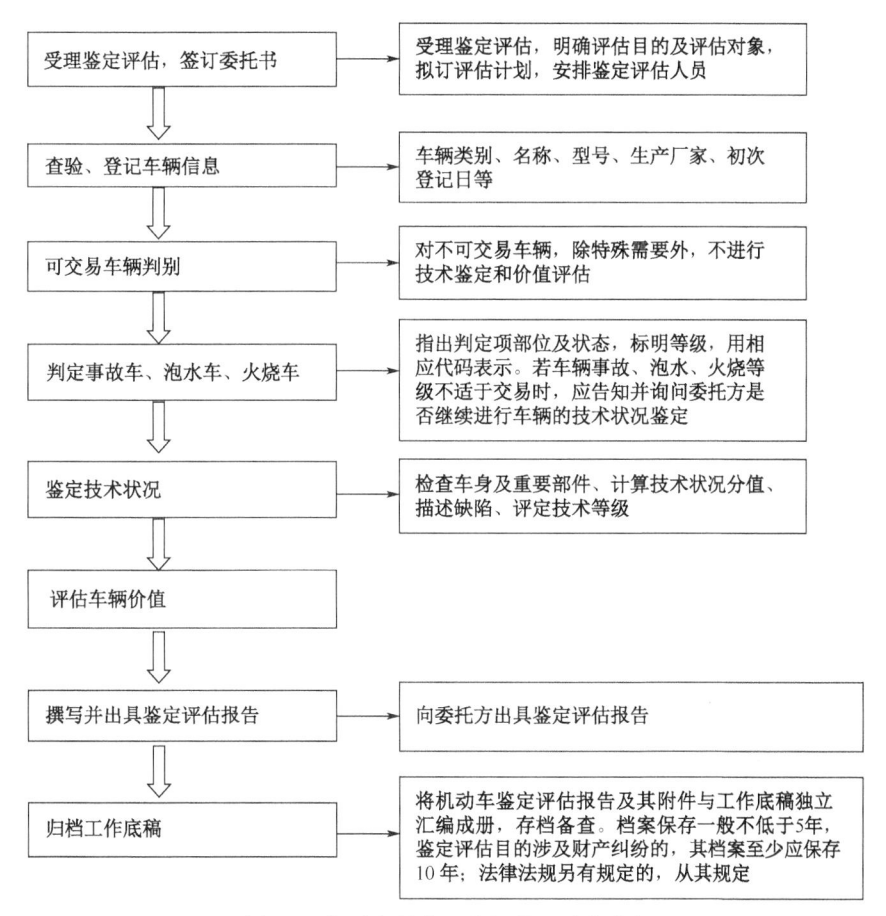

受理鉴定评估，签订委托书	受理鉴定评估，明确评估目的及评估对象，拟订评估计划，安排鉴定评估人员
查验、登记车辆信息	车辆类别、名称、型号、生产厂家、初次登记日等
可交易车辆判别	对不可交易车辆，除特殊需要外，不进行技术鉴定和价值评估
判定事故车、泡水车、火烧车	指出判定项部位及状态，标明等级，用相应代码表示。若车辆事故、泡水、火烧等级不适于交易时，应告知并询问委托方是否继续进行车辆的技术状况鉴定
鉴定技术状况	检查车身及重要部件、计算技术状况分值、描述缺陷、评定技术等级
评估车辆价值	
撰写并出具鉴定评估报告	向委托方出具鉴定评估报告
归档工作底稿	将机动车鉴定评估报告及其附件与工作底稿独立汇编成册，存档备查。档案保存一般不低于5年，鉴定评估目的涉及财产纠纷的，其档案至少应保存10年；法律法规另有规定的，从其规定

图 6-1 机动车鉴定评估经营活动的流程

6.1.2 机动车综合车况鉴定内容

一、车辆技术状况计算方法

对车辆的综合车况进行评估，结论以综合车况（百分制）表述。

按照车身、发动机舱、驾驶舱、起动、底盘、路试等项目顺序检查车辆技术状况。根据检查结果确定车辆技术状况的分值。总分值为各个鉴定项目分值累加，满分 100 分，计算方法参见公式：

$$X = \sum_{i=1}^{6} X_i$$

式中　X——车辆技术状况总分值；

　　　X_1——车身外观鉴定分值；

　　　X_2——发动机舱鉴定分值；

　　　X_3——驾驶室鉴定分值；

　　　X_4——起动鉴定分值；

　　　X_5——底盘鉴定分值；

　　　X_6——路试鉴定分值。

二、车身鉴定内容

车身外观部件（部分）示意图如图 6-2 所示，车身外观部件代码对应表见表 6-1，车身外观状态描述对应表见表 6-2。参照图 6-2 标示，按照表 6-1 要求检查 94 个项目在表 6-2 中对应的缺陷状态，缺陷程度为 1 的扣除表 6-1 中对应的分数，共计 30 分，扣完为止。轮胎部分需高于 4 级的标准，即轮胎花纹深度大于或等于 1.6mm，不符合标准扣 1 分。

使用漆面厚度检测检测仪器结合目测法对车身外观进行检测。

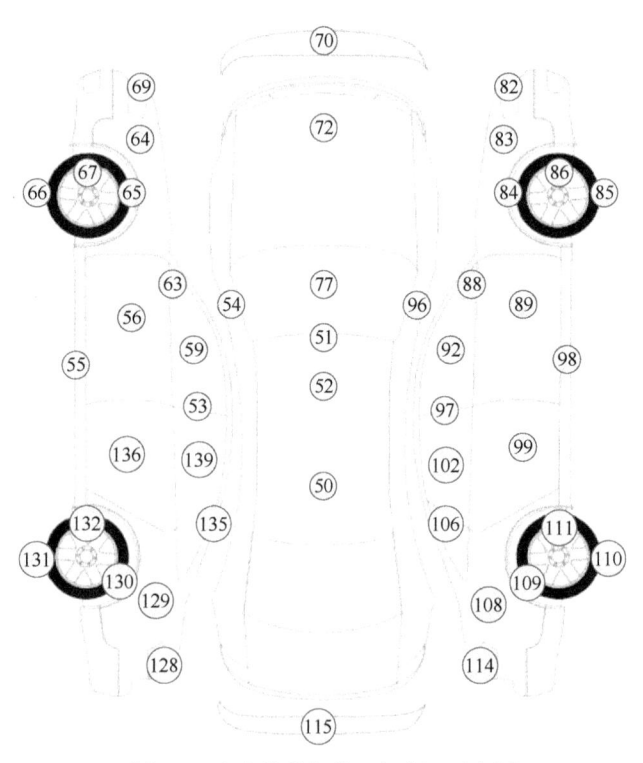

图 6-2　车身外观部件（部分）示意图

表 6-1 车身外观部件代码对应表

部件代码	部件名称	部件缺陷	扣分一级	扣分二级	扣分三级	部件代码	部件名称	部件缺陷	扣分一级	扣分二级	扣分三级
50	车顶		2	3	4	97	右B柱外侧		0.5	1	1.5
51	车顶密封条		0.5	0.5	0.5	98	右侧底边梁		1	1.5	2
52	天窗		1	1.5	2	99	右后车门		0.5	1	1.5
53	左B柱外侧		0.5	1	1.5	100	右后车门外拉手		0.5	0.5	0.5
54	左A柱外侧		1	1.5	2	101	右后门锁		0.5	0.5	0.5
55	左侧底边梁外侧		1	1.5	2	102	右后车窗玻璃		0.5	0.5	0.5
56	左前车门		0.5	1	1.5	103	右后车窗玻璃密封条		0.5	0.5	0.5
57	左前车门外拉手		0.5	0.5	0.5	104	右后车门密封		0.5	0.5	0.5
58	左前门锁		0.5	0.5	0.5	105	右后车门铰链		0.5	0.5	0.5
59	左前车窗玻璃		0.5	0.5	0.5	106	右C柱外侧		0.5	1	1.5
60	左前车窗玻璃密封条		0.5	0.5	0.5	107	右D柱外侧		0.5	1	1.5
61	左前车门密封条		0.5	0.5	0.5	108	右后翼子板		0.5	1	1.5
62	左前车门铰链		0.5	0.5	0.5	109	右后翼子板内衬		0.5	1	1.5
63	左后视镜		0.5	0.5	0.5	110	右后轮胎		1	1	1
64	左前翼子板		0.5	1	1.5	111	右后轮辋		0.5	0.5	0.5
65	左前翼子板内衬		0.5	1	1.5	112	右后轮毂罩		0.5	0.5	0.5
66	左前轮胎		0.5	0.5	0.5	113	交流充电接口及护盖		0.5	0.5	0.5
67	左前轮辋		0.5	0.5	0.5	114	右后尾灯		1	1	1
68	左前轮毂罩		0.5	0.5	0.5	115	后保险杠		0.5	1	1.5
69	左前大灯		0.5	0.5	0.5	116	后车标		0.5	0.5	0.5
70	前保险杠		0.5	1	1.5	117	后备箱盖/尾门		0.5	1	1.5
71	前车标		0.5	0.5	0.5	118	后备箱盖/尾门铰链、支撑弹簧/支撑杆		0.5	0.5	0.5
72	前机舱盖		0.5	1	1.5	119	行李箱盖密条		0.5	0.5	0.5
73	前机舱盖锁止开关		0.5	0.5	0.5	120	后备箱盖/尾门外拉手		0.5	0.5	0.5
74	前机舱盖铰链		0.5	0.5	0.5	121	后备箱盖/尾锁		0.5	0.5	0.5
75	前机舱盖密封条		0.5	0.5	0.5	122	后风挡玻璃		0.5	1	1.5
76	前机舱盖支撑杆		0.5	0.5	0.5	123	后风挡玻璃密封条/密封胶		0.5	0.5	0.5
77	前风挡玻璃		0.5	1	1.5	124	后刮水器片		0.5	0.5	0.5
78	前风挡玻璃密封条/密封胶		0.5	0.5	0.5	125	后刮水器摆臂		0.5	0.5	0.5
79	前刮水器片		0.5	0.5	0.5	126	备胎支架		0.5	0.5	0.5
80	前刮水器摆臂		0.5	0.5	0.5	127	备胎罩		0.5	0.5	0.5
81	直流充电接口及护盖		0.5	0.5	0.5	128	左后尾灯		0.5	0.5	0.5
82	右前大灯		0.5	0.5	0.5	129	左后翼子板		0.5	1	1.5
83	右前翼子板		0.5	1	1.5	130	左后翼子板衬		0.5	1	1.5
84	右前翼子板内衬		0.5	1	1.5	131	左后轮胎		0.5	0.5	0.5
85	右前轮胎		0.5	0.5	0.5	132	左后轮辋		0.5	0.5	0.5
86	右前轮辋		0.5	0.5	0.5	133	左后轮毂罩		0.5	0.5	0.5
87	右前轮毂罩		0.5	0.5	0.5	134	左D柱外侧		0.5	1	1.5
88	右后视镜		0.5	0.5	0.5	135	左C柱外侧		0.5	1	1.5
89	右前车门		0.5	1	1.5	136	左后车门		0.5	1	1.5
90	右前车门外拉手		0.5	0.5	0.5	137	左后车门外手		0.5	0.5	0.5
91	右前门锁		0.5	0.5	0.5	138	左后门锁		0.5	0.5	0.5
92	右前车窗玻璃		0.5	0.5	0.5	139	左后车窗玻璃		0.5	0.5	0.5
93	右前车窗玻璃密封条		0.5	0.5	0.5	140	左后车窗玻璃密封条		0.5	0.5	0.5
94	右前车门密封条		0.5	0.5	0.5	141	左后车门密封条		0.5	0.5	0.5
95	右前车门铰链		0.5	0.5	0.5	142	左后车门铰链		0.5	0.5	0.5
96	右A柱外侧		1	1.5	2	143	其他（只描述缺陷，不扣分）				

根据表 6-1、表 6-2 描述缺陷，车身外观项目的转义描述为车身部件+状态+程度。

例如：70PS2 对应描述为前保险杠有破损，面积大于 100mm×100mm，小于或等于 200mm×300mm。

表 6-2　车身外观状态描述对应表

代表字母	HH	BX	XS	LW	PS	SC	XF
缺陷描述	划痕	变形	锈蚀	裂纹	破损	色差	修复痕迹

缺陷程度等级：

1 级——面积小于或等于 100mm×100mm；

2 级——面积大于 100mm×100mm 并小于或等于 200mm×300mm；

3 级——面积大于 200mm×300mm；

4 级——轮胎花纹深度小于 1.6mm。

二、发动机舱鉴定内容

按要求检查 9 个项目。选择 N 不扣分，选择 Y 扣除对应的分值，共计 10 分，扣完为止，发动机舱检查项目表见表 6-3。

如检查第 147 项时发现机油有冷却液混入、检查 146 项时发现缸盖外有机油渗漏，则应在机动车技术状况表及机动车鉴定评估报告（见 6.3.3）的技术状况缺陷描述中分别予以注明，并提示修复前不宜使用。

表 6-3　发动机舱检查项目表

代码	检查项目	Y	N	分值
144	可拆水箱框架破损	是	否	5
145	前防撞梁变形修复或更换	是	否	4
146	缸盖外机油滴漏	是	否	2
147	机油、防冻冷却液混入	是	否	5
148	油管、水管老化、裂痕	是	否	1
149	发动机皮带老化	是	否	0.5
150	线束老化、破损	是	否	1
151	蓄电池电极桩柱腐蚀	是	否	1
152	蓄电池电解液渗漏、缺少	是	否	0.5

三、驾驶室鉴定内容

按要求检查 16 个项目。选择 N 不扣分，选择 Y 扣除对应的分值，共计 20 分，扣完为止，驾驶室检查项目表见表 6-4。

如检查第 160 项时发现安全带结构不完整或者功能异常，则应在机动车技术状况表及机动车鉴定评估报告（见6.3.3）的技术状况缺陷描述中予以注明，并提示修复或更换前不宜使用。

表6-4 驾驶室检查项目表

代码	检查项目	Y	N	分值
153	车内后视镜、座椅破损、功能异常	是	否	3
154	车内杂乱、异味	是	否	0.5
155	仪表台划痕、配件缺失	是	否	3
156	储物盒裂痕、配件缺失	是	否	2
157	排挡把手柄及护罩破损	是	否	1
158	门窗密封条老化	是	否	0.5
159	车顶及周边内饰板破损、松动及裂缝和污迹	是	否	0.5
160	安全带及固定装置结构不完整、功能异常	是	否	3
161	转向盘自由行程转角大于15°	是	否	0.5
162	驻车制动系统不灵活	是	否	2
163	左、右后视镜折叠装置工作异常	是	否	2
164	玻璃窗升降器、门窗工作异常	是	否	1
165	天窗移动不灵活、关闭异常	是	否	1
166	音响按键、触摸屏幕功能工作异常	是	否	2
167	后备箱内饰破损、杂乱、有异味	是	否	0.5
168	其他			只描述缺陷，不扣分

四、起动鉴定内容

按要求检查10个项目。选择N不扣分，选择Y扣除对应的分值，共计10分，扣完为止，起动检查项目表见表6-5。

如检查第170项时发现仪表板指示灯显示异常或出现故障报警，则应查明原因，并在机动车技术状况表及机动车鉴定评估报告（见6.3.3）的技术状况缺陷描述中予以注明。优先选用车辆故障信息读取设备对车辆技术状况进行检测。

表6-5 起动检查项目表

代码	检查项目	Y	N	分值
169	车辆起动不顺畅（时间大于5s）	是	否	3
170	仪表板指示灯显示异常，出现故障报警	是	否	3
171	各类灯光和调节功能异常	是	否	1
172	泊车辅助系统工作异常	是	否	1
173	制动防抱死系统（ABS）工作异常	是	否	1
174	空调系统风量、方向调节、分区控制、自动控制、制冷工作异常	是	否	1
175	发动机在冷、热车条件下怠速运转不稳定	是	否	1
176	怠速运转时发动机异响，空挡状态下逐渐增加发动机转速，发动机声音过度异响	是	否	5
177	车辆排气异常	是	否	4
178	其他			只描述缺陷，不扣分

五、底盘鉴定内容

按要求检查 12 个项目。选择 N 不扣分，选择 Y 扣除对应的分值，共计 15 分，扣完为止，底盘项目检查表见表 6-6。

表 6-6　底盘检查项目表

代码	检查项目	Y	N	分值
179	发动机油底壳是否滴漏	是	否	3
180	排气管和底盘护板是否破损	是	否	3
181	变速器壳体是否滴漏	是	否	2
182	分动器、差速器是否渗漏	是	否	2
183	传动轴十字轴是否松旷	是	否	1
184	上下摆臂是否异常	是	否	1
185	减振器是否滴漏	是	否	1
186	减振弹簧是否损坏	是	否	1
187	转向拉杆是否松旷	是	否	1
188	元宝梁有无破损、松动、断裂更换的痕迹	是	否	1
189	后防撞梁是否变形修复更换	是	否	2
190	其他	只描述缺陷，不扣分		

六、功能性零部件鉴定内容

车辆功能性零部件检查项目表见表 6-7，对表 6-7 所示部件功能进行检查。结构、功能损坏的，直接进行缺陷描述，不计分。

表 6-7　车辆功能性零部件检查项目表

代码	类别	零部件名称	代码	类别	零部件名称
191	车身外部件	发动机舱盖锁	204	随车附件	备胎
192		发动机舱盖支撑杆	205		千斤顶
193		后备箱盖支撑杆	206		轮胎扳手及随车工具
194		各车门锁	207		三角警示牌及反光背心
195		前后刮水器片	208		灭火器
196		立柱密封胶条	209	其他	全套钥匙
197		电动尾门	210		遥控器及功能
198		电动侧滑门	211		喇叭高低音色
199	驾驶室内部件	车内后视镜	212		玻璃加热功能
200		座椅调节及加热和通风	213		AI 语音功能
201		仪表板出风口	214		智能互联网功能
202		换挡杆（旋钮）外观及功能	215		底盘升降功能
203		中央集控			

七、路试鉴定内容

按要求检查 12 个项目。选择 N 不扣分，选择 Y 扣除对应的分值，共计 15 分，扣完为止，路试检查项目表见 6-8。

路试检测应在平坦、硬实、清洁、干燥且轮胎与地面间的附着系数大于或等于 0.7，纵向坡度不大于 1% 的混凝土或沥青路面上进行。

路试检测需要进行 20 分钟以上测试，至少在 5km 以上行驶里程中，分别完成车辆的起步、加速、匀速、减速、紧急制动等各种工况的检测，通过从低速到高速，从高速到低速的行驶，检查车辆的操纵性能、制动性能、减振性能、加速性能、发动机噪声、底盘噪声等情况，以鉴定技术状况。

路试测试也可以在底盘测功机上进行检测。如果检查第 225 项时发现制动系统出现制动距离长、跑偏等不正常现象，则应在机动车技术状况表及机动车鉴定评估报告（见 6.3.3）的技术缺陷描述中予以注明，并提示修复前不宜使用。

表 6-8 路试检查项目表

代码	检查项目	Y	N	分值
216	车辆起动前踩下制动踏板保持 5~10s，踏板有向下移动的现象	是	否	
217	踩住制动踏板起动发动机，踏板有向下移动的现象	是	否	
218	行车制动系未在踏板全行程的 4/5 内达到最大制动效能	是	否	
219	发动机运转、加速异常	是	否	
220	离合器工作异常	是	否	
221	变速器工作异响	是	否	
222	行驶过程中车辆底盘部位异响	是	否	
223	行驶跑偏	是	否	
224	行驶过程中车辆转向部位异响	是	否	
225	制动系统工作异常、制动跑偏	是	否	
226	起停功能异常	是	否	
227	其他	只描述缺陷，不扣分		

6.1.3 车辆的车损等级

对车辆的车损等级进行评估，结论以车损等级（A，B，C，D 字母）表述，车损等级表见表 6-9。

按照表 6-9 中检查部件出现表中所列缺陷值所对应的 A，B，C，D 等级，A，B，C，D 依次表示车损等级由低到高，车辆在下表所有部件缺陷中所对应最高车损等级即为该车的车损等级。

A、B、C、D 各级别定义如下。

A：车身外观部件，加强件及结构件均无明显外观缺陷和修复痕迹；

B：车身外观部件有损伤及修复痕迹，加强件无严重损伤，结构件无事故及修复痕迹；

C：车身加强件存在事故及修复痕迹，结构件无事故及修复痕迹；

D：车身结构件存在事故修复痕迹或者加强件存在切割修复。

表 6-9　车损等级表

部件代码	部件名称	部件分类	缺陷描述											
			划痕	凹陷	锈蚀	裂纹	破损	色差	修复痕迹	变形	扭曲	褶皱	钣金	烧焊	切割
1	左A柱内侧	结构件	\	\	\	\	\	\	\	D	D	D	D	D	D
2	左B柱内侧	结构件	\	\	\	\	\	\	\	D	D	D	D	D	D
3	左C柱内侧	结构件	\	\	\	\	\	\	\	D	D	D	D	D	D
4	左D柱内侧	结构件	\	\	\	\	\	\	\	D	D	D	D	D	D
19	右A柱内侧	结构件	\	\	\	\	\	\	\	D	D	D	D	D	D
18	右B柱内侧	结构件	\	\	\	\	\	\	\	D	D	D	D	D	D
17	右C柱内侧	结构件	\	\	\	\	\	\	\	D	D	D	D	D	D
16	右D柱内侧	结构件	\	\	\	\	\	\	\	D	D	D	D	D	D
23	左前纵梁	结构件	\	\	\	\	\	\	\	D	D	D	D	D	D
27	右前纵梁	结构件	\	\	\	\	\	\	\	D	D	D	D	D	D
9	左后纵梁	结构件	\	\	\	\	\	\	\	D	D	D	D	D	D
11	右后纵梁	结构件	\	\	\	\	\	\	\	D	D	D	D	D	D
24	左前减振器座	结构件	\	\	\	\	\	\	\	D	D	D	D	D	D
26	右前减振器座	结构件	\	\	\	\	\	\	\	D	D	D	D	D	D
8	左后减振器座	结构件	\	\	\	\	\	\	\	D	D	D	D	D	D
12	右后减振器座	结构件	\	\	\	\	\	\	\	D	D	D	D	D	D
25	前围板	结构件	\	\	\	\	\	\	\	D	D	D	D	D	D
29	车身底板	结构件	\	\	\	\	\	\	\	D	D	D	D	D	D
21	不可拆水箱框架	加强件	\	\	\	\	\	\	\	C	C	C	C	C	C
22	左前翼子板内骨架	加强件	\	\	\	\	\	\	\	C	C	C	C	C	C
28	右前翼子板内骨架	加强件	\	\	\	\	\	\	\	C	C	C	C	C	C
7	左后翼子板内骨架	加强件	\	\	\	\	\	\	\	C	C	C	C	C	C
13	右后翼子板内骨架	加强件	\	\	\	\	\	\	\	C	C	C	C	C	C
10	后围板	加强件	\	\	\	\	\	\	\	C	C	C	C	C	C
5	左底边梁	加强件	\	\	\	\	\	\	\	D	D	D	D	D	D
15	右底边梁	加强件	\	\	\	\	\	\	\	D	D	D	D	D	D
20	车顶	加强件	B	B	B	B	B	B	B	C	C	C	C	C	D
6	左后翼子板	加强件	B	B	B	B	B	B	B	\	\	\	\	\	D
14	右后翼子板	加强件	B	B	B	B	B	B	B	\	\	\	\	\	D
64	左前翼子板	外观部件	B	B	B	B	B	B	B	\	\	\	\	\	\
83	右前翼子板	外观部件	B	B	B	B	B	B	B	\	\	\	\	\	\
70	前保险杠	外观部件	B	B	B	B	B	B	B	\	\	\	\	\	\
115	后保险杠	外观部件	B	B	B	B	B	B	B	\	\	\	\	\	\

续表

部件代码	部件名称	部件分类	缺陷描述											
			划痕	凹陷	锈蚀	裂纹	破损	色差	修复痕迹	变形	扭曲	褶皱	钣金	烧焊	切割
54	左A柱外侧	外观部件	B	B	B	B	B	B	B	\	\	\	\	\	\
53	左B柱外侧	外观部件	B	B	B	B	B	B	B	\	\	\	\	\	\
135	左C柱外侧	外观部件	B	B	B	B	B	B	B	\	\	\	\	\	\
134	左D柱外侧	外观部件	B	B	B	B	B	B	B	\	\	\	\	\	\
96	右A柱外侧	外观部件	B	B	B	B	B	B	B	\	\	\	\	\	\
97	右B柱外侧	外观部件	B	B	B	B	B	B	B	\	\	\	\	\	\
106	右C柱外侧	外观部件	B	B	B	B	B	B	B	\	\	\	\	\	\
107	右D柱外侧	外观部件	B	B	B	B	B	B	B	\	\	\	\	\	\
56	左前车门	外观部件	B	B	B	B	B	B	B	\	\	\	\	\	\
136	左后车门	外观部件	B	B	B	B	B	B	B	\	\	\	\	\	\
89	右前车门	外观部件	B	B	B	B	B	B	B	\	\	\	\	\	\
99	右后车门	外观部件	B	B	B	B	B	B	B	\	\	\	\	\	\
72	前机舱盖	外观部件	B	B	B	B	B	B	B	\	\	\	\	\	\
117	后备箱盖/尾门	外观部件	B	B	B	B	B	B	B	\	\	\	\	\	\
55	左底边梁外侧	外观部件	B	B	B	B	B	B	B	\	\	\	\	\	\
98	右底边梁外侧	外观部件	B	B	B	B	B	B	B	\	\	\	\	\	\

6.1.4 拍摄车辆照片

一、拍摄车辆照片要求

（1）车辆外观图片如图 6-3 所示。分别从车辆左前部与右后部 45°拍摄外观图片各 1 张，拍摄外观破损部位带标尺的正面图片 1 张。

左前部 45°　　　　　　　　右后部 45°　　　　　　　　外观破损部位

图 6-3　车辆外观

（2）车辆驾驶室图片如图 6-4 所示。分别拍摄仪表台操纵杆、前排、后排座椅、中控台图片各 1 张，拍摄破损部位带标尺的正面图片 1 张。

仪表台操纵杆 　　　　　　　前排座椅 　　　　　　　后排座椅

中控台 　　　　　　　　驾驶室破损部位

图 6-4　车辆驾驶室

（3）拍摄发动机舱图片 1 张，如图 6-5 所示。

（4）打开起动开关，拍摄仪表台 1 张，如图 6-6 所示，要求可记录仪表台内的数据与故障码。

图 6-5　发动机舱 　　　　　　　　图 6-6　仪表台

二、机动车照片拍摄注意事项

（1）光线问题：在拍摄照片时光线的问题将决定拍摄成功与否，在背光（即手机或相机的镜头朝着直视阳光的方向拍摄）的条件下，车体的颜色很容易产生色差或是反光，这将大大影响照片质量。

（2）遮挡问题：机动车拍照不同于艺术照，不需要用一些道具来衬托画面，只需要直观、清晰、明了地了解这辆机动车。

（3）照片的完整性：因拍摄的场地问题，无法拍摄到车辆外观或某一方面的全貌时，在条件允许的前提下，可以要求将车辆移至较为宽阔的场所拍摄，以确保照片的完整性。

（4）拍摄外观时要确保车辆占画面的比例，一般为画面的 3/4 左右，占画面的比例过大会给人一个压抑的感觉，人的注意力将不会集中在照片上；占画面的比例过小，便难以找到照片所要表达的主题，很容易让人忽略所拍摄的车辆。

任务 6.2　机动车价值评估方法

机动车鉴定评估指依法设立，具有执业资质的机动（二手）车评估机构，接受国家机关和各类市场主体的委托，按照特定的目的，遵循法定或公允的标准和程序，运用科学的方法，对经济和社会活动中涉及的二手车辆所进行的技术鉴定和估算价格的过程。

做好机动车鉴定评估工作，不仅有利于引导企业正确做出价格决策，有利于司法和行政执法等活动的顺利进行，有利于维护法人和公民合法权益，而且对维护正常的社会经济秩序，促进经济发展具有重要意义。因此，深入研究、探讨机动车鉴定问题，建立一套完整、科学、适用的机动车鉴定评估方法，以保证其鉴定评估结论客观、公正、合理，就显得更加重要。

通常的鉴定评估方法有四种：现行市价法、收益现值法、清算价格法、重置成本法。

估值方法选用原则：一般情况下，推荐选用现行市价法；在无参照物的情况下，也可选用重置成本法；根据按照车辆有关情况，确立估值方法，并对车辆价值进行估算。

6.2.1　现行市价法

机动车估价方法主要参照资产评估的方法，现行市价法是最直接、最简单的一种评估方法。

现行市价法又称市场法、市场价格比较法，是指通过比较被评估车辆与最近售出类似车辆的异同，并将类似车辆的市场价格进行调整，从而确定被评估车辆价值的一种评估方法。

一、现行市价法的运用方法

（1）评估价值为相同车型、配置和相同技术状况鉴定检测分值的车辆近期的交易价格。

（2）如无参照，可从本区域本月内的交易记录中调取相同车型、相近分值，或从相邻区域的成交记录中调取相同车型、相近分值的成交价格，并结合车辆技术状况鉴定分值加以修正。

（3）价值评估需收集不少于三条覆盖不同渠道的成交价格进行估算参照，渠道应包括但不限于经销商收售价格、拍卖平台、机动车信息平台等。

二、现行市价法评估的步骤

1. 考察鉴定被评估车辆

收集被评估车辆的资料,包括车辆的类别、名称、型号等。了解车辆的用途、目前的使用情况,并对车辆的性能、新旧程度等做必要的技术鉴定,以获得被评估车辆的主要参数,为市场数据资料的搜集及参照物的选择提供依据。

2. 选择参照物

按照可比性原则选取参照物。车辆的可比性因素主要包括类别、型号、用途、结构、性能、新旧程度、成交数量、成交时间、付款方式等。参照物的选择一般应在两个以上。

3. 对被评估车辆和参照物之间的差异进行比较、量化和调整被评估车辆与参照物之间的各种可比因素,尽可能地予以量化、调整。

具体包括以下 4 点。

(1)销售时间差异的量化。

在选择参照物时,应尽可能地选择在鉴定评估基准日成交的案例,以免去销售时间允许的量化步骤。若参照物的交易时间在鉴定评估基准日之前,可采用指数调整法将销售时间差异量化并予以调整。

(2)车辆性能差异的量化。

车辆性能差异的具体表现是车辆营运成本的差异。通过测算超额营运成本的方法将性能方面的差异量化。

(3)新旧程度差异的量化。

被评估车辆与参照物在新旧程度上不一定完全一致,参照物也未必是全新的。这就要求评估人员对被评估车辆与参照物的新旧程度的差异进行量化。

$$差异量 = 参照物价格 \times (被评估车辆成新率 - 参照物成新率)$$

(4)销售数量、付款方式差异的量化。

① 销售数量的大小、采用何种付款方式均会对车辆的成交单价产生影响;

② 对销售数量差异的调整采用未来收益的折现方法解决;

③ 对付款方式差异的调整,被评估车辆通常是以一次性付款方式为假定前提,若参照物采用分期付款方式,则可按当期银行利率将各期分期付款额折现累加,即可得到一次性付款总额。

4. 汇总各因素差异量化值,求出车辆的评估值

对上述各差异因素量化值进行汇总,求出车辆的评估值。

$$被评估车辆的价值 = 参照物现行市价 \times \sum 差异量$$
$$(被评估车辆的价值 = 参照物现行市价 \times 差异调整系数)$$

运用现行市价法还需注意以下 3 点。

（1）用现行市价法进行评估时，了解市场情况是很重要的，并且要全面了解，了解的情况越多，评估的准确性越高，这是市价法评估的关键。

（2）运用现行市价法收购二手车的贸易企业一般要建立各类二手车技术、交易参数的数据库，以提高评估效率。

（3）用现行市价法评估已包含了该车辆的各种贬值因素，包括有形损耗的贬值，功能性贬值和经济性贬值。

三、现行市价法的评估方法

运用现行市价法确定单台车辆价值通常采用直接法和类比法两种主要方法。

1. 直接法

直接法是指在市场上能找到与被评估车辆完全相同的车辆的现行市价，并依其价格直接作为被评估车辆评估价格的一种方法。通常如果参照车辆与被评估车辆类别相同、主参数相同、结构性能相同，只是生产序号不同，并只作局部改动，交易时间也相近，可作为直接评估过程中的参照车辆。

评估公式为：

$$P = P'$$

式中　P——评估值；

　　　P'——参照车辆的市场价格。

2. 类比法

类比法是指评估车辆时，在公开市场上找不到与之完全相同的车辆，但在公开市场上能找到与之相类似的车辆，以此为参照车辆，通过对比分析车辆技术状况和交易条件的差异，在参照车辆成交价格的基础上做出相应调整，进而确定被评估车辆价格的一种方法。

评估公式为：

$$P = P' + P_1 - P_2 \quad 或 \quad P = P' \cdot K$$

式中　P——评估值；

　　　P'——参照车辆的市场价格；

　　　P_1——评估对象比参照车辆优异的价格差额；

　　　P_2——参照车辆比评估对象优异的价格差额；

　　　k——差异调整系数。

四、案例分析

评估人员在对某辆汽车进行评估时,选择了 3 个近期成交的与被评估车辆类别、结构基本相同,经济技术参数相近的车辆作参照物,被评估车辆的相关信息见表 6-10。

表 6-10 被评估车辆的相关信息

序号	经济技术参数	计量单位	参照物 A	参照物 B	参照物 C	被评估车辆
1	车辆交易价格	元	50 000	65 000	40 000	—
2	销售条件	—	公开市场	公开市场	公开市场	公开市场
3	交易时间	—	6 个月前	2 个月前	10 个月前	—
4	已使用年限	年	5	5	6	5
5	尚可使用年限	年	5	5	4	5
6	成新率	%	60	75	55	70
7	年平均维修费用	元	20 000	18 000	25 000	20 000
8	每百千米油耗	L	25	22	28	24

1. 对评估车辆与参照物之间的差异进行比较、量化

(1) 销售时间的差异。

物价指数大约每月上升 0.5%。

① 被评估车辆与参照物 A 相比较晚 6 个月,价格指数上升 3%,其差额为 $50\,000 元 \times 3\% = 1\,500 元$。

② 被评估车辆与参照物 B 相比较晚 2 个月,价格指数上升 1%,其差额为 $65\,000 元 \times 1\% = 650 元$。

③ 被评估车辆与参照物 C 相比较晚 10 个月,价格指数上升 5%,其差额为 $50\,000 元 \times 5\% = 2\,000 元$。

(2) 车辆的性能差异。

按每日运营 150km、每年平均出车 250 天,计算各参照物与被评估车辆,每年由于燃料消耗的差异所产生的差额,燃料价格按 6.4 元/L 计算。

① 参照物 A 每年比评估车辆多消耗的燃料费用为 $(25L - 24L) \times 6.4 元/L \times \dfrac{150}{100} \times 250 = 2\,400 元$。

② 参照物 B 每年比评估车辆少消耗的燃料费用为 $(24L - 22L) \times 6.4 元/L \times \dfrac{150}{100} \times 250 = 4\,800 元$。

③ 参照物 C 每年比评估车辆多消耗的燃料费用为 $(28L - 24L) \times 6.4 元/L \times \dfrac{150}{100} \times 250 = 9\,600 元$。

各参照物与被评估车辆每年由于维修费用的差异所产生的差额:

① 参照物 A 与被评估车辆每年维修费用的差额为 $20\,000 元 - 20\,000 元 = 0 元$。

② 参照物 B 比被评估车辆每年少花费的维修费用为 20000 元 -18000 元 $=2000$ 元。

③ 参照物 C 比被评估车辆每年多花费的维修费用为 25000 元 -20000 元 $=5000$ 元。

由于运营成本不同，各参照物每年与被评估车辆的差异：

① 参照物 A 比被评估车辆每年多花费的运营成本为 2400 元 $+0$ 元 $=2400$ 元。

② 参照物 B 比被评估车辆每年少花费的运营成本为 4800 元 $+2000$ 元 $=6800$ 元。

③ 参照物 C 比被评估车辆每年多花费的运营成本为 9600 元 $+5000$ 元 $=14600$ 元。

取所得税率为 33%，则税后各参照物每年比被评估车辆多（或少）花费的运营成本：

① 税后参照物 A 比被评估车辆每年多花费的运营成本为 2400 元 $\times(1-33\%)=1608$ 元。

② 税后参照物 B 比被评估车辆每年少花费的运营成本为 6800 元 $\times(1-33\%)=4556$ 元。

③ 税后参照物 C 比被评估车辆每年多花费的运营成本为 14600 元 $\times(1-33\%)=9782$ 元。

使用的折现率为 10%，则在剩余的使用年限内，各参照物比被评估车辆多（或少）花费的运营成本：

① 参照物 A 比被评估车辆多花费的运营成本折现累加为 $1608\times(P/A,10\%,5)=1680\times3.7908\approx6096$ 元。

② 参照物 B 比被评估车辆少花费的运营成本折现累加为 $4556\times(P/A,10\%,5)=4556$ 元 $\times3.7908\approx-17271$ 元。

③ 参照物 C 比被评估车辆多花费的运营成本折现累加为 $9782\times(P/A,10\%,5)=9782$ 元 $\times3.7908\approx37082$ 元。

（3）成新率的差异

① 参照物 A 与被评估车辆，由于成新率的差异所产生的差额为 $50000\times(70\%-60\%)=5000$ 元。

② 参照物 B 与被评估车辆，由于成新率的差异所产生的差额为 $65000\times(70\%-75\%)=-3250$ 元。

③ 参照物 C 与被评估车辆，由于成新率的差异所产生的差额为 $40000\times(70\%-55\%)=6000$ 元。

2. 根据被评估车辆与参照物之间差异的量化结果，确定车辆的评估值

（1）初步确定车辆的评估值。

① 与参照物 A 相比分析调整差额，初步评估的结果：

车辆评估值 $=50000$ 元 $+1500$ 元 $+6096$ 元 $+5000$ 元 $=62596$ 元。

② 与参照物 B 相比分析调整差额，初步评估的结果：

车辆评估值 $=65000$ 元 $+650$ 元 -17271 元 -3250 元 $=45129$ 元。

③ 与参照物 C 相比分析调整差额，初步评估的结果：

车辆评估值 $=40000$ 元 $+2000$ 元 $+37082$ 元 $+6000$ 元 $=85082$ 元。

（2）综合定性分析，确定车辆的评估值。

为减少误差，结合考虑被评估车辆与参照物的相似程度，决定采用加权平均法确定评估值。

选取参照物 B 的加权系数为 60%，取参照物 A 的加权系数为 30%，取参照物 C 的加权系数为 10%。加权平均后，车辆的评估值为：

车辆评估值 = 45192元×60% + 62596元×30% + 85082元×10% ≈ 54364元。

6.2.2 重置成本法

重置成本法指在现时条件下重新购置一辆全新状态的被评估车辆所需的全部成本（即完全重置成本，简称重置全价），减去该被评估车辆的各种陈旧贬值后的差额作为被评估车辆现时价格的一种评估方法。

重置成本是购买一辆全新的与被评估车辆相同的车辆所支付的最低金额。

一、重置成本形式

重置成本有两种形式：复原重置成本和更新重置成本。

1. 复原重置成本指用与被评估车辆相同的材料，制造标准、设计结构和技术条件等，以现时价格复原购置相同的全新车辆所需的全部成本。

2. 更新重置成本指利用新型材料，新技术标准、新设计等，以现时价格购置相同或相似功能的全新车辆所需的全部成本。

在进行重置成本计算时，应选用更新重置成本。如果不存在更新重置成本，则再考虑用复原重置成本。

二、重置成本法的适用原则

应用重置成本法对二手车进行价值评估必须同时满足以下前提条件。

（1）购买者对拟进行交易的评估车辆，不改变原来用途。

（2）评估车辆的实体特征、内部结构及其功能效用必须与假设重置的全新车辆具有可比性。

（3）评估车辆必须是可再生的、可复制的，不能再生、复制的评估车辆不能采用重置成本法。

（4）评估车辆随着时间的推移，因各种因素而产生的贬值可以量化，否则就不能运用重置成本法进行评估。

三、影响车辆价值量变化的因素

1. 机动车辆的实体性贬值

实体性贬值也叫有形损耗,是机动车在存放和使用过程中,由于物理和化学原因而导致的车辆实体发生的价值损耗,即由于自然力的作用而发生的损耗。

2. 机动车辆的功能性贬值

功能性贬值是由于科学技术的发展导致的车辆贬值,即无形损耗。

3. 机动车辆的经济性贬值

经济性贬值是指由于外部经济环境变化所造成的车辆贬值。外部经济环境,包括宏观经济政策、市场需求、通货膨胀、环境保护等。

外界因素对车辆价值的影响不仅是客观存在的,而且对车辆价值影响还相当大,所以在二手车的评估中不可忽视。

三、重置成本法的估价计算

1. 估价模型

模型1:被评估车辆的评估值=更新重置成本-实体性贬值-功能性贬值-经济性贬值。

模型2:被评估车辆的评估值=更新重置成本×成新率。

模型3:被评估车辆的评估值=更新重置成本×成新率×调整系数。

模型1中,除了要准确了解机动车的更新重置成本和实体性贬值外,还必须计算其功能性贬值和经济性贬值,而这二者贬值因素要求估价人员对未来影响机动车的运营成本、收益乃至经济寿命有较为准确的把握,否则难以评估机动车的市场价值。因此,模型1让估价人员很难操作。模型3是在模型2的基础上再减去一定的折扣,从而估算出被估价机动车的价值。模型3较模型1而言,较充分地考虑了影响汽车价值的各种因素,可操作性强。

模型2适用于被评估车辆没有折扣率的情况。但此情况很少。

模型3是在模型2的基础上再减去一定的折扣,从而估算出被估价机动车的价值。

2. 重置成本的估算方法

(1)重置成本的构成。

$$更新重置成本 = 直接成本 + 间接成本$$

直接成本指购置全新的同种车型时直接可以构成车辆成本的支出部分。它包括现行市场购置价格,加上运输费和办理入户手续时所交纳的各种税费,如车辆购置税、车船税、

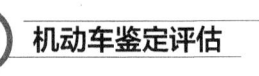

入户上牌费、保险费等。

间接成本是指购置车辆时所花费的不能直接计入购置成本中的那部分成本。如购置车辆发生的管理费、专项贷款发生的利息、洗车费、美容费、停车管理费等。在实际的评估作业中，间接成本可忽略不计。

（2）重置成本的估算。

直接询价法：查询当地新车市场上，被评估车辆处于全新状态下的现行市场售价。

账面成本调整法：对于那些无法从现行市场上寻找到重置成本的车型，如淘汰产品或是进口车辆，也可根据汽车市场的物价变动指数调整得到机动车的重置成本。

重置成本＝账面原始成本×（车辆鉴定估价日的物价指数/车辆购买日的物价指数）

重置成本＝账面原始成本×（1＋车辆购买日到鉴定估价日的物价变动指数）

3. 成新率的估算方法

成新率指被评估车辆新旧程度的比率。机动车成新率表示机动车的功能或使用价值占全新机动车的功能或使用价值的比率。它与有形损耗率一起反映了同一车辆的两方面。

成新率和有形损耗率的关系：

$$y = 1 - 有形损耗率$$

成新率的估算方法有使用年限法、综合分析法、行驶里程法、部件鉴定法、整车观测法、综合成新率法。

（1）使用年限法。

年限成新率计算方法：

$$y = \frac{N}{n}$$

式中　y——年限成新率；

N——预计车辆剩余使用年限；

n——车辆使用年限。

车辆已使用年限指从车辆登记日到鉴定评估基准日所经历的时间（进口车辆登记日为其出厂日）。

车辆规定使用年限是指《机动车强制报废标准规定》中规定的使用年限。非营运小、微型客车，大型轿车目前虽然取消了15年的报废年限，但在鉴定评估时可以按15年计算，超过15年的按实际年限计算。营运车辆、有使用年限规定的车辆按实际要求计算。已使用年限计量的前提条件是车辆的正常使用条件和正常使用强度。

在实际评估中，运用已使用年限指标时，应特别注意车辆的实际使用情况，而不是简单的日历天数。例如，对于某些以双班制运行的车辆，其实际使用时间为正常使用时间的两倍，因此该车辆的已使用年限，应是车辆从开始使用到鉴定评估基准日所经历时间的两倍。

（2）综合分析法。

综合分析法是以使用年限法为基础，综合考虑车辆的实际技术状况、维护保养情况、原车制造质量、工作条件及工作性质等多种因素对机动车价值的影响，以系数调整成新率的一种方法。

成新率＝(规定使用年限－已使用年限)÷规定使用年限×综调系数×100%

或技术成新率

$$t = \frac{X}{100}$$

式中　t——技术鉴定成新率；

　　　X——车辆技术状况分值。

综合调整系数见表6-11，可参考表中推荐的数据，汽车各部分的价值权重参考表见表6-12用加权平均的方法确定。

表6-11　综合调整系数

影响因素	因素分级	调整系数	权重/%
技术状况	好	1.0	30
	较好	0.9	
	一般	0.8	
	较差	0.7	
	差	0.7	
维护	好	1.0	25
	较好	0.9	
	一般	0.8	
	较差	0.7	
制造质量	进口车	1.0	20
	国产名牌车	0.9	
	进口非名牌	0.8	
	国产非名牌、海关罚没车	0.7	
工作性质	私用	1.0	15
	公务、商务	0.7	
	营运	0.5	
工作条件	较好	1.0	10
	一般	0.8	
	较差	0.6	

表6-12　汽车各部分的价值权重参考表

序号	车辆各主要总成，部件名称	价值权重/%	成新率/%	加权成新率/%
1	发动机及离合器总成	23	72	16.56
2	变速器及万向传动装置总成	12	72	8.64
3	前桥、前悬架及转向系总成	9	72	6.48
4	后桥及后悬架总成	9	72	6.48
5	制动系	7	72	5.04
6	车架	2	72	1.44

续表

序号	车辆各主要总成，部件名称	价值权重/%	成新率/%	加权成新率/%
7	车身	24	70	16.80
8	电气仪表	6	72	4.32
9	轮胎	8	50	4.00
	合计	100		69.76

使用综合分析法鉴定评估时要考虑的因素有车辆的实际运行时间、实际技术状况；车辆使用强度、使用条件、使用和维护保养情况；车辆的原始创造质量；车辆的大修、重大事故经历；车辆外观质量等。

综合分析法较为详细地考虑了影响机二手车价值的各种因素，并用一个综合调整系数指标来调整车辆成新率，评估值准确度较高，因而适用于具有中等价值的二手车评估。这是二手车鉴定评估最常用的方法之一。

（3）行驶里程法。

车辆规定行驶里程按照《机动车强制报废标准规定》中规定的行驶里程，各类汽车年平均行驶里程见表6-13。此方法与使用年限法相似，在按照行驶里程法计算成新率时，一定要结合机动车本身的车况，判断里程表的记录与实际的机动车的物理损耗是否相符，防止由于人为变更里程表所造成的误差。

表6-13 各类汽车年平均行驶里程

汽车类别	年平均行驶里程/万千米
私家车	1～3
行政、商务用车	2～5
出租车	10～15
租赁车	5～8
微型、轻型货车	3～5
中型、重型货车	6～10
旅游车	6～10
中、低档长途客运车	8～12
高档长途客运车	15～25

由于里程表容易被人为变更，因此在实际应用中，较少采用此方法。

（4）部件鉴定法。

部件鉴定法（也称技术鉴定法）是对机动车评估时，按其组成部分对整车的重要性和价值量的大小来加权评分，最后确定成新率的一种方法。

基本步骤如下：

① 将车辆分成若干个主要部分，根据各部分建造成本占车辆建造成本的比重，按一定百分比确定权重。

② 以全新车辆各部分的功能为标准，若某部分功能与全新车辆对应部分的功能相同，

则该部分的成新率为100%；若某部分的功能完全丧失，则该部分的成新率为0；

③ 根据若干部分的技术状况给出各部分的成新率，分别与各部分的权重相乘，即得某部分的权分成新率。

④ 将各部分的权分成新率相加，即得到被评估车辆的成新率。在实际评估时，应根据车辆各部分价值量占整车价值的比重，调整各部分的权重。部件鉴定法费时费力，车辆各组成部分权重难以掌握，但评估值更接近客观实际，可信度高。它既考虑了车辆的有形损耗，也考虑了车辆由于维修或换件等追加投资使车辆价值发生的变化。

这种方法一般用于价值较高的车辆的价格评估。

（5）整车观测法。

整车观测法主要是通过评估人员的现场观察和技术检测，对被评估车辆的技术状况进行鉴定、分级，以确定成新率的一种方法。

运用整车观测法应观察、检测或搜集的技术指标主要包括：

① 车辆的现时技术状态；

② 车辆的使用时间及行驶里程；

③ 车辆的主要故障经历及大修情况；

④ 车辆的外观和完整性等。

运用整车观测法估测车辆的成新率，要求评估人员必须具有一定的专业水平和评估经验。这是运用整车观测法准确判断车辆成新率的基本前提。整车观测法的判断结果没有部件鉴定法准确，一般用于中、低价值车辆成新率的初步估算，或作为利用综合分析法确定车辆成新率的参考依据。

以上五种成新率估算方法的应用场合如下：

① 使用年限法、行驶里程法一般适用于价值量较低的车辆的评估；

② 综合分析法一般适用于中等价值的车辆的评估；

③ 部件鉴定法适用于价值较高的机动车辆的评估；

④ 整车观测法则主要用于中、低等价值的二手车的初步估算，或作为综合分析法鉴定评估要考虑的主要因素之一。

机动车成新率评估参考值见表6-14。

表6-14 机动车成新率评估参考值

车况等级	新旧情况	有形损耗/%	技术状况描述	成新率/%
1	使用不久	0～10	刚使用不久，行驶里程一般在3～5千米，在用状态较好，车辆没有缺陷，没有修理和买卖的经历，能够按汽车设计要求正常使用	100～90
2	较新车	11～35	使用一年以上，行驶里程15万千米左右，一般没有经过大修，在用状态良好，故障率低，可随时出车使用	89～65

续表

车况等级	新旧情况	有形损耗/%	技术状况描述	成新率/%
3	一般	36~60	使用4~5年发动机或整车经过一次大修,但较好地恢复了原设计性能,使用中有一些机械方面的明显缺陷,需要进行某些修理或换一些易损部件,可随时出车,但动力性能下降,油耗增加	64~40
4	尚可使用	61~85	使用5~8年,发动机或整车经过两次大修,动力性、经济性、工作可靠性都有所降低;油漆晦暗,锈蚀严重,有多处明显的机械缺陷,可能存在不容易修复的问题,需要较多的维修换件,可靠性较差,使用成本增加,但车辆符合《机动车运行安全技术条件》,在用状态一般或较差	39~15
5	待报废车	86~100	基本达到或已达到使用年限,通过《机动车运行安全技术条件》检查,能使用但不能正常使用,动力性、经济性、可靠性下降,燃料费、维修费、大修费用增长速度快,车辆效益与支出基本持平甚至下降,排放污染和噪声污染达到极限	15以下
6	报废	100	使用年限已达到报废期,只有基本材料的回收价值	0

(6)综合成新率法。

前面介绍的使用年限法、行驶里程法和部件鉴定法(也称技术鉴定法)三种方法计算的成新率分别称为使用年限成新率、行驶里程成新率和现场查勘成新率。这三个成新率的计算只考虑了机动车的一个因素。因而就它们各自所反映的机动车的新旧程度而言,是不完全也是不完整的。

为了全面地反映机动车的新旧状态,在对机动车进行鉴定评估时,可以采用综合成新率来反映机动车的新旧程度,即将使用年限成新率、行驶里程成新率和现场查勘成新率分别赋以不同的权重,计算三者的加权平均成新率。这样就可以尽量减小使用单一因素计算成新率给评估结果所带来的误差,因而是一种较为科学的方法。

其计算公式如下:

$$e = y \times \alpha + t \times \beta$$

式中 e——综合成新率;

y——年限成新率;

t——技术鉴定成新率;

α——年限成新率系数;

β——技术鉴定成新率系数,其中$\alpha + \beta = 1$;

$y \times \alpha$——经济性陈旧贬值后,车辆剩余的价值率;

$t \times \beta$——实体性陈旧贬值与功能性陈旧贬值后,车辆剩余的价值率。

4. 折扣率的估算

(1)折扣率。

上述成新率的估算方法往往只考虑了一种因素,如使用年限法计算的成新率仅仅考虑了使用年限因素对车辆的实体性损耗的影响。行驶里程法仅考虑了行驶里程因素所导致的损耗,部件鉴定法虽然考虑了各个部件的损耗情况,但却没有充分考虑到年限及行驶里程对车辆价值的影响。

因此如果采用公式"评估值=重置成本×成新率"计算得到的数值作为被评估车辆的价值,显然是不准确的。为了避免单一因素成新率计算得不足,应以一个折扣率来衡量其他因素对车辆价值影响的大小。

折扣率的估算根据市场同种车型的供求关系、宏观经济政策和对车价变化的未来预期及市场实现的难易等因素,由二手车估价师依据评估经验进行判定。

(2)案例分析。

有一辆私家车为大众宝来,购买于2014年10月份,购买价格为7.68万元,车辆购置税为8 000元,初次登记日期是2014年10月,于2018年10月进入二手车交易市场估价交易。经核对相关证件(照)齐全,现场查勘结果为该车技术状况和维护情况较好,无须修理项目。

已知该车的新车现行市场销售价格为6万元,其他税费不计,试评估该车的现时市场价值。

评估步骤如下。

① 根据已知条件,该车为中低档轿车,且目前的新车价格(重置成本)已知,故可选用重置成本法进行评估。

② 该车为私家车,按目前机动车评估计算时的使用年限规定,其规定使用年限为15年,即180个月。

③ 初次登记日为2014年10月,鉴定评估基准日为2018年10月,已使用48个月。

④ 由于此项业务属于交易类业务,故重置成本不计车辆购置税等附加费用,因此,该车的现时重置成本为6万元。

⑤ 根据现场查勘结果,该车属于正常使用,故可用综合分析法确定成新率。

- 该车技术状况较好,调整系数取0.9,权重30%。
- 该车维护保养较好,调整系数取0.9,权重25%。
- 该车制造质量属进口非名牌,调整系数取0.8,权重20%。
- 该车工作性质为非营运(私用),调整系数取1.0,权重15%。
- 该车工作条件较好,调整系数取1.0,权重10%。

综合调整系数:$K = 0.9 \times 30\% + 0.9 \times 25\% + 0.8 \times 20\% + 1.0 \times 15\% + 1.0 \times 10\% = 90\%$。

成新率:$C_F = C_Y \times K = \left(1 - \dfrac{48}{180}\right) \times 100\% \times 90\% = 66\%$。

⑥ 计算评估值。

根据公式:评估值P = 重置成本×成新率 = $6 \times 66\% = 3.96$万元。

⑦ 结论:该车的评估值为 3.96 万元。

6.2.3 收益现值法

收益现值法是将被评估的机动车在剩余寿命期内预期收益,折现为鉴定评估基准日的现值,借此来确定机动车价值的一种评估方法。现值即为机动车评估值,现值的确定依赖于未来预期收益。

从原理上讲,收益现值法是基于人们之所以占有某一辆机动车,是因为考虑这辆车能为自己带来一定的收益。如果机动车的预期收益小,机动车价格就不可能高;反之机动车价格就高。投资者投资购买机动车时,一般要进行可行性分析,其预计的内部回报率只有在超过评估时的折现率时才可支付货币额来购买机动车。应该注意的是,运用收益现值法进行评估时,是以机动车投入使用后连续获利为基础的。

在机动车交易中,人们购买的目的往往不是在于机动车本身,而是机动车获利的能力。所以收益现值法较适用于投资营运的机动车。

一、收益现值法的适用原则

收益现值法通常是在继续使用假设前提下运用的,应用收益现值法对机动车进行价格评估必须同时满足以下前提条件。

(1) 被评估的机动车必须是经营性车,具有继续经营能力,并不断获得收益。
(2) 继续经营的预期收益可以预测而且必须能够用货币金额来表示。
(3) 影响被评估未来经营风险的各种因素能够转化为数据加以计算,体现在折现率中。

二、收益现值法评估值的计算

收益现值法的评估值的计算,实际上就是对被评估车辆未来预期收益进行折现的过程。被评估车辆的评估值等于剩余寿命期内各期的收益现值之和,其基本计算公式:

$$P = \sum_{t=1}^{n} \frac{A_t}{(1+i)^t} = \frac{A_1}{(1+i)^1} + \frac{A_2}{(1+i)^2} + \cdots + \frac{A_n}{(1+i)^n}$$

当 $A_1 = A_2 = \cdots = A_n = A$ 时,即 t 从 $1 \sim n$ 未来收益分别相同为 A 时,则有:

$$P = A \cdot \left[\frac{1}{(1+i)^1} + \frac{2}{(1+i)^2} + \cdots + \frac{3}{(1+i)^n} \right]$$
$$= A \cdot \frac{(1+i)^n - 1}{i \cdot (1+i)^n}$$

式中 P——评估值;

A_t——未来第 t 个收益期的预期收益额,收益期有限时(机动车的收益期是有限的),A_t 中还包括车辆的残值,一般估算时残值忽略不计;

n——收益年期(剩余经济寿命的年限);

i——折现率;

t——收益期,一般以年计。

三、收益现值法中各评估参数的确定

1. 剩余使用寿命期的确定

剩余使用寿命期指从鉴定评估基准日到机动车报废的年限。如果剩余使用寿命期估计过长,就会高估机动车价格;反之,则会低估价格。因此必须根据机动车的实际状况对剩余寿命做出正确的评定。各类汽车使用寿命参照《机动车强制报废标准规定》。

2. 预期收益额的确定

收益法运用中,收益额的确定是关键。收益额是指由被评估对象在使用过程中产生的超出其自身价值的溢余额。

对于预期收益额的确定应把握以下 2 点。

(1)预期收益额指的是机动车使用带来的未来收益期望值,是通过预测分析获得的。无论对于所有者还是购买者,判断某机动车是否有价值,首先应判断该机动车是否会带来收益。对其收益的判断,不仅仅是看现在的收益能力,更重要的是预测未来的收益能力。

(2)计量收益额的指标,以企业为例,目前有 3 种观点。

① 企业所得税后利润。

② 企业所得税后利润与提取折旧额之和扣除投资额。

③ 利润总额。

为估算方便,推荐选择第一种观点,目的是准确反映预期收益额。

3. 折现率的确定

折现率是将未来预期收益折算成现值的比率。它是一种特定条件下的收益率,说明机动车取得该项收益的收益率水平。收益率越高,意味着单位资产的增值率越高,在收益一定的情况下,所有者拥有资产价值越低。

在计量折现率时必须考虑风险因素的影响,否则就可能过高地估计机动车的价值。一般来说,折现率应包括无风险收益率和风险报酬率两方面的风险因素。

$$折现率 = 无风险收益率 + 风险报酬率$$

折现率与利率的区别:折现率与利率不完全相同,利率是资金的报酬,折现率是管的报酬;利率只表示资产(资金)本身的获利能力,而与使用条件、占用者和使用用途没有直接联系;折现率则与机动车及所有者使用效果有关。

折现率一般不好确定。其确定的原则应不低于国家银行存款的利率。因此实际应用中,如果其他因素不好确定时,可取折现率=利率。

4. 收益现值法评估的程序

(1)调查、了解营运机动车的经营行情,营运机动车的消费结构。

(2)充分调查了解被评估机动车的情况和技术状况。

(3)根据调查、了解的结果,预测机动车的预期收益,确定折现率。

(4)将预期收益折现处理,确定旧机动车评估值。

5. 收益现值法的优缺点

(1)采用收益现值法的优点。

① 与投资决策相结合,容易被交易双方接受;

② 能真实和较准确地反映机动车本金化的价格。

(2)采用收益现值法的缺点:预期收益额预测难度大,受较强的主观判断和未来不可预见因素的影响。

四、案例分析

张先生欲购一辆捷达轿车,准备从事出租车经营,通过市场调查,其预期收益情况如下。

(1)出租车全年可运营 320 天,每天平均毛收入 600 元,则预期的年收入为 600×320=19.2(万元)。

(2)预期的年支出

① 平均每天行驶 300km,每百千米耗油为 8L,每升油价为 6 元,则支出耗油费用约为 4.6 万元。

② 日常对车辆的维护保养,修理费约为 1.2 万元;平均大修费用约为 0.8 万元,共计 2 万。

③ 保险费、养路费、车船税、牌照等杂费预测共计 14 万元。

④ 人员的劳务工资为 3 万元。

⑤ 不可预见的支出费用约为 0.5 万元。

以上 5 项年支出费用合计为 4.6+2.0+1.4+3.0+0.5=11.5万元。

(3)年毛收入为年总收入减去总支出 19.2-11.5=7.77万元。

(4)按所得税条例规定,收入在 3 万~5 万元时,应纳税额为 33%,税后利润 A 为

$$A = 7.7 \times (1-33\%) = 5.159万元。$$

6.2.4 清算价格法

清算价格法指以清算价格为标准,对机动车辆进行的价格评估。所谓清算价格,指企业由于破产或其他原因,要求在一定的期限内将车辆变现,在企业清算之日预期出卖车辆可收回的快速变现价格。

清算价格法在原理上基本与现行市价法相同,所不同的是,清算价格往往大大低于现行市场价格。这是由于企业被迫停业或破产,债权人或所有权人急于收回资金,将车辆拍卖或出售。从严格意义上讲,清算价格法不能算为一种基本的评估方法,它是以评估学三大基本方法为基础,以清算价格为标准的一种评估方法。由于机动车这种被评估对象的特殊性,清算价格法在机动车评估中被经常采用。

一、清算价格法的适用原则

清算价格法适用于企业破产、抵押、停业清理等情况下要售出的车辆。

使用清算价格法评估车辆价格的前提条件有以下 3 点。

(1) 具有法律效力的破产处理文件或抵押合同及其他有效文件为依据。

(2) 车辆在市场上可以快速出售变现。

(3) 所卖收入足以补偿因出售车辆导致的附加支出总额。

二、清算价格法的计算方法

1. 现行市价折扣法

现行市价折扣法指对清理车辆,首先在机动车市场上寻找一个相适应的参照物;然后根据快速变现原则估定一个折扣率,并据以确定其清算价格。

例如一辆捷达轿车,经调查在机动车市场上成交价为 5 万,根据销售情况调查,折价 20%可以当即出售,则该车辆清算价格为 $5\times(1-20\%)=4$ 万元。

2. 模拟拍卖法(意向询价法)

这种方法是根据向被评估车辆的潜在购买者询价的办法取得市场信息,最后经评估人员分析确定其清算价格的一种方法。用这种方法确定的清算价格受供需关系影响很大,要充分考虑其影响程度。

例如,有一辆旧桑塔纳普通型轿车,拟评估其清算价格,评估人员经过对 5 个有购买意向的经纪人询价,其价格分别为 5.5 万元、5.6 万元、5.7 万元、5.8 万元、5.6 万元,其价格差异不大,评估人员确定清算价格为 5.6 万元。

3. 竞价法

竞价法是由法院按照法定程序（破产清算）或由卖方根据评估结果提出一个拍卖的底价，在公开市场上由买方竞争出价，谁出的价格高就卖给谁。

三、清算价格法的特点

优点：如果存在活跃的二手机动车市场，清算价格法较好，能够快速变现，得到变卖价值。

缺点：仅限于在某些特定条件下使用。即在企业破产车辆、抵押车辆、无主车辆、走私车辆、被盗车辆、抵税车辆、罚没车辆等需要快速变现、拍卖的车辆评估时使用。

任务 6.3　机动车鉴定评估报告撰写

6.3.1　机动车鉴定评估报告的作用

一、相关概念

机动车鉴定评估报告是指机动车鉴定评估机构按照评估工作制度有关规定，在完成鉴定评估工作后向委托方和有关方面提交的说明机动车鉴定评估过程和结果的书面报告。它是按照一定格式和内容来反映评估目的、程序、依据、方法和结果等基本情况的报告书。

广义的机动车鉴定评估报告还是一种工作制度。它规定评估机构在完成机动车鉴定评估工作之后必须按照一定的程序和要求，以书面形式向委托方报告鉴定评估过程和结果。

狭义的机动车鉴定评估报告即鉴定评估结果报告书，既是机动车鉴定评估机构完成对机动车作价的意见后，提交给委托方的公正性的报告，又是机动车鉴定评估机构履行评估合同情况的总结，还是机动车鉴定评估机构为其所完成的鉴定评估结论承担相应法律责任的证明文件。

二、机动车鉴定评估报告的作用

（1）机动车鉴定评估报告对委托方来说，具有以下重要作用：

① 作为产权交易变动的作价依据。

② 作为法庭辩论和裁决时确认财产价格的举证材料。

③ 作为支付评估费用的依据。

④ 反映和体现评估工作情况，明确委托方、受托方及有关方面责任的依据。

(2) 机动车鉴定评估报告对接受委托的鉴定评估机构来说，具有以下重要作用。

① 机动车鉴定评估报告是鉴定评估机构评估成果的体现，是一种动态管理的信息资料，体现了评估机构的工作情况和工作质量。

② 机动车鉴定评估报告是建立评估档案，归集评估档案资料的重要信息来源。

三、机动车鉴定评估报告的基本要求

(1) 机动车鉴定评估报告必须依照客观、公正、实事求是的原则由机动车鉴定评估机构独立撰写，如实反映鉴定评估的工作情况。

(2) 机动车鉴定评估报告应有委托单位（或个人）的名称、机动车鉴定评估机构的名称和印章，机动车鉴定评估机构法人代表或其委托人和机动车鉴定评估师的签字，以及提供报告的日期。

(3) 机动车鉴定评估报告要写明鉴定评估基准日，并且不得随意更改。所有在评估中采用的税率、费率、利率和其他价格标准，均应采用基准日的标准。

(4) 机动车鉴定评估报告中应写明评估的目的、范围、机动车的状态和产权归属。

(5) 机动车鉴定评估报告应说明评估工作遵循的原则和依据的法律法规，简述鉴定评估过程，写明评估的方法。

(6) 机动车鉴定评估报告应有明确的鉴定估算价值的结果，鉴定结果应有机动车的成新率，应有机动车原值、重置价值、评估价值等。

(7) 机动车鉴定评估报告还应有齐全的附件。

6.3.2 机动车鉴定评估报告主要内容

一、主要内容

依据《乘用车鉴定评估技术规范》（T/CADA 18—2021），机动车鉴定评估报告是机动车评估的权威凭证，具有法律效力，其主要内容如下。

(1) 委托评估方名称：应写明委托方、委托联系人的名称、联络电话及住址；指出车主的名称。

(2) 受理评估方名称：主要是写明评估机构的资质，评估人员的资质。

(3) 评估对象概括：应简要写明纳入评估范围车辆的厂牌型号、号牌号码、发动机号、

车辆识别代号/车架号、注册登记日期、年审检验合格有效日期、公路规费交至日期、购置附加税（费）证号、车辆使用税缴纳有效期。特别是对车辆的使用性质及法定使用年限有定量的结论年限。

（4）评估目的：应写明机动车是为了满足委托方的何种需要，及其所对应的经济行为类型。

（5）鉴定评估基准日（时点）：按委托要求的基准日，式样为：鉴定评估基准日是××××年××月××日。

（6）评估依据：一般可划分为法律法规依据、行为依据和取价依据。法律法规依据应包括车辆鉴定评估的有关条法、文件及涉及车辆评估的有关法律、法规等；行为依据主要是指机动车鉴定评估委托书及载明的委托事项；取价依据为鉴定评估机构收集的国家有关部门发布的技术资料和统计资料，以及评估机构收集的经市场调查的有关询价资料和相关技术参数资料。

（7）评估采用的方法，技术路线和测算过程：应简要说明评估人员在评估过程中选择并使用的评估方法，并阐述选择该方法的依据或者原因。如选用两种或两种以上的方法，应说明原因，并详细说明评估计算方法的主要步骤。

（8）评估结论（最终评估额）：应同时有大小写，并且大小写数额一致。

（9）决定评估额的理由。

（10）评估前提及评估价额应用的说明事项（包括应用时应注意的问题）：评估报告中陈述的特别事项是指在已确定的前提下，评估人揭示在评估过程中已发现的可能影响评估结论的，但非评估人员执业水平和能力评定估算的有关事项；提示评估报告使用者应注意特别事项对评估结论的影响；揭示鉴定评估人员认为需要说明的其他问题。

（11）参与评估的人员与评估对象有无利害关系的说明。

（12）评估作业日期，即估价活动的起止时间，是正式接受估价委托至完全估价报告的期间。

（13）若干附属资料，如评估对象的评估鉴定委托书、产权证明（机动车登记证书、机动车行驶证）、购置附加税（费）、评估人员和评估机构的资格证明等。

二、撰写机动车鉴定评估报时的注意事项

（1）实事求是，切忌出具虚假报告。

（2）坚持一致性做法，切忌出现表里不一。

（3）提交报告书要及时、齐全和保密。

6.3.3 机动车鉴定评估报告范文

机动车鉴定评估报告（示范文本）

××××鉴定评估机构评报字（××××年）第××号

一、绪言

_____（鉴定评估机构）接受_____的委托，根据国家有关评估及《汽车流通管理办法》和《乘用车鉴定评估技术规范》的规定，本着客观、独立、公正、科学的原则，按照公认的评估方法，对牌号为_____的车辆进行了鉴定评估。本机构鉴定评估人员按照必要的程序，对委托鉴定评估的车辆进行了实地查勘与市场调查，并对其在____年____月____日所表现的市场价值做出了公允反映。现将该车辆鉴定评估结果报告如下。

二、委托方与车辆所有方简介

委托方：_____ 委托方联系人：_____

联系电话：_____ 车主姓名/名称：_____（填写机动车登记证书所示的名称）

三、鉴定评估基准日_____年_____月_____日

四、鉴定评估车辆信息

厂牌型号：_____ 牌照号码：_____

发动机号：_____ 车辆VIN编码：_____

车身颜色：_____ 表显里程：_____ 初次登记日期：_____

年审检验合格至：_____年_____月 强制保险截止日期：_____年_____月

车船税截止日期：_____年_____月

是否查封、抵押车辆：□是 □否 车辆购置税（费）证：□有 □无

机动车登记证书：□有 □无 机动车行驶证：□有 □无

未接受处理的交通违法记录：□有 □无

使用性质：□公务用车 □家庭用车 □营运用车 □出租车 □其他_____

五、事故车、泡水车和火烧车判定描述：_____

六、车辆技术工况描述：_____

重要配置及参数信息：_____

技术工况鉴定等级：_____ 等级描述：_____

七、价值评估

价值估算方法：□现行市价法 □重置成本法 □其他_____

价值估算结果：车辆鉴定评估价值为人民币_____元，金额大写：_____

八、特别事项说明[1]

九、鉴定评估报告法律效力

本鉴定评估结果可以作为作价参考依据。本项鉴定评估结论有效期为90天，自鉴定评估基准日至_____年____月_____日止。

十、声明

（1）本鉴定评估机构对该鉴定评估报告承担法律责任。

（2）本报告所提供的车辆评估价值为鉴定评估基准日的价值。

（3）该鉴定评估报告的使用权归委托方所有，其鉴定评估结论仅供委托方为本项目鉴定评估目的使用和送交机动车鉴定评估主管机关审查使用，不适用于其他目的，否则本鉴定评估机构不承担相应法律责任；因使用本报告不当而产生的任何后果与签署本报告书的鉴定评估人员无关。

（4）本鉴定评估机构承诺，未经委托方许可，不将本报告的内容向他人提供或公开，否则本鉴定评估机构将承担相应法律责任。

附件：

一、机动车鉴定评估委托书

二、机动车技术状况鉴定作业表

三、机动车行驶证、机动车登记证书证复印件

四、被鉴定评估乘用车照片（要求外观清晰，车辆牌照能够辨认）

鉴定评估师（签字、盖章）　　　　　复核人[2]（签字、盖章）

　年　　　月　　　日　　　　　　　（机动车鉴定评估机构盖章）
　　　　　　　　　　　　　　　　　　　年　　　月　　　日

[1]特别事项是指在已确定鉴定评估结果的前提下，鉴定评估人员认为需要说明在鉴定过程中已发现可能影响鉴定评估结论，但非鉴定评估人员执业水平和能力所能鉴定评定估算的有关事项以及其他问题。

[2]复核人是指具有高级机动车鉴定评估师资格的人员

备注：

1. 本报告书和作业表一式三份，委托方二份，受托方一份；

2. 鉴定评估基准日即为机动车鉴定评估委托书签订的日期。

机动车鉴定评估委托书（示范文本）

委托书编号：_____

委托方名称：_____ 证件名称/号码：_____

委托方地址：_____ 邮政编码：_____

手机：_____ 电话：_____ 邮箱：_____

微信号：_____

受委托方名称：_____ 证件名称/号码：_____

受委托方地址：_____ 邮政编码：_____

手机：_____ 电话：_____ 公司官网：_____

微信公众号：_____

因 □交易 □典当 □拍卖（起拍价） □置换 □抵押 □担保 □咨询 □其他

委托人与受托人达成委托关系，就机动车鉴定评估作业表中所列车辆进行技术工况检测鉴定评估，具体需求是：

□事故/泡水/火烧车判断 □整车价格评估 □整车检测评估

委托方特殊需求：_____

■收款信息：

收款单位名称：_____ 开户银行：_____ 账号：_____

检测鉴定评估与认证费金额（元/台）：（含税）（大写）_____元整（小写）_____（元整）。

劳务费（元/台/次）：（含税）（大写）_____元整（小写）_____（元整）。

付款时间：_____年_____月_____日

声明：

1. 委托方提供的信息（包括但不限于车辆及车主信息、委托人信息），应当保证真实性。

2. 受托方系依法成立的机动车辆鉴定评估机构，就所出具的《机动车鉴定评估报告》承担相应的法律责任。

3. 委托方委托检测鉴定之日为委托基准日，受托方仅对委托基准日车况进行检测鉴定。委托人如有特殊需求，应在委托书中具体说明。

4. 检测鉴定参考借鉴：《中华人民共和国产品质量法》《中华人民共和国消费者权益保护法》《缺陷汽车产品召回管理条例》《家用汽车产品修理、更换、退货责任规定》《机动车运行安全技术条件》《机动车鉴定评估技术规范》等法律法规、行业规范。

5. 本次出具的机动车鉴定评估委托书仅包含汽车生产厂家初始标准的基本信息、委托方委托的事故/泡水/火烧车判断、整车价格评估、整车检测认证项目的技术状况描述，不包含具体的分析过程。

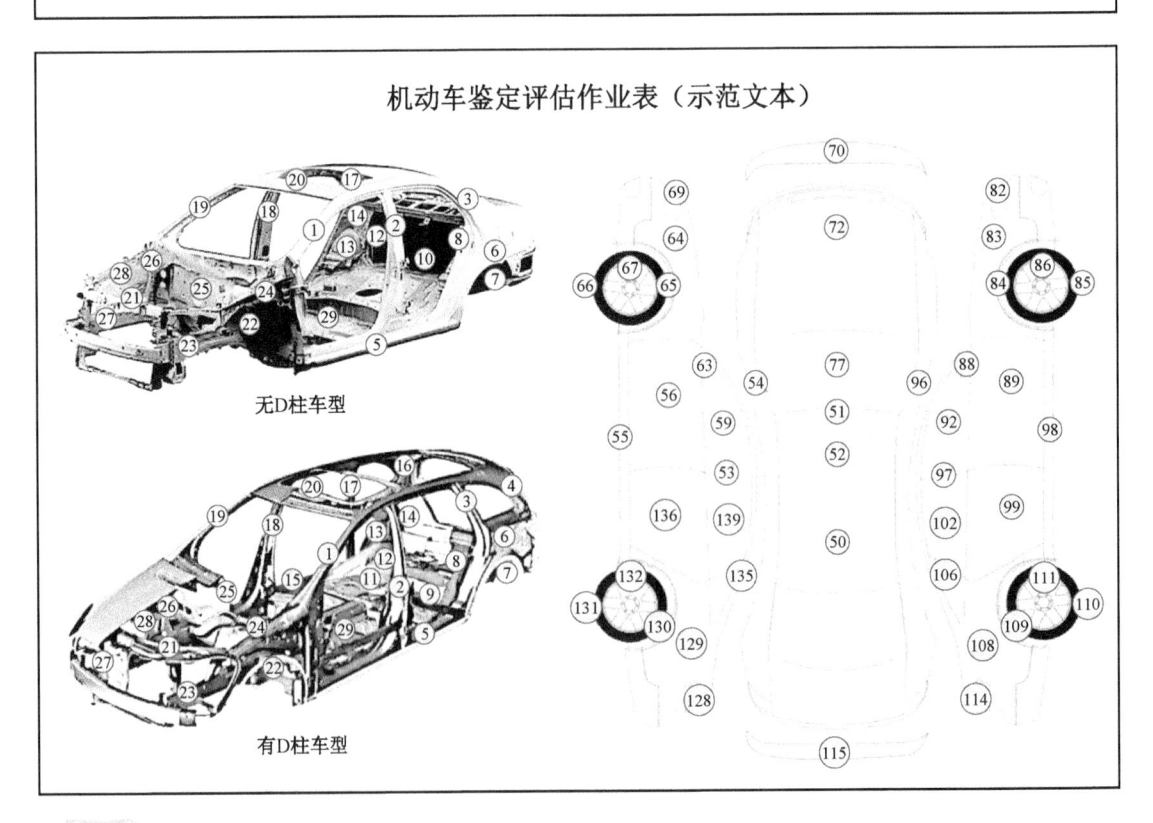

6. 本次出具的机动车鉴定评估委托书仅对本次委托有效且不具他用。

7. 受托方指派的技术人员与本次检测鉴定评估与质量认证无利害关系。

8. 以受托方检测站为起点往返超过_____km（_____km以内），支付____元/台/次劳务费；超过_____km，支付往来交通费外，劳务费另外收取。

9. 委托方对机动车鉴定评估委托书的检测结论有异议的，可以自收到该认证书之日起15日内申请复检。

（备注：若复检结果与原结论一致的，委托方应当按照首检定价再行支付一次费用；若复检结果与原结论存在本质差异的，受托方不再收取工费。）

10. 委托方应当自签订本委托书之日起_____日内向受托方支付本次的检测鉴定评估与质量认证费用，受托方于双方约定日期开展检测鉴定工作。

机动车鉴定评估基本信息表										
序号	车主姓名	车牌号	17位车架号（VIN）	发动机号	车辆品牌	车系	车辆使用性质	初次登记日期	表显里程/km	所在地
001										
002										

委托方： 　　　　　　　　　　　受委托方：

（签字/章） 　　　　　　　　　（签字/章）

　年　月　日 　　　　　　　　　年　月　日

机动车鉴定评估作业表（示范文本）

无D柱车型

有D柱车型

项目六　机动车鉴定评估报告

	厂牌与型号		产地		车牌号	
汽车基本信息	车架号（VIN）		气缸排列方式/数		车身颜色	
	发动机号		排量/L		表显里程/km	
	燃料类别		燃料标号		发动机功率/kW	
	变速器形式		动力方式		车身厢式	
	质保有效期		驱动方式		车辆使用性质	
	行驶证		年检有效期		购置税证	
	登记证		初次登记日期		车船税有效期	
	商业车险有效期		交强险有效期		过户记录	
	发动机更换记录			车架更换记录		
	车主名称		证件号码			
车辆基本状况判定	事故车 □是 □否		损伤位置及损伤参数描述			
	泡水车 □是 □否					
	火烧车 □是 □否					

车辆结构件代码（见表 4-3）

事故车判定表（见表 4-5）

车身外部件代码对应表（见表 6-1）

发动机舱检查项目表（见表 6-3）

驾驶室检查项目表（见表 6-4）

起动检查项目表（见表 6-5）

底盘检查项目表（见表 6-6）

车辆功能性零部件检查项目表（见表 6-7）

路试检查项目表（见表 6-8）

车损等级判定表（见表 6-9）

鉴定评估师　（签名/章）：

鉴定单位：

	机动车技术状况表（示范文本）					
车辆基本信息	厂牌型号			底盘检查		
	发动机号			VIN 编码		
	初次登记日期	年 月 日		表显里程	万千米	
	品牌名称		□国产 □进口	车身颜色		
	车检证明	□有（至 年 月） □无		购置税证书	□有 □无	
	车船税证明	□有（至 年 月） □无		交强险	□有（至 年 月） □无	
	使用性质	□营运用车 □出租车 □公务用车 □家庭用车 □其他				
	其他法定凭证、证明	□机动车号牌 □机动车行驶证 □机动车登记证书 □第三者强制保险单 □其他				
	车主名称/姓名			企业法人证书代码/身份证号码		

重要参数/配置	燃料标号		排量		缸数	
	发动机功率		排放标准		变速器形式	
	驱动方式	□两驱 □四驱	ABS	□有 □无	气囊	
	其他重要配置					
事故车	□是 □否	损伤位置及损伤状况				
泡水车	□是 □否	损伤位置及损伤状况				
火烧车	□是 □否	损伤位置及损伤状况				
鉴定结果	分值			车损等级		
车辆技术状况鉴定缺陷描述	鉴定科目	鉴定结果（得分）		缺陷描述		
	车身检查					
	发动机检查					
	车内检查					
	起动检查					
	路试检查					
	底盘检查					

声明：

本机动车技术状况表所体现的鉴定结果仅为鉴定日期当日被鉴定车辆的技术状况表现与描述，若在当日内被鉴定车辆的市场价值或因交通事故等原因导致车辆的价值发生变化，对车辆鉴定结果产生明显影响时，本机动车技术状况表不作为参考依据。

鉴定评估师（姓名与注册号码）：

鉴定单位：（盖章）

鉴定日期： 年 月 日

注：本机动车技术状况表由机动车经销企业、拍卖企业、经纪企业使用，作为机动车交易合同的附件。车辆展卖期间，放置在驾驶室前挡风玻璃左下方，为消费者提供参考。

项目七

二手车交易与运作

知识目标

- 掌握二手机动车（简称二手车）交易类型及交易过户业务流程。
- 掌握我国主要二手车置换运作模式。
- 掌握二手车置换营销话术。

能力目标

- 能够组织制定和实施二手车交易营销方案。
- 能够审核二手车置换销售定价。
- 能够在二手车置换交易环节运用科学规范的营销话术与客服沟通。

思政目标

- 培养机动车鉴定评估从业人员在流通环节的规范经营行为，保障二手车交易双方的合法权益，促进机动车流通健康发展。
- 培养二手车交易遵循诚实守信、公平公开的原则，严禁欺行霸市、强买强卖、弄虚作假、恶意串通、敲诈勒索等违法行为。

思政育人

做好全方位服务　促进机动车流通业健康发展

深入学习党的二十大对高质量发展、商贸流通、市场体系的新要求，运用现代化、信息化手段实现科学化、精准化服务，促进汽车流通业健康发展与服务市场主体相融合，不断规范经营行为，搞活机动车流通，扩大机动车消费，努力打造统一开放竞争有序的流通市场体系。

任务 7.1　二手车交易

7.1.1　二手车交易类型及程序

一、二手车交易类型

1. 按照交易性质分类

（1）直接交易。

机动车直接交易指机动车所有人不通过经销企业、拍卖企业和经纪机构将车辆直接出售给买方的交易行为。交易可以在二手车交易市场内进行，也可以在场外进行。

（2）中介经营。

机动车中介经营指机动车买卖双方通过中介方的帮助而实现交易，中介方收取约定佣金的一种交易行为。中介经营包括机动车经纪、机动车拍卖等。

（3）二手车销售。

二手车销售指机动车销售企业收购、销售二手车的经营活动。

（4）二手车置换。

二手车置换指消费者用二手车的评估价值加上另行支付的车款从品牌经销商处购买新车的业务。

（5）机动车质押典当。

机动车质押典当指质押物为机动车的质押融资行为。典当行机动车质押业务指按《典当管理办法》中规定的以机动车作为担保物的动产质押业务。机动车质押典当不赎回情况也可以算作一种二手车销售。

2. 按照交易对象分类

（1）个人对个人交易。

这种交易类型的机动车所有权人为个人，机动车买受人也是个人。

（2）个人对单位交易。

这种交易类型的机动车所有权人为个人，机动车买受人是单位。

（3）单位对个人交易。

这种交易类型的机动车所有权人为单位，机动车买受人是个人。

（4）单位对单位交易

这种交易类型的机动车所有权人为单位，机动车买受人也是单位。

二、二手车交易程序

二手车交易过户业务流程，如图 7-1 所示。办理二手车交易时，如果原车主不来，可以授权委托其他人来办理交易及过户手续，但必须签署授权办理二手车交易、过户委托书（见图 7-2）。此委托书只在办理交易过户业务时使用，而办理转移登记过户业务不用。

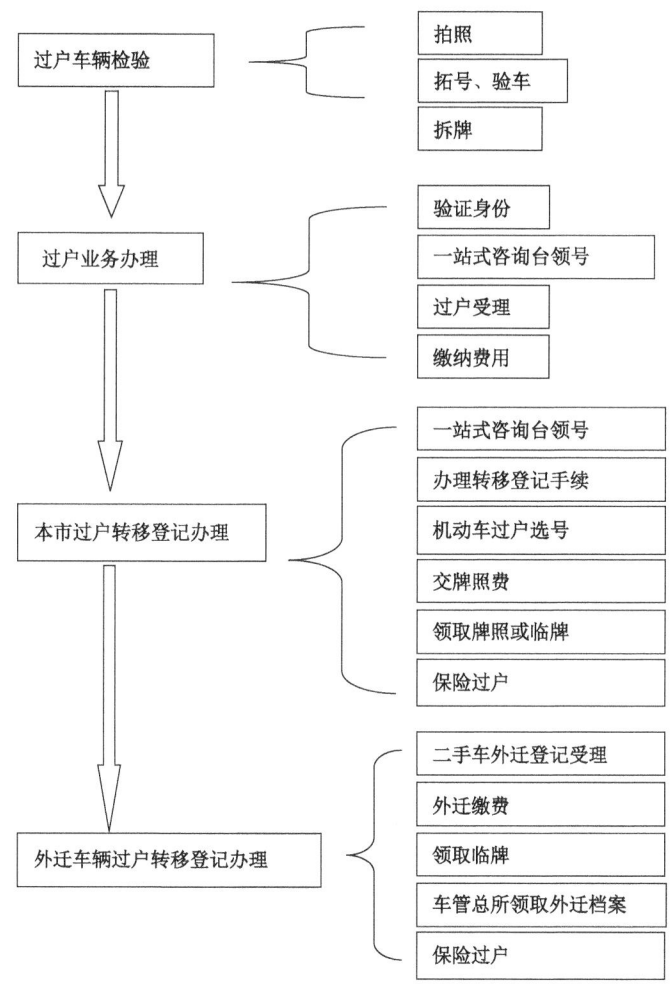

```
过户车辆检验 ── 拍照
              拓号、验车
              拆牌
      ↓
过户业务办理 ── 验证身份
              一站式咨询台领号
              过户受理
              缴纳费用
      ↓
本市过户转移登记办理 ── 一站式咨询台领号
                    办理转移登记手续
                    机动车过户选号
                    交牌照费
                    领取牌照或临牌
                    保险过户
      ↓
外迁车辆过户转移登记办理 ── 二手车外迁登记受理
                       外迁缴费
                       领取临牌
                       车管总所领取外迁档案
                       保险过户
```

图 7-1　机动车交易过户业务流程

二手车拍卖交易流程，如图 7-3 所示。办理二手车拍卖交易时需要政府有关部门审核，审查网络申请的资格，根据审核结果发放汽车拍卖许可证。

授权办理二手车交易、过户
委 托 书

现有二手车一辆，车辆号牌为 _____，车辆型号为 _____ 需出售。现委托 _____，以委托人的名义办理上述二手车的交易、过户事宜。

委托人（签章）_____

_____年___月___日

图 7-2　授权办理二手车交易、过户委托书

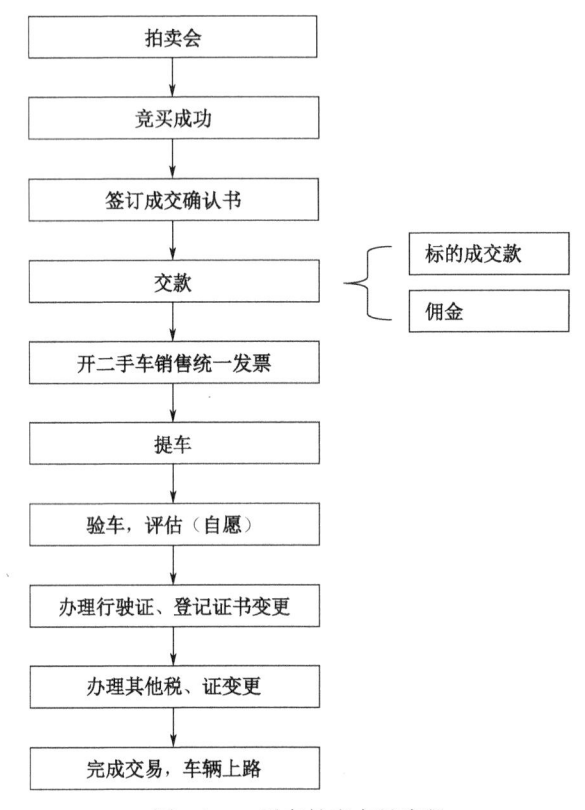

```
拍卖会
  ↓
竞买成功
  ↓
签订成交确认书
  ↓
交款 ———— { 标的成交款
              佣金
  ↓
开二手车销售统一发票
  ↓
提车
  ↓
验车，评估（自愿）
  ↓
办理行驶证、登记证书变更
  ↓
办理其他税、证变更
  ↓
完成交易，车辆上路
```

图 7-3　二手车拍卖交易流程

三、办理二手车交易过户

二手车过户过程实际上是分为两个步骤：车辆交易过户和转移登记过户，两个步骤缺一不可。交易过户业务在二手车交易市场里办理，获取二手车销售统一发票；转移登记过户业务在车管所办理，主要完成机动车登记证书的变更登记、核发机动车行驶证及机动车号牌。

办理二手车交易过户业务注意事项如下。

1. 验车

验车是买卖双方到二手车交易市场办理过户业务的第一道程序，由市场主办方委派负责过户的业务人员办理。验车的目的主要是检查车辆和行驶证上的内容是否一致，对车辆的合法性进行验证。检查的内容包括车主姓名、车辆名称、车辆的号牌号码、车辆类型、车辆识别代号、发动机号、排气量、初次登记日期等，经检查无误后，填写机动车检验记录单，进入查验手续阶段。

2. 验手续

验手续主要查验车辆手续和机动车所有人身份证明。目的是检验买卖双方所提供的所有手续是否具备办理过户的条件，检查有无缺失及不符合规定的手续。

（1）车辆手续检查。

车辆手续指能够满足机动车上路行驶所需要的各种手续，主要包括按照国家有关法律法规及地方性法规要求应该办理的各项有效证件和应该交纳的税、费凭证。

（2）机动车所有人身份证明。

机动车所有人身份证明是证实车主身份的证明，目的是查验机动车所有人是否合法拥有该车的处置权。车主的身份证明有以下几种情况。

① 法定证明、凭证复印件（主要包括车辆号牌、机动车登记证书、机动车行驶证和机动车安全技术检验合格标志）。

② 购车原始发票或者最近一次交易发票复印件。

③ 买卖双方身份证明或者机构代码证书复印件。

（3）确认卖方的身份及车辆的合法性。

根据《机动车交易规范》规定，二手车交易市场经营者和二手车经营主体应按下列项目确认卖方的身份及车辆的合法性。

① 卖方身份证明或者机构代码证书原件合法有效。

② 车辆号牌、机动车登记证书、机动车行驶证、机动车安全技术检验合格标志真实、合法、有效。

③ 交易车辆不属于《二手车流通管理办法》规定禁止交易的车辆。

（4）车辆所有权或处置权证明。

二手车交易市场经营者和二手车经营主体应核实卖方的所有权或处置权证明。车辆所有权或处置权证明应符合下列条件。

① 机动车登记证书、行驶证与卖方身份证明名称一致；国家机关、国有企事业单位出售的车辆，应附有资产处理证明。

② 委托出售的车辆，卖方应提供车主授权办理二手车交易、过户委托书和身份证明。

③ 机动车经销企业销售的二手车，应具有车辆收购合同等能够证明经销企业拥有该车所有权或处置权的相关材料，以及原车主身份证复印件。原车主名称应与机动车登记证、行驶证名称一致。

3. 查违法

查违法就是查询交易的机动车是否有违法行为记录。具体方法为登录车辆管理部门的信息数据库或查询网站进行查询。

4. 签订交易合同

根据《二手车流通管理办法》规定，二手车交易双方应该签订交易合同，要在合同中对机动车的状况、来源的合法性、费用负担及现问题的解决方法等各方面进行约定，以便分清各自的责任和义务。

5. 交纳手续费

手续费，又称过户费，指在二手车交易市场中办理交易过户业务相关手续的服务费用。

自《二手车流通管理办法》出台，取消了强制评估，也就意味着，按照车辆评估价一定比例征收过户费的情况已被取消，取代之的是收取服务费。对于服务费的收取标准，国家没有统一规定，由各个市场根据服务项目和内容决定。

6. 开具二手车销售统一发票

二手车销售统一发票是机动车的来历证明，是办理转移登记手续变更的重要文件，因此它又被称为"过户发票"。过户发票的有效期为一个月，买卖双方应在此期间内，到车辆管理部门办理机动车行驶证、机动车登记证的相关变更手续。

二手车销售统一发票由从事二手车交易的市场、有开票资格的二手车经销企业或拍卖企业开具；二手车经纪公司和消费者个人之间二手车交易发票由二手车交易市场统一开具。二手车销售统一发票是采用压感纸印制的计算机票，一式五联，其中存根联、记账联、入库联由开票方留存；发票联交购车方、转移登记联交公安车辆管理部门办理过户手续。二手车销售发票的价款中不包括手续费和评估费。

7. 二手车交易完成后卖方应向买方交付的手续

二手车交易完成后，卖方应当及时向买方交付车辆、号牌及车辆法定证明、凭证。车辆法定证明、凭证包括：

（1）机动车登记证书。

（2）机动车行驶证。

（3）有效的机动车安全技术检验合格标志。

（4）车辆购置税完税证明。

（5）车辆保险单。

四、机动车办理转移登记所需的手续及证件

1. 机动车所有权由个人转移给个人

（1）卖方个人身份证原件及复印件。

（2）买方个人身份证原件及复印件。

（3）车辆原始购置发票或上次交易过户的发票原件及复印件。

（4）过户车辆的机动车登记证书原件及复印件。

（5）过户车辆的机动车行驶证原件及复印件。

（6）机动车买卖合同。

（7）外地户口需持暂住证。

（8）过户车辆到场。

2. 机动车所有权由个人转移给单位

（1）卖方个人身份证原件及复印件。

（2）买方单位法人代码证原件及复印件（须在年检有效期之内）。

（3）车辆原始购置发票或上次交易过户发票原件及复印件。

（4）过户车辆的机动车登记证书原件及复印件。

（5）过户车辆的机动车行驶证原件及复印件。

（6）机动车买卖合同。

（7）过户车辆到场。

3. 机动车所有权由单位转移给个人

（1）卖方单位法人代码证原件及复印件（须在年检有效期之内）。

（2）买方个人身份证原件及复印件。

（3）车辆原始购置发票或上次交易过户发票原件及复印件（若发票丢失需本单位财务证明信）。

（4）卖方单位须按实际成交价格给买方个人开具成交发票（需复印）。

（5）过户车辆的机动车登记证书原件及复印件。

（6）过户车辆的机动车行驶证原件及复印件。

（7）机动车买卖合同。

（8）过户车辆到场。

4. 机动车所有权由单位转移给单位

（1）卖方单位法人代码证原件及复印件（须在年检有效期之内）。

（2）买方单位法人代码证原件及复印件（须在年检有效期之内）。

（3）车辆原始购置发票或上次交易过户发票原件及复印件（若发票丢失需本单位财务证明信）。

（4）卖方单位须按实际成交价格给买方单位开具成交发票（需复印）。

（5）过户车辆的机动车登记证书原件及复印件。

（6）过户车辆的机动车行驶证原件及复印件。

（7）机动车买卖合同。

（8）过户车辆到场。

五、同城车辆所有权转移登记

办理已注册登记的机动车在同城（同一车辆管理所管辖区内）发生所有权转移时，只需要更改车主姓名（单位名称）和住所等资料，机动车及机动车号牌可以不变更。这种变更情形习惯上称为办理过户手续，即把机动车原车主的登记信息变更为新车主的登记信息。

1. 过户登记的程序

现车主提出申请（填写机动车转移登记申请表）、机动车检测站查验车辆（同时对超过检验周期的机动车进行安全检测）、车辆管理所受理审核资料、在机动车登记证书上记载过户登记事项（对需要改变机动车登记编号的，确定机动车登记编号）、收回原机动车号牌和机动车行驶证、重新核发机动车号牌和机动车行驶证（对不需要改变机动车登记编号的，只需重新核发机动车行驶证）。

2. 过户登记需要的材料

（1）机动车转移登记申请表。

（2）现车主的身份证明。

（3）机动车登记证书（原件）。

（4）机动车行驶证（原件）。

（5）解除海关监管的机动车，应当提交监管海关出具的《中华人民共和国海关监管车辆解除监管证明书》。

（6）机动车来历凭证（二手车销售统一发票注册登记联原件）。

（7）车辆购置税完税证明。

（8）所购买的机动车。

3. 过户登记的事项

（1）现车主的姓名或者单位名称、身份证明名称、身份证明号码、住所地址、邮政编码和联系电话。

（2）机动车获得方式：人民法院调解、裁定、判决、仲裁机构仲裁裁决、购买、继承、赠予、中奖、协议抵偿债务、资产重组、资产整体买卖和调拨等。

（3）机动车来历凭证的名称、编号。

（4）车辆登记日期。

（5）解除海关监管的机动车，登记海关出具的《中华人民共和国海关监管车辆解除监管证明书》的名称、编号。

（6）改变机动车登记编号的，登记机动车登记编号。

4. 不能办理过户登记的情形

有下列情形之一的，不能办理过户登记：

（1）车主提交的证明、凭证无效的。

（2）机动车来历凭证涂改的，或者机动车来历凭证记载的车主与身份证明不符的。

（3）车主提交的证明、凭证与机动车不符的。

（4）机动车未经国家机动车产品主管部门许可生产、销售或者未经国家进口机动车主管部门许可进口的。

（5）机动车的有关技术数据与国家机动车产品主管部门公告的数据不符的。

（6）机动车达到国家规定的强制报废标准的。

（7）机动车属于被盗抢的。

（8）机动车与该车的档案记载内容不一致的。

（9）机动车未被海关解除监管的。

（10）机动车在抵押期间的。

（11）机动车或者机动车档案被人民法院、人民检察院、行政执法部门依法查封、扣押的。

（12）机动车涉及未处理完毕的道路交通安全违法行为或者交通事故的。

六、异地车辆所有权转移登记

1. 转出登记

车辆转出登记指在现车辆管理所管辖区内已注册登记的车辆，办理车辆档案转出的手续。一般是由于现车主的住所或工作地址变动等原因需要将车辆转出本地。

（1）转出登记程序。

现车主提出申请（填写机动车转移登记申请表）、车辆管理所受理审核材料、确认车辆、在机动车登记证书上记载转出登记事项、收回机动车号牌和机动车行驶证、核发临时行驶车号牌，密封机动车档案、交机动车所有人。

（2）转出登记规定。

根据《机动车登记规定》，机动车交易后且现车主的住所不在原车辆管理所管辖区的，现车主应当于机动车交付之日（以二手车销售统一发票上登记日期为准）起30日内，向原机动车管辖地车辆管理所提出转移登记申请，填写机动车转移登记申请表，有些地方还要求车主签订外迁保证书。

（3）转出登记需要的材料。

现车主在规定的时间内，持下列材料，向原机动车管辖地车辆管理所申请转出登记，并交验车辆。转出登记需要的材料如下。

① 机动车转移登记申请表。

② 现车主的身份证明。

③ 机动车登记证书（原件）。

④ 机动车来历凭证（二手车销售统一发票注册登记联原件）。

⑤ 如果属于解除海关监管的机动车，应当提交监管海关出具的《中华人民共和国海关监管车辆解除监管证明书》。

⑥ 交回机动车号牌和机动车行驶证。

（4）转出登记事项。

① 现车主的姓名或者单位名称、身份证明名称、身份证明号码、住所地址、邮政编码和联系电话。

② 机动车获得方式。机动车获得方式指人民法院调解、裁定、判决、仲裁机构仲裁裁决、购买、继承、赠予、中奖、协议抵偿债务、资产重组、资产整体买卖和调拨等。

③ 机动车来历凭证的名称、编号。

④ 机动车转出登记的日期。

⑤ 海关解除监管的机动车，登记海关出具的《中华人民共和国海关监管车辆解除监管证明书》的名称、编号。

⑥ 改变机动车登记编号的，登记机动车登记编号。

⑦ 登记转入地车辆管理所的名称。

完成转出登记的办理后，收回机动车号牌和机动车行驶证，核发临时行驶车号牌，密封机动车档案，交给车主到转入地办理转入登记手续。

2. 转入登记

（1）机动车转入登记条件。

① 现车主的住所属于本地车管所登记规定范围的。

② 转入机动车符合国家机动车登记规定的。

（2）转入登记规定

根据《机动车登记规定》，机动车档案转出原车辆管理所后，机动车所有人必须在 90 日内携带车辆及档案资料到住所地车辆管理所申请机动车转入登记。

（3）转入登记程序

车主提出申请、交验车辆，车辆管理所受理申请、审核资料、在机动车登记证书上记载转入登记事项、核发机动车号牌、机动车行驶证和检验合格标志。

（4）转入登记需要的资料。

① 机动车注册登记/转入申请表。

② 车主的身份证明。

③ 机动车登记证书。

④ 机动车密封档案（原封条无断裂、破损）。

⑤ 申请办理转入登记的机动车的标准照片。

⑥ 海关监管的机动车，还应当提交监管海关出具的中华人民共和国海关监管车辆进（出）入境领（销）牌照通知书。

（5）转入登记事项。

车辆管理所办理转入登记时，要在机动车登记证书上记载下列登记事项。

① 车主的姓名或者单位名称、身份证明号码或者单位代码、住所地址、邮政编码和联系电话。

② 机动车的使用性质。

③ 转入登记的日期。

属于机动车所有权发生转移的，还应当登记下列事项。

① 机动车获得方式。

② 机动车来历凭证的名称、编号和进口机动车的进口凭证的名称、编号。

③ 机动车办理保险的种类、保险的日期和保险公司的名称。

④ 机动车销售单位或者交易市场的名称和机动车销售价格。

七、办理其他税、证变更

1. 车辆购置税的变更

车辆购置税的征收部门是车辆登记注册地的主管税务机关，办理变更时，需填写车辆变动情况登记表，并携带以下资料办理。

（1）车辆购置税同城过户业务办理。

办理车辆购置税同城过户业务需提供以下资料。

① 新车主的身份证明。

② 二手车销售统一发票。

③ 机动车行驶证。

④ 车辆购置税完税证明（正本）。

上述资料均需提供原件及复印件。

办理车辆购置税同城过户业务流程如下。

① 填写车辆变动情况登记表。

② 报送资料。

③ 办理过户。

④ 换领车辆购置税完税证明。

（2）车辆购置税转籍（转出）业务办理。

办理转籍（转出）业务需提供以下资料。

① 车主身份证明。

② 车辆交易有效凭证原件（二手车销售统一发票）。

③ 车辆购置税完税证明（正本）。

④ 公安车管部门出具的车辆转出证明材料。

上述资料均需提供原件及复印件。

办理转籍（转出）业务流程如下。

① 填写车辆变动情况登记表。

② 报送资料。

③ 领取档案资料袋。

（3）车辆购置税转籍（转入）业务办理。

办理转籍（转入）业务需提供以下资料。

① 车主身份证明。

② 本地公安车管部门核发的机动车行驶证。

③ 车辆交易有效凭证原件（二手车销售统一发票）。

④ 车辆购置税完税证明。

⑤ 档案转移通知书。

⑥ 转出地车辆购置税办封签的档案袋。

⑦ 公安车管部门出具的车辆转出证明材料。

办理转籍（转入）业务流程如下。

① 填写车辆变动情况登记表。

② 报送资料。

③ 换领车辆购置税完税证明（正本）。

2. 车辆保险合同的变更

车辆所有权的转移并不意味着车辆保险合同也转移。一般情况下，保险利益随着保险标的所有权的转让而灭失，只有经保险公司同意批改后，保险合同方才重新生效。所以，保险车辆依法过户转让后应到保险公司办理保险合同主体的变更手续，否则车辆受损时保险公司是有权拒赔的。

保险公司和车主签订的保险合同一般也有约定，在保险合同的有效期限内，保险车辆转卖、转让、赠送他人、变更用途或增加危险程度，被保险人应当事先书面通知保险人并申请办理批改，否则，保险人有权解除保险合同或者有权拒绝赔偿。

（1）办理车辆保险过户的方式。

办理车辆保险过户有以下 2 种方式。

① 对保单要素进行更改，如更换被保险人与车主。

② 申请退保，即把原来那份车险退掉，终止以前的合同。

退保是保险公司退还剩余的保费。退保完成后，新车主就可以到任何一家保险公司去重新办理一份车险。

（2）车辆保险合同变更的程序。

① 填写一份汽车保险过户申请书，向原投保的保险公司申请办理批改被保险人称谓的手续。申请书上注明保险单号码、车牌号、新车主的姓名及过户原因，并签字或盖章，以便保险公司重新核保。

② 带保险单和已过户的机动车行驶证，找保险公司的业务部门办理。一般情况下，保险公司都会受理并出具一张变更被保险人的批单，批单上面写明了被保险人的变化情况。

7.1.2 二手车交易买卖合同

二手车交易买卖合同指政府为规范机动车交易市场设定的适用于买卖双方的，保护双方权益的地方性细节法规文本合同。

一、二手车交易合同的准则与主题

1. 订立交易合同的基本原则

（1）合法原则。

（2）平等互利、协商一致原则。

2. 二手车交易合同的主体

二手车交易合同主体指为了实现机动车交易目的，以自己名义签订交易合同，享有合同权利、承担合同义务的组织和个人。根据《中华人民共和国合同法》的规定，我国合同当事人可分为法人、其他组织和自然人。

3. 二手车交易合同的种类

二手车交易合同按当事人在合同中处于出让、受让或居间中介的不同情况，可分为二手车买卖合同和二手车居间合同两种。

（1）二手车买卖合同。

① 出让人（售车方）：有意向出让机动车合法产权的法人或其他组织、自然人。

② 受让人（购车方）：有意向受让机动车合法产权的法人或其他组织、自然人。

（2）二手车居间合同（一般有三方当事人）。

① 出让人（售车方）：有意向出让机动车合法产权的法人或其他组织、自然人。

② 受让人（购车方）：有意向受让机动车合法产权的法人或其他组织、自然人。

③ 中介人（居间方）：合法拥有二手车中介交易资质的机动车经纪公司。

二、二手车交易合同的内容

1. 主要内容

（1）标的：指合同当事人双方权利义务共同指向的对象，可以是物也可以是行为。二手车交易合同的标的是被交易的机动车。

（2）数量。

（3）质量：标的内在因素和外观形态优劣的标志，是标的满足人们一定需要的具体特征。

（4）履行期限、地点和方式。

（5）违约责任。

（6）根据法律规定的或按合同性质必须具备的条款及当事人一方要求必须规定的条款。

2. 其他内容

包括合同的包装要求、某种特定的行业规则和当事人之间交易的惯有规则。

三、二手车交易合同的变更和解除

1. 交易合同的变更

交易合同的变更，通常是指依法成立的交易合同尚未履行或未完全履行之前，当事人就其内容进行修改和补充而达成的协议。

2. 交易合同的解除

交易合同的解除指交易合同订立后，没有履行或没有完全履行以前，当事人依法提前终止合同。

3. 交易合同变更和解除的条件

《中华人民共和国合同法》（下称《合同法》）规定，凡发生下列情况之一，允许变更或解除合同。

（1）当事人双方经协商同意，并且不因此损害国家利益和社会公共利益。

（2）由于不可抗力致使合同的全部义务不能履行。

（3）由于另一方在合同约定的期限内没有履行合同。

四、二手车交易合同违约责任

违约责任，是指交易合同一方或双方当事人由于自己的过错造成合同不能履行或不能完全履行，依照法律或合同约定必须承受的法律制裁。

1. 违约责任的性质

（1）等价补偿。

凡是已给对方当事人造成财产损失的，就应当承担补偿责任。

（2）违约惩罚。

合同当事人违反合同的，无论这种违约是否已经给对方当事人造成财产损失，都要依照法律规定或合同约定，承担相应的违约责任。

2. 承担违约责任的条件

（1）要有违约行为。

要追究违约责任，必须有合同当事人不履行或不完全履行的违约行为。它可分为作为违约和不作为违约。

（2）行为人要有过错。

过错是指当事人违约行为主观上出于故意或过失。故意是指当事人应当预见自己的行为会产生一定的不良后果，但仍用积极的不作为或者消极的不作为希望或放任这种后果的发生；过失是指当事人对自己行为的不良后果应当预见或能够预见到，而由于疏忽大意没有预见到或虽已预见到但轻信可以避免，以致产生不良后果。

3. 承担违约责任的方式

（1）违约金。

违约金指合同当事人因过错不履行或不适当履行合同，依据法律规定或合同约定，支付给对方的一定数额的货币。

根据《合同法》及有关条例或实施细则的规定，违约金分为法定违约金和约定违约金。

（2）赔偿金。

赔偿金指合同当事人一方过错违约给另一方当事人造成损失超过违约金数额时，由违约方当事人支付给对方当事人的一定数额的补偿货币。

（3）继续履行。

继续履行指合同违约方支付违约金、赔偿金后，应对方的要求，在对方指定或双方约定的期限内，继续完成没有履行的那部分合同义务。

违约方在支付了违约金、赔偿金后，合同关系尚未终止，违约方有义务继续按约履行，最终实现合同目的。

五、二手车交易合同纠纷处理方式

1. 协商解决

协商解决指合同当事人之间直接磋商，自行解决彼此间发生的合同纠纷。这是合同当事人在自愿、互谅互让基础上，按照法律、法规的规定和合同的约定，解决合同纠纷的一种方式。

2. 调解解决

调解解决指由合同当事人以外的第三人（交易市场管理部门或二手车流通协会）出面调解，使争议双方在互谅互让基础上自愿达成解决纠纷的一种方式。

3. 仲裁

仲裁指合同当事人将合同纠纷提交国家规定的仲裁机关，由仲裁机关对合同纠纷做出裁决的一种活动。

4. 诉讼

诉讼指合同当事人之间发生争议而合同中未规定仲裁条款或发生争议后也未达成仲裁协议的情况下，由当事人一方将争议提交有管辖权的法院按诉讼程序审理做出判决的活动。

二手车交易买卖合同范本如下。

二手车交易买卖合同范本

车主：_____　　买方（承买人）：_____

车主地址：_____　　买方地址：_____

车主电话：_____　　买方电话：_____

车主根据《二手车流通管理办法》，与买方就下列车辆的交易达成如下协议：

一、车辆情况

车辆型号：_____　车身颜色：_____车牌号码：_____

行驶里程：_____　发动机号：_____燃料：_____

车架号码：_____　初次登记时间：_____

二、车辆具备下列证件及备件（在方格内打"√"为示）

□行驶证正、副本　　□购置税（费）证　　□路费收据　　□车船税标志（发票）

□机动车登记证书　　□定编证（使用证）　□营运证　　　□备胎　□千斤顶　□钥匙

三、确认所购车辆的目前实际状况，不得以车况为由中途退车

四、车主保证该车的来源合法，手续齐全、真实有效，并承担因该车和手续不合法引起的法律责任

五、成交价人民币（大写）_____元整（¥_____元）

六、付款方式（在方格内"√"为示）

□本协议签订后，买方一次性付清全车款；办理车手续。

□本协议签订后，买方付购车定金人民币（大写）_____（¥_____元）在（_____天内，买方付清余款人民币（大写）_____元整（¥_____元）后办理提车手续

七、办理过户：买方应主动积极按卖方的要求备齐过户所需资料，由卖方协助办理过户手续；取得过户受理；回执或行驶证（取证时间以车管所受理回执所规定的时间为准，包括顺延时间）

八、违约责任

1．卖方在收到买方购车款项后，将积极协助买方办理过户手续，如未能将车辆过户手续办妥（车管部门造成的延误除外，届时双方协调解决），买方有权提出退车，但应维持该车交付时的状态，卖方将已付的购车款如数退还给买方。

2．买方应在提车后____日内配合卖方办理过户手续，如逾期未办理，应向卖方支付违约金_____元。

3．如买方逾期未交清余款，卖方有权将该车另作处理无须通知买方，所收定金不再退还。

九、该车在____年____月____日____时____分以前发生一切交通事故、经济纠纷、法律责任均由原车主或转让人负责，该车在____年____月____日____时____分以后发生一切交通事故、经济纠纷、法律责任均由承买人负责。

十、补充条款

_____

十一、当该车从车方名下过户到买方名下，买卖双方办理完移交手续后，本协议即执行完毕

十二、本协议一式两份，买方一份，卖方一份，交易后代表签字盖章后生效

备注：如需注明车辆营运或非营运性质和车辆某一系统或某一部件的质量情况，请在条款中补充说明

买方：（签章）　　　　　　　　　　卖方：（签章）

　　　年　　月　　日　　　　　　　　　年　　月　　日

7.1.3　二手车质量保证

一、二手车质量保证的意义

（1）保护消费者权益。

（2）促进机动车行业的规范发展。

（3）有利于经营品牌的创立。

（4）有利于开辟新的交易方式。

二、二手车质量保证的前提及质量保证期限、范围

1. 提供质量保证的企业

根据《二手车交易规范》规定，二手车质量保证只对机动车经销企业要求，对直接交易、经纪、拍卖和鉴定评估等中介交易形式无要求。

2. 二手车质量保证的前提

根据《二手车交易规范》规定，二手车经销企业向最终用户销售机动车应提供质量保证的前提是：使用年限在 3 年以内或行驶里程在 6 万千米以内的车辆（以先到者为准，营运车除外）。

3. 二手车质量保证期限

根据《二手车交易规范》规定，二手车经销企业向最终用户销售二手车时，应向用户提供不少于 3 个月或 5000 千米（以先到者为准）的质量保证。

4. 二手车质量保证的范围

根据《二手车交易规范》规定，二手车质量保证范围为发动机系统、转向系统、传动系统、制动系统和悬挂系统等。

三、二手车的售后服务

1. 二手车售后服务的规定

根据《二手车交易规范》，二手车售后服务的规定如下。

（1）二手车经销企业向最终用户提供售后服务时，应向其提供售后服务清单。

（2）在提供售后服务的过程中，不得擅自增加未经客户同意的服务项目。

（3）二手车经销企业应建立售后服务技术档案，售后服务技术档案保存时间不少于3年。

2. 售后服务技术档案内容

（1）车辆基本资料，主要包括车辆品牌型号、车牌号码、发动机号、车架号、出厂日期、使用性质、最近一次转移登记日期、销售时间和地点等。

（2）客户基本资料，主要包括客户名称（姓名）、地址、职业和联系方式等。

（3）维修保养记录，主要包括维修保养的时间、里程和项目等。

有了质量保证和售后服务的承诺，再加上交易合同的保证，车辆的真实信息将难以隐瞒，二手车交易变得更加透明，真正成为一种"阳光交易"。

任务7.2　二手车置换

7.2.1　二手车置换概述

一、定义及运作模式

1. 定义

二手车置换又称汽车置换，其定义有狭义和广义之别。狭义的二手车置换指以旧换新业务。经销商通过二手商品的收购与新商品的对等销售获取利益。狭义的二手置换业务在世界各国都已成为流行的销售方式。广义的二手车置换指在以旧换新业务基础上，同时兼容二手商品整新、跟踪服务、二手商品再销售乃至折抵分期付款等项目的一系列业务组合，使之成为一种有机而独立的营销方式。

2. 我国主要二手车置换运作模式

（1）我国机动置换模式。

① 使用本厂二手车置换新车（即以旧换新）。

② 使用本品牌二手车置换新车。

③ 只要购买本厂或本厂家的新车，置换的二手车不限品牌。

（2）二手车置换授权经销商。

二手车置换授权经销商是二手车置换运作的中介主体。

二、二手车置换特点

二手车置换渐成为厂家的第二战场，多家 4S 店进军二手车置换市场，与传统二手车交易方式相比，二手车置换业务有以下特点。

1. 周期短、时间快

车主只需将机动车开到 4S 店，现场鉴定评估师在规定时间内就能对机动车评估出价格，车主选好心仪的新车后，只要缴纳中间的差价即可完成置换手续，剩下的所有手续都由 4S 店代为办理，并且免代办费，大概 1 周左右就完成了新车置换。

2. 品质有保证，风险小

4S 店按照厂家要求收购顾客的机动车，收购对象涵盖所有品牌及车型。对于消费者而言，在 4S 店所提的车都是汽车厂商直供销售的，没有任何中间商。车况、车质让车主安心，消除了不懂车且不知道怎么挑车的疑虑。

3. 有利于净化市场，增强市场竞争力

消费者对 4S 店的信任，会让一大批违规操作的组织或个人在这个领域没有立足之地。以汽车厂商为主导的品牌机动车置换模式，将打破机动车市场"自由散漫"的传统，重新构建全国机动车交易新模式。

4. 多重促销手段，车主受益

随着汽车国产化技术的成熟及限购政策的制约，汽车厂商把机动车置换作为角逐的主战场，并配合国家出台的政策补贴，在纷纷降价的同时，又推出了"原价置换"，置换送高额补贴，再送礼品或免费活动等四重优惠活动，这是打动众多车主换车冲动的根源。

5. 精准有效推广

互联网是目前信息传导最快，最有效，性价比最高的新媒体，很多汽车厂商都把它作为推广的主发布地。

三、二手车置换步骤

（1）进行二手车置换，车主需备好身份证、单位车辆还应提供法人代码证书、介绍信等证件。

（2）机动车登记证书；机动车行驶证；原始购车发票或前次过户发票；购置附加税缴纳凭证；委托他人办理置换的，需持原车主身份证和具有法律效力的委托书。

（3）可以通过电话或直接到交易公司咨询，带好必要的材料，然后进入置换程序，对机动车进行评估定价。

（4）销售顾问陪同选订新车；签订机动车购销协议及置换协议；置换机动车的钱款直接冲抵新车的车款，顾客补足新车差价后，办理提车手续。

（5）顾客如需贷款购新车，则置换机动车的钱款作为新车的首付款，办理购车贷款手续；办理机动车过户手续，顾客提供必要的协助和材料。

四、二手车置换注意事项

（1）首先要了解二手车价格：在置换前应通过各种渠道参考一些评估价格和同档次机动车目前的市场报价。再结合自己的实际车况制定一个比较合理的价位。

（2）了解相同品牌新车动态：除了要了解同品牌二手车目前的市场情况，还要了解同类品牌新车目前的市场动态及优惠促销等信息。给自己的车辆定价时也要考虑到该品牌新车目前的市场状况。不能只按照当时购车价格减去折旧的价格计算置换时的估价。

（3）在了解自己车辆的实际收购价格后，就可以参照二手车收购价格来考虑新车理想的优惠幅度了。一般来说，无二手车经营项目的新车经销商，在置换收购二手车时对二手车价格定位不是很有信心，二手车的收购价格都会略低于经纪公司的直接收购价格。

（4）手续为重：不管是直接卖车还是置换新车，二手车的过户手续都是至关重要的。在正式成交后的过户阶段，车主可要求经销商提供过户后的交易票复印件、登记证书复印件养路费和保险过户的复印件。或者在买卖交易的时候签订协议书。这一环节非常重要，车辆置换成功后车辆手续应该马上办理妥当，以免在今后的使用中出现不必要的麻烦。

7.2.2　二手车置换营销话术

一、电话咨询标准流程（见图7-4）

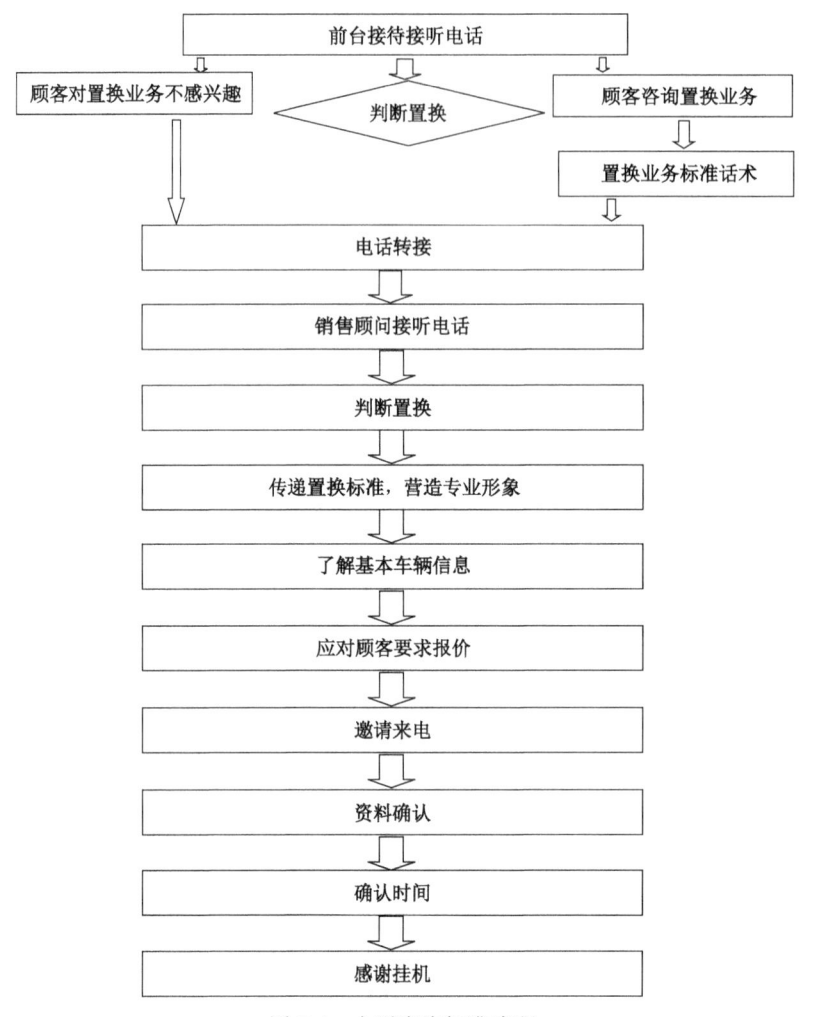

```
前台接待接听电话
         ↓
    判断置换
  ↙           ↘
顾客对置换业务不感兴趣   顾客咨询置换业务
                              ↓
                        置换业务标准话术
         ↓
     电话转接
         ↓
    销售顾问接听电话
         ↓
      判断置换
         ↓
  传递置换标准，营造专业形象
         ↓
    了解基本车辆信息
         ↓
    应对顾客要求报价
         ↓
      邀请来电
         ↓
      资料确认
         ↓
      确认时间
         ↓
      感谢挂机
```

图7-4　电话咨询标准流程

二、二手车置换营销话术

现在二手车置换业务是汽车4S店盈利增长点的业务，不但提升了新车销量，还提升了客户满意度。以下是汽车4S店有关二手车置换的话术。

1. 需求探寻

（1）销售顾问在接触客户时，如何第一时间了解客户是否有置换意向？

销售顾问在第一时间接待过程，通常会询问客户希望购买的车辆的情况，而没有问客户目前拥有车辆的情况，所以要了解客户是否有置换意向，应该从以下两方面来开展。

① 首先询问"您现在开什么车？"如果没有，可以直接介绍新车；如果有，则继续询问。

② 假如是可以置换的车："您的车正好是属于我们置换车的范围，公司对置换有特别的优惠，我们的收购价格是高于市场的价格的，您如果现在置换是非常划算的。"

（2）当销售顾问发现客户没有置换意识时，如何向客户灌输置换的理念？

① 首先寻找话题，引起兴趣。例如："您知道最新用车的习惯吗？很多人一部车不再用好多年了，而是两三年就换新车啦，知道为什么吗？"

② 当客户好奇时，就开始导入理念。例如："汽车在使用两到三年后，车辆基本都过了质保期，汽车的发动机皮带、轮胎、制动盘等都需要更换，这需要一大笔费用，另外就是油耗也会增加，继续使用成本会加大，因此很多人有了换车的念头，从经济上来讲，这个时机换车是比较划算的。"

③ 追求时尚："现代人消费的观念已经和以前完全不同了，新车型不断推出，人的审美观也在不断改变，开过两三年的车，车款已经过时了，不符合当下流行时尚，因此很多人也会选择换车，来跟上流行的脚步。"

（3）销售顾问应该如何探询客户对其机动车价格的心理预期？

当客户明确表示想要置换时，销售顾问应该询问客户心理预期，例如：

① "您有在外面问过价格吗？"

② "您车子打算卖多少钱？"

（4）如果客户不愿意说出其机动车心理预期，有什么方式可以测试到客户的反应？

可以通过以下问话的方式来测试客户的真实反应，这样就可以探询到客户的价格心理预期。

① "我不是评估师，价格我也不太懂，但是上次我们评估师收了一台车，和您的车差不多，好像车况还好一些，大概是 5 万元……"

② "价格我是不太清楚，但是我听说我们机动车卖场昨天刚卖了一部和您车差不多的，千米数好像还低一点，大概卖了 5 万 2……"

（5）在置换客户来电接待中，如何有技巧地留取客户的联系方式？

在置换客户来电接待中，很多客户不是很愿意留下联系方式，面对这种情况，可以采取一些技巧性的方式，留取客户信息，例如：

① "不好意思，评估师外出看车了，您能不能留个电话，等他回来后马上给您回电？"

② "我们正好有一个客户想买您这样的车，我联系一下，看可不可以给您一个比较高的价格，您看我怎么和您联系呢？"

③ "我们电话有点小问题,您可不可以把电话给我,我马上给您回过去?"

④ "您好,我们最近正好有个活动,您可以留个电话,我们到时候好通知您。"

⑤ "您可不可以告诉我您的车牌号,我好查询一下您车辆的违章记录?"

2. 降低客户心理预期

(1) 销售顾问在引荐评估师前,应该如何降低客户心理预期?

在引荐评估师前,适当降低客户心理预期,可以提高成交的胜算,可以通过以下几种方式,来降低客户心理预期。

① 解释新车重置价格:"您新车买的时候,价格还蛮高的,可是现在,新车降价比较厉害,所以现在您这款车价格已经便宜很多了,这还不包括让利,去掉让利后,价格就非常便宜了……"

② 车市淡旺季,时不我待:"您要是上个月来,价格也许能高一点,因为这个月是淡季,所以呢,价格可能低一些了,不过你放心,我会尽量给你争取高一些的。"

③ 我们就是最高价。"我们机动车业务本来就是不以营利为目的的,主要是促进新车销售,所以我们报的价格通常是高于市场价的,上次,我们有个客户也是不相信,后来跑去市场问,结果黄牛报的价格比我们还低两千。"

(2) 当客户心理预期大大高于实际价格时,销售顾问应该如何应对?

面对这种情况的时候,可以选择以退为进的方式来应对。

① 建议客户暂时不要卖:"如果真是这个价格,我就建议您暂时不要卖,因为外面没有人可以出到这个价格的,对您来说不划算……"

② 了解真实意图:"您怎么会想要卖那么高呢?""您这个价格是依据什么来的呢?"

③ 再根据客户真实的想法来提出解决方法:"外面黄牛一般是高报低收……""网络的价格一般不是真实卖价,因为手续费和车况都没有说定,是虚的。""一车一况,一车一价,别人的车和你的车未必一样,所以也没有太大的可比性。"

(3) 4S 店机动车优势和市场黄牛相比,有何优势?

有以下三大优势。

① 安心交易:"在我们这里做置换,过户完成后,都可以收到机动车过户的各项单据,保证您在过户过程中,安心放心!"

② 一站服务:"在我们这里置换车辆,您不用自己跑市场、谈价格、办手续,这中间的所有麻烦和风险都由我们承担,而且在新车没有提到前,还可以免费使用机动车,完全做到一条龙服务。"

③ 安全评估:"在车辆评估时,使用的是专用的 33 项评估表,对您的爱车进行系统的检测和评估,而且我们的评估师都受过厂家的培训,并获得机动车鉴定评估师资格,在为您的爱车评估的同时,还会以检测的标准来为您的车提供养护建议,给您额外的增值服务。"

（4）客户在机动车交易过程有哪些保障？

有以下双重保障。

① 第一重来自经销商："您要是信不过我，您可以看看我们公司，我们公司开业已经好多年了，在这里也有一定的名气，这么大的店，跑得了和尚跑不了庙……"

② 第二重来自主机厂品牌："就算您信不过我们公司，我们上面还有厂家，我们机动车业务是厂家认可的，专业度没的说，如果真有问题，他们也不可能不管的"。

（5）在机动车评估中，4S店的评估价格通常是如何得来的？

评估的价格除了参考市场价格，还有一套标准的计算公式，该计算公式是国际通用的标准。主要的计算方法是：

① 新车重置价格＝（新车价－让利）。

② 折旧价＝新车重置价格×年份折旧。

③ 机动车收购价格＝折旧价－整备费用。

通过这样公式的计算，再参考市场价格进行微调，就得出最终收购价格。

3. 引荐评估师

销售顾问在引荐评估师前，应该如何做前期铺垫？

体现专业："这位就是我们经销商的高级机动车鉴定评估师李师傅，除了获得机动车鉴定评估师资格，还受过厂家的培训，再加上5年的专业评估经验，在机动车行业里绝对是专家，他会对您的车做一个公正透明的评估的。"

附录 A 二手车流通管理办法

2005 年 8 月 29 日，为加强机动车流通管理，规范机动车经营行为，保障机动车交易双方的合法权益，促进机动车流通健康发展，依据国家有关法律、行政法规，商务部、公安部、工商总局、税务总局联合发布了《二手车流通管理办法》，于 2005 年 10 月 1 日正式实施。

2022 年，为进一步适应当前二手车市场发展形势和管理体制改革需要，商务部重新修订了《二手车流通管理办法》。

第一章 总则

第一条 为加强二手车流通管理，规范二手车经营行为，保障二手车交易双方的合法权益，促进二手车流通健康发展，依据国家有关法律、行政法规，制定本办法。

第二条 在中华人民共和国境内从事二手车经营活动或者与二手车相关的活动，适用本办法。

本办法所称二手车，是指从办理完注册登记手续到达到国家强制报废标准之前进行交易并转移所有权的汽车（包括三轮汽车、低速载货汽车，即原农用运输车，下同）、挂车和摩托车。

第三条 二手车交易市场是指依法设立、为买卖双方提供二手车集中交易和相关服务的场所。

第四条 二手车经营主体是指经工商行政管理部门依法登记，从事二手车经销、拍卖、经纪、鉴定评估的企业。

第五条 二手车经营行为是指二手车经销、拍卖、经纪、鉴定评估等。

（一）二手车经销是指二手车经销企业收购、销售二手车的经营活动；

（二）二手车拍卖是指二手车拍卖企业以公开竞价的形式将二手车转让给最高应价者的经营活动；

（三）二手车经纪是指二手车经纪机构以收取佣金为目的，为促成他人交易二手车而从事居间、行纪或者代理等经营活动；

（四）二手车鉴定评估是指二手车鉴定评估机构对二手车技术状况及其价值进行鉴定评估的经营活动。

第六条　二手车直接交易是指二手车所有人不通过经销企业、拍卖企业和经纪机构将车辆直接出售给买方的交易行为。二手车直接交易应当在二手车交易市场进行。

第七条　国务院商务主管部门、工商行政管理部门、税务部门在各自的职责范围内负责二手车流通有关监督管理工作。

省、自治区、直辖市和计划单列市商务主管部门（以下简称省级商务主管部门）、工商行政管理部门、税务部门在各自的职责范围内负责辖区内二手车流通有关监督管理工作。

第二章　设立条件和程序

第八条　二手车交易市场经营者、二手车经销企业和经纪机构应当具备企业法人条件，并依法到工商行政管理部门办理登记。

第九条　二手车鉴定评估机构应当具备下列条件：

（一）是独立的中介机构；

（二）有固定的经营场所和从事经营活动的必要设施；

（三）有 3 名以上从事二手车鉴定评估业务的专业人员（包括本办法实施之前取得国家职业资格证书的旧机动车鉴定评估师）；

（四）有规范的规章制度。

第十条　设立二手车鉴定评估机构，应当按下列程序办理：

（一）申请人向拟设立二手车鉴定评估机构所在地省级商务主管部门提出书面申请，并提交符合本办法第九条规定的相关材料；

（二）省级商务主管部门自收到全部申请材料之日起 20 个工作日内做出是否予以核准的决定，对予以核准的，颁发《二手车鉴定评估机构核准证书》；不予核准的，应当说明理由；

（三）申请人持二手车鉴定评估机构核准证书到工商行政管理部门办理登记手续。

第十一条　外商投资设立二手车交易市场、经销企业、经纪机构、鉴定评估机构的申请人，应当分别持符合第八条、第九条规定和《外商投资商业领域管理办法》、有关外商投资法律规定的相关材料报省级商务主管部门。省级商务主管部门进行初审后，自收到全部申请材料之日起 1 个月内上报国务院商务主管部门。合资中方有国家计划单列企业集团的，可直接将申请材料报送国务院商务主管部门。国务院商务主管部门自收到全部申请材料 3 个月内会同国务院工商行政管理部门，做出是否予以批准的决定，对予以批准的，颁发或者换发《外商投资企业批准证书》；不予批准的，应当说明理由。

申请人持《外商投资企业批准证书》到工商行政管理部门办理登记手续。

第十二条　设立二手车拍卖企业（含外商投资二手车拍卖企业）应当符合《中华人民共和国拍卖法》和《拍卖管理办法》有关规定，并按《拍卖管理办法》规定的程序办理。

第十三条　外资并购二手车交易市场和经营主体及已设立的外商投资企业增加二手车经营范围的，应当按第十一条、第十二条规定的程序办理。

第三章　行为规范

第十四条　二手车交易市场经营者和二手车经营主体应当依法经营和纳税，遵守商业道德，接受依法实施的监督检查。

第十五条　二手车卖方应当拥有车辆的所有权或者处置权。二手车交易市场经营者和二手车经营主体应当确认卖方的身份证明，车辆的号牌、机动车登记证书、机动车行驶证、有效的机动车安全技术检验合格标志、车辆保险单、交纳税费凭证等。

国家机关、国有企事业单位在出售、委托拍卖车辆时，应持有本单位或者上级单位出具的资产处理证明。

第十六条　出售、拍卖无所有权或者处置权车辆的，应承担相应的法律责任。

第十七条　二手车卖方应当向买方提供车辆的使用、修理、事故、检验及是否办理抵押登记、交纳税费、报废期等真实情况和信息。买方购买的车辆如因卖方隐瞒和欺诈不能办理转移登记，卖方应当无条件接受退车，并退还购车款等费用。

第十八条　二手车经销企业销售二手车时应当向买方提供质量保证及售后服务承诺，并在经营场所予以明示。

第十九条　进行二手车交易应当签订合同。合同示范文本由国务院工商行政管理部门制定。

第二十条　二手车所有人委托他人办理车辆出售的，应当与受托人签订委托书。

第二十一条　委托二手车经纪机构购买二手车时，双方应当按以下要求进行：

（一）委托人向二手车经纪机构提供合法身份证明；

（二）二手车经纪机构依据委托人要求选择车辆，并及时向其通报市场信息；

（三）二手车经纪机构接受委托购买时，双方签订合同；

（四）二手车经纪机构根据委托人要求代为办理车辆鉴定评估，鉴定评估所发生的费用由委托人承担。

第二十二条　二手车交易完成后，卖方应当及时向买方交付车辆、号牌及车辆法定证明、凭证。车辆法定证明、凭证主要包括：

（一）机动车登记证书；

（二）机动车行驶证；

（三）有效的机动车安全技术检验合格标志；

（四）车辆购置税完税证明；

（五）养路费缴付凭证；

（六）车船税缴付凭证；

（七）车辆保险单。

第二十三条 下列车辆禁止经销、买卖、拍卖和经纪：

（一）已报废或者达到国家强制报废标准的车辆；

（二）在抵押期间或者未经海关批准交易的海关监管车辆；

（三）在人民法院、人民检察院、行政执法部门依法查封、扣押期间的车辆；

（四）通过盗窃、抢劫、诈骗等违法犯罪手段获得的车辆；

（五）发动机号码、车辆识别代号或者车架号码与登记号码不相符，或者有凿改迹象的车辆；

（六）走私、非法拼（组）装的车辆；

（七）不具有第二十二条所列证明、凭证的车辆；

（八）在本行政辖区以外的公安机关交通管理部门注册登记的车辆；

（九）国家法律、行政法规禁止经营的车辆。

二手车交易市场经营者和二手车经营主体发现车辆具有（四）、（五）、（六）情形之一的，应当及时报告公安机关、工商行政管理部门等执法机关。

对交易违法车辆的，二手车交易市场经营者和二手车经营主体应当承担连带赔偿责任和其他相应的法律责任。

第二十四条 二手车经销企业销售、拍卖企业拍卖二手车时，应当按规定向买方开具税务机关监制的统一发票。

进行二手车直接交易和通过二手车经纪机构进行二手车交易的，应当由二手车交易市场经营者按规定向买方开具税务机关监制的统一发票。

第二十五条 二手车交易完成后，现车辆所有人应当凭税务机关监制的统一发票，按法律、法规有关规定办理转移登记手续。

第二十六条 二手车交易市场经营者应当为二手车经营主体提供固定场所和设施，并为客户提供办理二手车鉴定评估、转移登记、保险、纳税等手续的条件。二手车经销企业、经纪机构应当根据客户要求，代办二手车鉴定评估、转移登记、保险、纳税等手续。

第二十七条 二手车鉴定评估应当本着买卖双方自愿的原则，不得强制进行；属国有资产的二手车应当按国家有关规定进行鉴定评估。

第二十八条 二手车鉴定评估机构应当遵循客观、真实、公正和公开原则，依据国家法律法规开展二手车鉴定评估业务，出具车辆鉴定评估报告；并对鉴定评估报告中车辆技术状况，包括是否属事故车辆等评估内容负法律责任。

第二十九条 二手车鉴定评估机构和人员可以按国家有关规定从事涉案、事故车辆鉴定等评估业务。

第三十条　二手车交易市场经营者和二手车经营主体应当建立完整的二手车交易购销、买卖、拍卖、经纪及鉴定评估档案。

第三十一条　设立二手车交易市场、二手车经销企业开设店铺，应当符合所在地城市发展及城市商业发展有关规定。

第四章　监督与管理

第三十二条　二手车流通监督管理遵循破除垄断，鼓励竞争，促进发展和公平、公正、公开的原则。

第三十三条　建立二手车交易市场经营者和二手车经营主体备案制度。凡经工商行政管理部门依法登记，取得营业执照的二手车交易市场经营者和二手车经营主体，应当自取得营业执照之日起2个月内向省级商务主管部门备案。省级商务主管部门应当将二手车交易市场经营者和二手车经营主体有关备案情况定期报送国务院商务主管部门。

第三十四条　建立和完善二手车流通信息报送、公布制度。二手车交易市场经营者和二手车经营主体应当定期将二手车交易量、交易额等信息通过所在地商务主管部门报送省级商务主管部门。省级商务主管部门将上述信息汇总后报送国务院商务主管部门。国务院商务主管部门定期向社会公布全国二手车流通信息。

第三十五条　商务主管部门、工商行政管理部门应当在各自的职责范围内采取有效措施，加强对二手车交易市场经营者和经营主体的监督管理，依法查处违法违规行为，维护市场秩序，保护消费者的合法权益。

第三十六条　国务院工商行政管理部门会同商务主管部门建立二手车交易市场经营者和二手车经营主体信用档案，定期公布违规企业名单。

第五章　附则

第三十七条　本办法自2005年10月1日起施行，原《商务部办公厅关于规范旧机动车鉴定评估管理工作的通知》（商建字〔2004〕70号）、《关于加强旧机动车市场管理工作的通知》（国经贸贸易〔2001〕1281号）、《旧机动车交易管理办法》（内贸机字〔1998〕第33号）及据此发布的各类文件同时废止。

附录 B 二手车交易规范

第一章　总则

第一条　为规范二手车交易市场经营者和二手车经营主体的服务、经营行为，以及二手车直接交易双方的交易行为，明确交易规程，增加交易透明度，维护二手车交易双方的合法权益，依据《二手车流通管理办法》，制定本规范。

第二条　在中华人民共和国境内从事二手车交易及相关的活动适用于本规范。

第三条　二手车交易应遵循诚实、守信、公平、公开的原则，严禁欺行霸市、强买强卖、弄虚作假、恶意串通、敲诈勒索等违法行为。

第四条　二手车交易市场经营者和二手车经营主体应在各自的经营范围内从事经营活动，不得超范围经营。

第五条　二手车交易市场经营者和二手车经营主体应按下列项目确认卖方的身份及车辆的合法性：

（一）卖方身份证明或者机构代码证书原件合法有效；

（二）车辆号牌、机动车登记证书、机动车行驶证、机动车安全技术检验合格标志真实、合法、有效；

（三）交易车辆不属于《二手车流通管理办法》第二十三条规定禁止交易的车辆。

第六条　二手车交易市场经营者和二手车经营主体应核实卖方的所有权或处置权证明。车辆所有权或处置权证明应符合下列条件：

（一）机动车登记证书、行驶证与卖方身份证明名称一致；国家机关、国有企事业单位出售的车辆，应附有资产处理证明；

（二）委托出售的车辆，卖方应提供车主授权委托书和身份证明；

（三）二手车经销企业销售的车辆，应具有车辆收购合同等能够证明经销企业拥有该车所有权或处置权的相关材料，以及原车主身份证明复印件。原车主名称应与机动车登记证、行驶证名称一致。

第七条 二手车交易应当签订合同，明确相应的责任和义务。交易合同包括：收购合同、销售合同、买卖合同、委托购买合同、委托出售合同、委托拍卖合同等。

第八条 交易完成后，买卖双方应当按照国家有关规定，持下列法定证明、凭证向公安机关交通管理部门申办车辆转移登记手续：

（一）买方及其代理人的身份证明；

（二）机动车登记证书；

（三）机动车行驶证；

（四）二手车交易市场、经销企业、拍卖公司按规定开具的二手车销售统一发票；

（五）属于解除海关监管的车辆，应提供《中华人民共和国海关监管车辆解除监管证明书》。

车辆转移登记手续应在国家有关政策法规所规定的时间内办理完毕，并在交易合同中予以明确。

完成车辆转移登记后，买方应按国家有关规定，持新的机动车登记证书和机动车行驶证到有关部门办理车辆购置税、养路费变更手续。

第九条 二手车应在车辆注册登记所在地交易。二手车转移登记手续应按照公安部门有关规定在原车辆注册登记所在地公安机关交通管理部门办理。需要进行异地转移登记的，由车辆原属地公安机关交通管理部门办理车辆转出手续，在接收地公安机关交通管理部门办理车辆转入手续。

第十条 二手车交易市场经营者和二手车经营主体应根据客户要求提供相关服务，在收取服务费、佣金时应开具发票。

第十一条 二手车交易市场经营者、经销企业、拍卖公司应建立交易档案，交易档案主要包括以下内容：

（一）本规范第五条第二款规定的法定证明、凭证复印件；

（二）购车原始发票或者最近一次交易发票复印件；

（三）买卖双方身份证明或者机构代码证书复印件；

（四）委托人及授权代理人身份证或者机构代码证书以及授权委托书复印件；

（五）交易合同原件；

（六）二手车经销企业的车辆信息表，二手车拍卖公司的拍卖车辆信息和二手车拍卖成交确认书；

（七）其他需要存档的有关资料。

交易档案保留期限不少于3年。

第十二条 二手车交易市场经营者、二手车经营主体发现非法车辆、伪造证照和车牌等违法行为，以及擅自更改发动机号、车辆识别代号（车架号码）和调整里程表等情况，

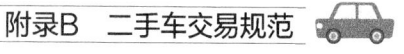

应及时向有关执法部门举报，并有责任配合调查。

第二章　收购和销售

第十三条　二手车经销企业在收购车辆时，应按下列要求进行：

（一）按本规范第五条和第六条所列项目核实卖方身份以及交易车辆的所有权或处置权，并查验车辆的合法性；

（二）与卖方商定收购价格，如对车辆技术状况及价格存有异议，经双方商定可委托二手车鉴定评估机构对车辆技术状况及价值进行鉴定评估。达成车辆收购意向的，签订收购合同，收购合同中应明确收购方享有车辆的处置权；

（三）按收购合同向卖方支付车款。

第十四条　二手车经销企业将二手车销售给买方之前，应对车辆进行检测和整备。

二手车经销企业应对进入销售展示区的车辆按车辆信息表的要求填写有关信息，在显要位置予以明示，并可根据需要增加车辆信息表的有关内容。

第十五条　达成车辆销售意向的，二手车经销企业应与买方签订销售合同，并将车辆信息表作为合同附件。按合同约定收取车款时，应向买方开具税务机关监制的统一发票，并如实填写成交价格。

买方持本规范第八条规定的法定证明、凭证到公安机关交通管理部门办理转移登记手续。

第十六条　二手车经销企业向最终用户销售使用年限在 3 年以内或行驶里程在 6 万千米以内的车辆（以先到者为准，营运车除外），应向用户提供不少于 3 个月或 5000 千米（以先到者为准）的质量保证。质量保证范围为发动机系统、转向系统、传动系统、制动系统、悬挂系统等。

第十七条　二手车经销企业向最终用户提供售后服务时，应向其提供售后服务清单。

第十八条　二手车经销企业在提供售后服务的过程中，不得擅自增加未经客户同意的服务项目。

第十九条　二手车经销企业应建立售后服务技术档案。售后服务技术档案包括以下内容：

（一）车辆基本资料。主要包括车辆品牌型号、车牌号码、发动机号、车架号、出厂日期、使用性质、最近一次转移登记日期、销售时间、地点等；

（二）客户基本资料。主要包括客户名称（姓名）、地址、职业、联系方式等；

（三）维修保养记录。主要包括维修保养的时间、里程、项目等。

售后服务技术档案保存时间不少于 3 年。

第三章　经纪

第二十条　购买或出售二手车可以委托二手车经纪机构办理。委托二手车经纪机构购买二手车时，应按《二手车流通管理办法》第二十一条规定进行。

第二十一条 二手车经纪机构应严格按照委托购买合同向买方交付车辆、随车文件及本规范第五条第二款规定的法定证明、凭证。

第二十二条 经纪机构接受委托出售二手车，应按以下要求进行：

（一）及时向委托人通报市场信息；

（二）与委托人签订委托出售合同；

（三）按合同约定展示委托车辆，并妥善保管，不得挪作他用；

（四）不得擅自降价或加价出售委托车辆。

第二十三条 签订委托出售合同后，委托出售方应当按照合同约定向二手车经纪机构交付车辆、随车文件及本规范第五条第二款规定的法定证明、凭证。

车款、佣金给付按委托出售合同约定办理。

第二十四条 通过二手车经纪机构买卖的二手车，应由二手车交易市场经营者开具国家税务机关监制的统一发票。

第二十五条 进驻二手车交易市场的二手车经纪机构应与交易市场管理者签订相应的管理协议，服从二手车交易市场经营者的统一管理。

第二十六条 二手车经纪人不得以个人名义从事二手车经纪活动。

二手车经纪机构不得以任何方式从事二手车的收购、销售活动。

第二十七条 二手车经纪机构不得采取非法手段促成交易，以及向委托人索取合同约定佣金以外的费用。

第四章 拍卖

第二十八条 从事二手车拍卖及相关中介服务活动，应按照《拍卖法》及《拍卖管理办法》的有关规定进行。

第二十九条 委托拍卖时，委托人应提供身份证明、车辆所有权或处置权证明及其他相关材料。拍卖人接受委托的，应与委托人签订委托拍卖合同。

第三十条 委托人应提供车辆真实的技术状况，拍卖人应如实填写《拍卖车辆信息》。

如对车辆的技术状况存有异议，拍卖委托双方经商定可委托二手车鉴定评估机构对车辆进行鉴定评估。

第三十一条 拍卖人应于拍卖日7日前发布公告。拍卖公告应通过报纸或者其他新闻媒体发布，并载明下列事项。

（一）拍卖的时间、地点；

（二）拍卖的车型及数量；

（三）车辆的展示时间、地点；

（四）参加拍卖会办理竞买的手续；

（五）需要公告的其他事项。

拍卖人应在拍卖前展示拍卖车辆，并在车辆显著位置张贴《拍卖车辆信息》。车辆的展示时间不得少于 2 天。

第三十二条　进行网上拍卖，应在网上公布车辆的彩色照片和《拍卖车辆信息》，公布时间不得少于 7 天。

网上拍卖是指二手车拍卖公司利用互联网发布拍卖信息，公布拍卖车辆技术参数和直观图片，通过网上竞价，网下交接，将二手车转让给超过保留价的最高应价者的经营活动。

网上拍卖过程及手续应与现场拍卖相同。网上拍卖组织者应根据《拍卖法》及《拍卖管理办法》有关条款制定网上拍卖规则，竞买人则需要办理网上拍卖竞买手续。

任何个人及未取得二手车拍卖人资质的企业不得开展二手车网上拍卖活动。

第三十三条　拍卖成交后，买受人和拍卖人应签署二手车拍卖成交确认书。

第三十四条　委托人、买受人可与拍卖人约定佣金比例。

委托人、买受人与拍卖人对拍卖佣金比例未作约定的，依据《拍卖法》及《拍卖管理办法》有关规定收取佣金。

拍卖未成交的，拍卖人可按委托拍卖合同的约定向委托人收取服务费用。

第三十五条　拍卖人应在拍卖成交且买受人支付车辆全款后，将车辆、随车文件及本规范第五条第二款规定的法定证明、凭证交付给买受人，并向买受人开具二手车销售统一发票，如实填写拍卖成交价格。

第五章　直接交易

第三十六条　二手车直接交易方为自然人的，应具有完全民事行为能力。无民事行为能力的，应由其法定代理人代为办理，法定代理人应提供相关证明。

二手车直接交易委托代理人办理的，应签订具有法律效力的授权委托书。

第三十七条　二手车直接交易双方或其代理人均应向二手车交易市场经营者提供其合法身份证明，并将车辆及本规范第五条第二款规定的法定证明、凭证送交二手车交易市场经营者进行合法性验证。

第三十八条　二手车直接交易双方应签订买卖合同，如实填写有关内容，并承担相应的法律责任。

第三十九条　二手车直接交易的买方按照合同支付车款后，卖方应按合同约定及时将车辆及本规范第五条第二款规定的法定证明、凭证交付买方。

车辆法定证明、凭证齐全合法，并完成交易的，二手车交易市场经营者应当按照国家有关规定开具二手车销售统一发票，并如实填写成交价格。

第六章　交易市场的服务与管理

第四十条　二手车交易市场经营者应具有必要的配套服务设施和场地，设立车辆展示交易区、交易手续办理区及客户休息区，做到标识明显，环境整洁卫生。交易手续办理区应设立接待窗口，明示各窗口业务受理范围。

第四十一条　二手车交易市场经营者在交易市场内应设立醒目的公告牌，明示交易服务程序、收费项目及标准、客户查询和监督电话号码等内容。

第四十二条　二手车交易市场经营者应制定市场管理规则，对场内的交易活动负有监督、规范和管理责任，保证良好的市场环境和交易秩序。由于管理不当给消费者造成损失的，应承担相应的责任。

第四十三条　二手车交易市场经营者应及时受理并妥善处理客户投诉，协助客户挽回经济损失，保护消费者权益。

第四十四条　二手车交易市场经营者在履行其服务、管理职能的同时，可依法收取交易服务和物业等费用。

第四十五条　二手车交易市场经营者应建立严格的内部管理制度，牢固树立为客户服务、为驻场企业服务的意识，加强对所属人员的管理，提高人员素质。二手车交易市场服务、管理人员须经培训合格后上岗。

第七章　附则

第四十六条　本规范自发布之日起实施。

反侵权盗版声明

电子工业出版社依法对本作品享有专有出版权。任何未经权利人书面许可，复制、销售或通过信息网络传播本作品的行为；歪曲、篡改、剽窃本作品的行为，均违反《中华人民共和国著作权法》，其行为人应承担相应的民事责任和行政责任，构成犯罪的，将被依法追究刑事责任。

为了维护市场秩序，保护权利人的合法权益，我社将依法查处和打击侵权盗版的单位和个人。欢迎社会各界人士积极举报侵权盗版行为，本社将奖励举报有功人员，并保证举报人的信息不被泄露。

举报电话：（010）88254396；（010）88258888

传　　真：（010）88254397

E-mail：　dbqq@phei.com.cn

通信地址：北京市万寿路173信箱
　　　　　电子工业出版社总编办公室

邮　　编：100036

高等职业教育汽车类专业**岗课赛证**融通教材

机动车鉴定评估
工作手册

主　编　◎侯士元
副主编　◎孙术华　吴金波

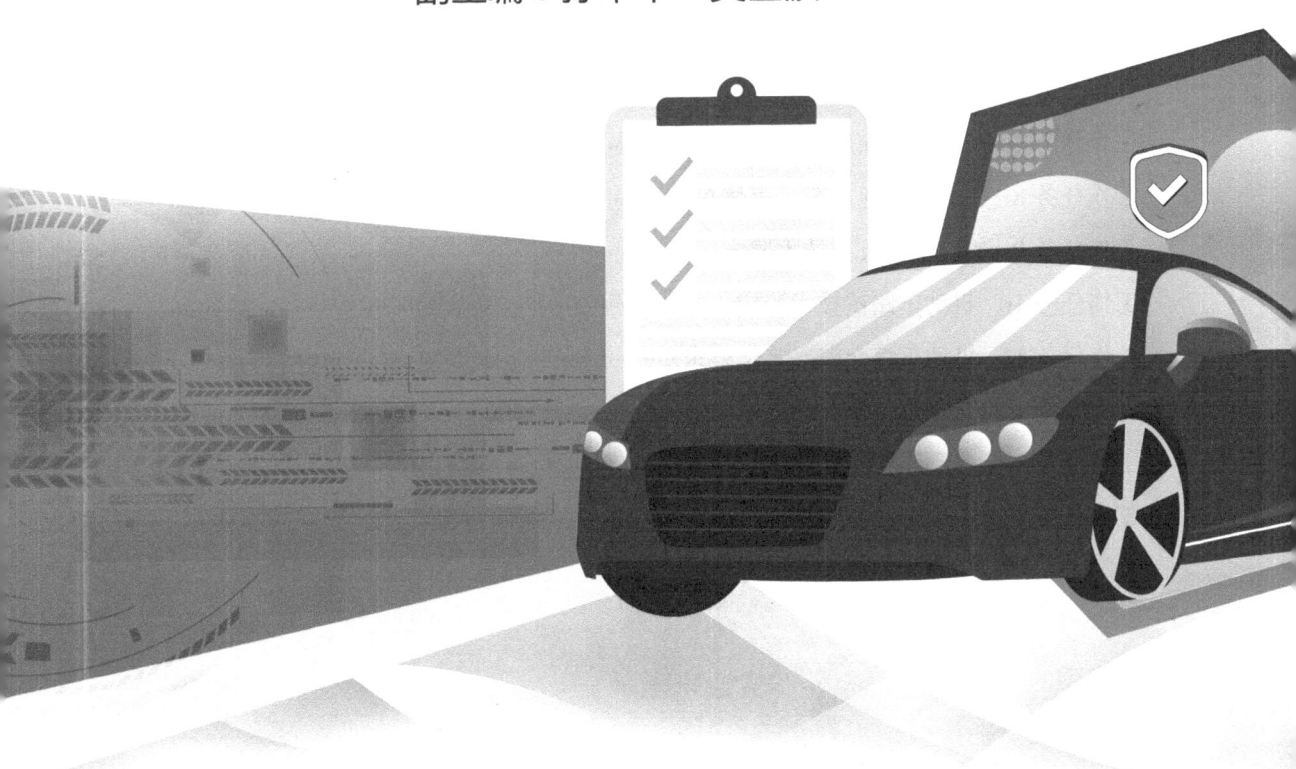

中国工信出版集团

电子工业出版社
PUBLISHING HOUSE OF ELECTRONICS INDUSTRY
http://www.phei.com.cn

目 录
CONTENTS

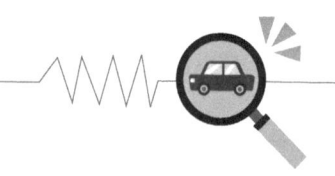

机动车鉴定评估课程要求 ……………………………………………………………………1
工作任务 1　机动车鉴定评估职业道德规范 ……………………………………………3
工作任务 2　机动车鉴定评估基础 ………………………………………………………8
工作任务 3　机动车基本知识 ……………………………………………………………14
工作任务 4　机动车编号识别 ……………………………………………………………24
工作任务 5　机动车总体构造 ……………………………………………………………33
工作任务 6　机动车手续和证件检验 ……………………………………………………41
工作任务 7　车身油漆涂层检测 …………………………………………………………47
工作任务 8　事故车、泡水车、火烧车鉴别 ……………………………………………51
工作任务 9　机动车无负荷技术鉴定 ……………………………………………………57
工作任务 10　机动车路试技术鉴定 ……………………………………………………62
工作任务 11　机动车综合车况鉴定要求 ………………………………………………67
工作任务 12　机动车价值评估方法 ……………………………………………………77
工作任务 13　机动车鉴定评估报告撰写 ………………………………………………82
工作任务 14　二手车交易与运作 ………………………………………………………87

机动车鉴定评估课程要求

📄 专业能力

专业知识

1. 机动车鉴定评估行为必须符合国家法律、法规，必须遵循国家对机动车户籍管理、报废标准、税费征收等政策要求。
2. 要求机动车鉴定评估人员的思想作风态度应当公正无私，评估结果应公道、合理。
3. 要求机动车鉴定评估人员应该依据国家的法规和规章制度及可靠的资料数据，对被评估的机动车价格独立地做出评估结论，且不受外界干扰和委托者的意图影响，保持独立公正。
4. 要求鉴定或评估结果应以充分的事实为依据，在鉴定评估过程中的预测推理和逻辑判断等是建立在市场和现实的基础资料及现实的技术状态上的。
5. 要求机动车鉴定评估人员运用科学的方法、程序、技术标准和工作方案开展活动。
6. 要求机动车鉴定评估人员接受国家专门的职业培训，持证上岗。

实践技能

1. 具备车辆结构的知识、工作原理及其维护保养、故障排除的实践经验。
2. 具备二手车交易手续的鉴定能力。
3. 具备机动车综合技术状况的鉴定能力。
4. 掌握机动车价值评估方法及步骤。
5. 掌握机动车鉴定评估流程。
6. 具备机动车鉴定评估报告撰写的实践能力。
7. 具备二手车交易与运作的工作技能。
8. 掌握机动车鉴定评估信息系统的应用能力。
9. 具备较高的情商和良好的业界口碑。

➡️ 职业能力

自我管理	商务沟通
1. 自主规划自学及复习活动，按时完成课前预习、课后思考。 2. 利用网络试听资源，主动探究学习。	1. 能够积极主动与团队成员沟通，逻辑思维清晰，表达流畅。 2. 能够预测并观察与人交流时的气氛，具有随机应变的能力。
职业素养	思辨创新
1. 忠于祖国，恪守宪法原则和政策。 2. 遵纪守法，遵守职业道德。 3. 履行行业自律公约，操作规范、保证安全。 4. 客观独立、公正科学、诚实守信。	1. 能够针对具体案例进行辩证思考，并给出规范、公正的评价。 2. 能够根据实际问题主动调整工作安排，积极解决问题。

目标描述

本课程以立德树人为宗旨，以培养机动车鉴定评估工作技能为主线，面向机动车鉴定评估与交易职业岗位，把增强学生的职业适应能力和应变能力作为课程目标的基本要素。通过机动车鉴定评估专门工作能力的单项学习及综合训练，培养学生的职业素养、准确辨别、分析推理、归纳总结、信息处理、与人沟通、达成交易等能力。

学习内容

行业行规	1. 机动车鉴定评估职业道德。 2. 机动车鉴定评估人员职业道德规范。 3. 机动车鉴定评估行业自律公约。
机动车基本知识	1. 机动车类型、参数、使用状况及编号识别。 2. 机动车总体结构与作用。
机动车鉴定评估	1. 机动车鉴定评估目的和任务。 2. 机动车静态技术鉴定。 3. 机动车动态技术鉴定。 4. 车辆综合车况鉴定。 5. 机动车价值评估方法。 6. 机动车价值评估流程。 7. 机动车鉴定评估报告撰写。
二手车交易与运作	1. 二手车交易流程。 2. 二手车交易买卖合同。 3. 二手车置换营销话术。

任务分析

本教材依据机动车鉴定评估课程培养目标，根据职业岗位能力把"机动车鉴定评估"课程分成七个学习项目：机动车鉴定评估职业道德规范、机动车鉴定评估基础、机动车基础知识、机动车静态技术鉴定、机动车动态技术鉴定、机动车鉴定评估报告、二手车交易与运作。学生在完成任务的同时，需要将书本知识与具体任务相结合，并通过自主学习完成工作手册中的任务。

根据教育部职教专业标准体系，本教材力求从提高应用型、技术技能型和复合型人才的培训目标出发，成为工作手册式课证融通教材、行业企业员工培训教材。

《机动车鉴定评估》是高等职业学校汽车技术专业的职业能力课程，建议在第四学期完成，每周课时为4节，共18周，总课时为72节。

任务评价

自主评价	个人任务后附有自主评价表，通过具体指标个人评估任务完成情况。
团队评价	团队任务后附有团队评价表，请小组内成员完成对某一成员的评价。
教师评价	根据课前预习及课后作业的情况，以形成性评价与终结性评价相结合的方法评价学生的学习情况。

工作任务1 机动车鉴定评估职业道德规范

姓名		班级		学号		组别		时间	
任务描述									

　　本任务为教材项目一 机动车鉴定评估职业道德规范下的学习任务，旨在通过思想政治教育进课堂，学习职业道德，做到立德树人，帮助学生树立正确的人生观、职业观。

　　通过培养学生良好的个人道德意识、道德品质和道德行为，从而提高学生的职业道德素养。

　　学会通过学习机动车鉴定评估行业自律公约，更好地履行职责，坚持鉴定评估的客观公正性，保证鉴定评估质量。

学习目标

知识目标	技能目标	素质目标
1. 掌握职业道德的要求。 2. 掌握机动车鉴定评估岗位职业道德的主要内涵。	1. 正确运用职业道德的社会功能指导工作。 2. 利用职业道德服务标准提高机动车鉴定评估人员岗位能力。	1. 养成良好的职业道德习惯。 2. 按照职业道德的基本要求制定职业规划。

任务准备

在学习前，学生应：

1. 认真学习党的二十大精神和习近平新时代中国特色社会主义思想，加强公民道德建设，弘扬中华传统美德。
2. 掌握机动车鉴定评估行业相关的法规、公约。
3. 掌握机动车鉴定评估从业人员的执业能力与执业规则。

任务实施

一、理论知识

1. 职业道德的基本要求。

2．职业道德的涵义。

3．职业道德作用的具体表现。

4．机动车鉴定评估人员的职业守则。

二、工作技能

根据机动车鉴定评估行业自律公约，机动车鉴定评估人员在工作过程中应如何从以下几方面指导实际工作？

1．在遵守国家有关法律、法规和规章方面。

2．在遵循公平竞争规则，维护正常的市场秩序方面。

3．在履行机动车鉴定评估业务合同方面。

4. 在实行机动车鉴定评估档案管理制度方面。

案例分析

【案例】
　　王某通过二手车经销商 C 公司购得一辆丰田轿车，双方约定车辆无结构性损伤。之后，在对车辆进行保修时发现该车辆曾发生重大交通事故。经鉴定，系车辆存在结构性损伤。王某遂要求 C 公司承担退一赔三的责任。C 公司主张其对车辆存在结构性损伤并不知情，不存在欺诈的故意行为。

【法院判决】
　　法院认为，相较于普通消费者，C 公司具备专业的技术和能力，且经营公司在销售机动车前已对车辆进行检测和整备。现维修信息显示车辆在出售给王某前进行过改动，而 C 公司未能举证证明其确实不知晓车辆的真实情况，故 C 公司的行为构成欺诈。
　　作为一名机动车鉴定评估人员，如果遇到类似案例，你应该怎么做？

思考练习

一、单项选择题

1. 良好的职业道德是每一个员工都必须具备的基本品质，良好的职业习惯不包括（　　）。
　　A．做好工作总结　　　　　　B．上班玩手机
　　C．做好工作计划　　　　　　D．及时向上级汇报工作

2. 职业道德依靠文化、内心信念和习惯，通过员工的（　　）实现。
　　A．奖励　　　　　　　　　　B．批评
　　C．训诫　　　　　　　　　　D．自律

3．工作纪律是一种行为规范，但它是介于法律和（　　）之间的一种特殊的规范。它既要求人们能自觉遵守，又带有一定的强制性。

　　A．道德　　　　B．社会　　　　C．意识形态　　D．生活

4．鉴定评估是机动车流通的重要环节，直接关系到能否保证机动车公平、公正交易，维护消费者权益，防止税收和（　　）流失。

　　A．道德素养　　B．车辆隐患　　C．诚实守信　　D．国有资产

5．机动车鉴定评估人员应熟悉和遵守国家有关法律法规与行业管理制度，正确理解和执行资产评估规范，合理运用有关的技术标准和（　　）。

　　A．专业判断　　B．热情服务　　C．廉洁自律　　D．顾客至上

6．机动车鉴定评估人员应对执业中所知悉的客户的商业秘密、有关资料及其评估结果保密。以下哪种情况下，不应该将客户的资料提供或泄露给第三者？（　　）

　　A．客户书面允许

　　B．依据有关法律、法规，通过一定程序要求检查公布的

　　C．中国汽车流通协会或地方评估协会通过工作程序进行检查的

　　D．客户口头允许

7．机动车鉴定评估人员在工作中有违反公约要求的行为，且有明显不良后果并对行业在社会中的作用和形象产生负面影响，视其行为表现及影响程度属于（　　）。

　　A．一般违约　　B．严重违约　　C．较轻违约　　D．没有违约

8．机动车鉴定评估人员素质主要包含知识、能力、责任心三个方面，其中（　　）是最重要的。

　　A．知识　　　　　　　　　　　B．责任心

　　C．能力　　　　　　　　　　　D．个人形象

9．职业道德指从事一定职业劳动的人们，在长期的职业活动中形成的一种内在的、非强制性的（　　）。

　　A．行为机制　　B．规范行为　　C．规章制度　　D．约束机制

10．下列选项中，属于职业道德范畴的内容是（　　）。

　　A．企业经营业绩　　　　　　　B．企业发展战略

　　C．员工的内心信念　　　　　　D．员工的技术水平

二、判断题

1．道德对其赖以产生的经济基础的形成、巩固和发展具有促进作用。　　（　　）

2．道德通过对其他社会意识形态和上层建筑的其他部分发生影响，从而间接地为经济基础服务。　　（　　）

3．在社会主义市场经济下，能否做到爱岗敬业，取决于从业者是否喜欢自己的职业。
（　　）

4．职业道德标准多元化，代表了不同企业可能具有不同的价值观。（　　）

5．集体主义是职业道德的基本原则，员工必须以集体主义为根本原则，正确处理个人利益、他人利益、班组利益、部门利益和公司利益的相互关系。（　　）

6．机动车鉴定评估人员允许他人以本人名义在资产评估报告上签字、盖章。
（　　）

7．机动车鉴定评估人员应将执业过程中所受到的各种环境及条件限制在资产评估报告中予以披露。（　　）

8．虽然各行各业的工作性质，社会责任，服务对象和服务手段不同，但是它们对本行业人员要具有职业道德的要求是相同的。（　　）

9．无私奉献精神作为一种道德追求，不可能与市场经济的特点相容。（　　）

10．机动车鉴定评估人员注册资产鉴定评估师可以抬高或压低评估价值，不得按照他人旨意将预先指定或约定的资产价值作为评估结果，不得出具虚假与误导性资产评估报告。
（　　）

任务评价				
任务完成情况	自我评价	团队评价	教师评价		
工作内容完整、准确			优秀□	良好□	合格□
收集资料方法正确			优秀□	良好□	合格□
工作任务思路清晰			优秀□	良好□	合格□

工作任务 2　机动车鉴定评估基础

姓名		班级		学号		组别		时间	

任务描述

　　本任务为教材项目二 机动车鉴定评估基础下的学习任务，旨在通过学习机动车鉴定评估师评价体系、机动车鉴定评估机构的设置、机动车鉴定评估的相关概念等，使学生对机动车鉴定评估目的和任务有初步认识。

　　通过培养学生对机动车鉴定评估基础知识深刻把握，从而提高学生良好的职业素养。

　　通过学习机动车鉴定评估基础知识，为后续开展机动车鉴定评估工作奠定理论和实践基础。

学习目标

知识目标	技能目标	素质目标
1．掌握机动车鉴定评估基础知识。 2．掌握机动车鉴定评估师评价体系、机动车鉴定评估机构的设置、机动车鉴定评估的主体和客体等相关知识。	1．正确运用机动车鉴定评估基础知识指导机动车鉴定评估工作。 2．获取机动车鉴定评估师资格证书，提高岗位工作能力。	1．养成学习机动车鉴定评估基础知识的习惯。 2．按照机动车鉴定评估师的工作要求制定职业规划。

任务准备

在学习前，学生应：

1．了解国内外机动车市场的发展及管理现状。

2．掌握机动车鉴定评估机构的设置、机动车鉴定评估的主体和客体等基础知识。

3．掌握机动车鉴定评估师评价体系的标准及相关要求。

任务实施

一、理论知识

　　1．机动车鉴定评估师证书用途及适用对象。

2．设立机动车鉴定评估机构应提供的证明。

3．机动车鉴定评估的原则。

4．机动车鉴定评估的主体和客体。

二、工作技能

根据下表，填写机动车鉴定评估师的相关工作要求。

职业功能	工作内容	技能要求	相关知识
一、评估准备	（一）接受委托		
	（二）核查证件、税费		
二、技术状况鉴定	（一）静态检查		
	（二）动态路试检查		
	（三）技术状况综合评定		

职业功能	工作内容	技能要求	相关知识
三、价值评估	（一）选择评估方法		
	（二）评估计算		
	（三）撰写机动车鉴定评估报告		

续表

案例分析

【案例】

下图是全国二手车市场 2019—2021 年交易量变化趋势，请从机动车鉴定评估师的专业角度展望二手车市场的未来发展趋势。

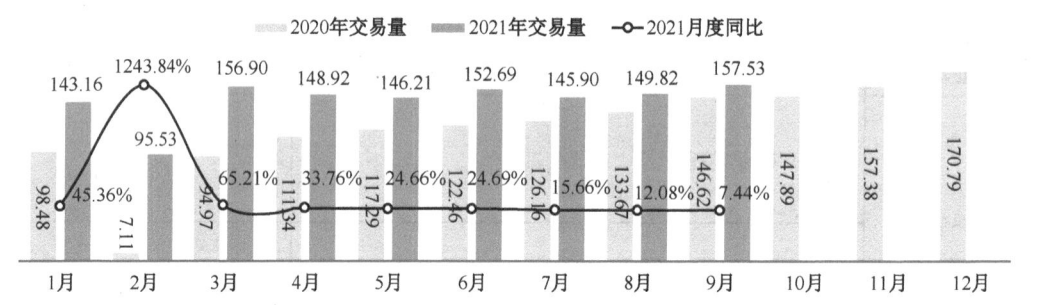

2019－2021年全国二手车月度交易量变化趋势（单位：万辆，%）

【分析】

2021 年 9 月，全国二手车交易量为 157.53 万辆，较去年同期增长 7.44%，同比增速与 2019 年同期基本持平。

2021 年第三季度，二手车交易量为 453.25 万辆，较去年同期增长 11.52%，同比增速与 2020 年相比增加 2.36 个百分点。第三季度在经历了疫情的反复叠加各地极端恶劣天气的影响下仍然保持两位数的增长，说明二手车市场自身的韧性及支撑力都较强。全年预计达到 1 600 万辆的交易规模。

2021 年 1—9 月，二手车交易量为 1 296.68 万辆，较去年同期增长 35.34%，去年同期受到疫情影响，全国二手车交易量为 958 万辆，参考 2019 年同期数据，二手车交易量较 2019 年同期增长了 22.50%。

【展望】

思考练习

一、单项选择题

1. 机动车鉴定评估的主体是（　　　）。
   A．机动车　　　　　　　　　　B．评估程序
   C．鉴定评估师　　　　　　　　D．评估方法和标准
2. 机动车鉴定评估的客体是（　　　）。
   A．鉴定评估师　　　　　　　　B．评估程序
   C．机动车　　　　　　　　　　D．评估方法和标准
3. 机动车鉴定评估师遵守（　　　），应该提出回避为亲属朋友鉴定评估相关车辆。
   A．客观性原则　　　　　　　　B．可行性原则
   C．独立性原则　　　　　　　　D．科学性原则

4. 机动车评估的理论依据是（　　）。

　　A．国有资产评估管理办法

　　B．汽车报废标准

　　C．二手车流通管理办法

　　D．资产评估学

5. 根据相关法规，国家机关、国有企事业单位的机动车鉴定评估，应按照国有资产的评估程序进行，分为哪四个步骤？（　　）

　　A．前期准备、评估操作、后期管理、验证确认

　　B．申请立项、资产清查、评定估算、后期管理

　　C．申请立项、资产清查、评定估算、验证确认

　　D．前期准备、评估操作、评定估算、验证确认

6. 机动车鉴定评估师报考条件具有大专以上非机动车专业毕业证书，连续从事本职业工作（　　）年以上。

　　A．1　　　　　B．2　　　　　C．3　　　　　D．4

7. 高级机动车鉴定评估师报考条件取得机动车鉴定评估师职业资格证书后，连续从事本职工作（　　）年以上。

　　A．1　　　　　B．2　　　　　C．3　　　　　D．4

8. 机动车鉴定评估机构设立时，应具备经营场所不少于（　　）m^2 的所有权或使用权的有效证明文件。

　　A．100　　　　B．200　　　　C．300　　　　D．500

9. 机动车鉴定评估的客体指（　　）。

　　A．被评估车辆

　　B．已报废或者达到国家强制报废标准的车辆

　　C．在本行政辖区以外的公安机关交通管理部门注册登记的车辆

　　D．不具有车辆法定证明、凭证的车辆

10. 根据我国汽车大修的规定，客车大修的送修标准为：（　　），结合发动机达到大修条件的，就可送大修。

　　A．以车架为主　　　　　　　B．以车厢为主

　　C．以电气设备为主　　　　　D．以底盘为主

二、判断题

1. 机动车鉴定评估的主体是指机动车鉴定评估业务的承担者，即从事机动车鉴定评估的机构及专业评估人员。　　　　　　　　　　　　　　　　　　　　　　（　　）

2．机动车鉴定评估的理论依据是资产评估学，其操作按国家规定的方法进行。
（   ）

3．机动车交易评估完全采取自愿原则，但属于国有资产的车辆，应当按照国家有关规定进行鉴定评估。
（   ）

4．任何机动车交易评估都完全采取自愿原则。（   ）

5．按照相关法规，机动车交通事故责任强制保险实行全国统一保险保单条款、全国统一基础保险费率、全国统一责任限额。
（   ）

6．按照相关法规，机动车交通事故责任强制保险属机动车车主自行选择投保的险种。
（   ）

7．按照相关法规，没有办理机动车交通事故责任强制险的机动车也可以交易。
（   ）

8．机动车鉴定评估的原则是对机动车鉴定评估行为的规范。为了保证鉴定评估结果的真实、准确，并做到公平合理，被社会承认，就必须遵循一定的原则。（   ）

9．出险车辆从保险公司获得的赔付金额最大不超过出险前的车辆价值，因此必须对投保车辆的价格进行鉴定评估。
（   ）

10．连续从事本职业工作3年以上可以报考机动车鉴定评估师。（   ）

任务评价

任务完成情况	自我评价	团队评价	教师评价		
工作内容完整、准确			优秀□	良好□	合格□
收集资料方法正确			优秀□	良好□	合格□
工作任务思路清晰			优秀□	良好□	合格□

工作任务3 机动车基本知识

姓名		班级		学号		组别		时间	
任务描述									

  本任务为教材项目三 机动车基础知识下的学习任务，旨在通过学习机动车的分类、技术参数、使用寿命及与运用性能等，使学生充分认识车辆常用的基本知识。
  通过培养学生掌握扎实的基础知识，从而提高的职业素养。
  学会利用所学的机动车基本知识，为后续开展机动车鉴定评估工作做好理论准备。

学习目标

知识目标	技能目标	素质目标
1．掌握机动车分类及车辆类型等基本知识。 2．掌握机动车主要技术性能参数、技术状况与运用性能等基础知识。	1．正确运用机动车基本知识指导机动车鉴定评估工作。 2．利用机动车基础理论知识提高岗位工作能力。	1．养成学习机动车基础知识的习惯。 2．按照机动车鉴定评估师工作要求制定职业规划。

任务准备

在学习前，学生应：
1．了解汽车文化、机动车分类及车辆类型等基本常识。
2．掌握机动车技术性能参数、技术状况与运用性能等基础知识。
3．掌握常用机动车对使用寿命及机动车定期检验等方面的要求。

任务实施

一、理论知识

  1．机动车主要技术参数。

  质量类参数：

距离类参数：

角度类参数：

其他参数：

2．机动车的主要性能指标。

机动车动力性：

机动车的燃料经济性：

机动车的制动性：

机动车的操纵性和稳定性：

机动车的行驶平顺性：

机动车的通过性：

3. 机动车使用寿命。

依据《道路交通管理机动车类型》（GA 802—2019），完成各类机动车使用年限和行驶里程汇总表。

机动车使用年限和行驶里程汇总表

车辆类型与用途			使用年限/年	行驶里程参考值/万千米
汽车	载客	营运	出租客运	小、微型		
				中型		
				大型		
			租赁			
			教练	小型		
				中型		
				大型		
			公交客运			
			其他	小、微型		
				中型		
				大型		
		非营运	专用校车			
			小、微型客车、大型轿车			
			中型客车			
			大型客车			
	载货 || 微型			
	|| 中、轻型			
	|| 重型			
	|| 危险品运输			
	|| 三轮汽车、装用单缸发动机的低速货车			
	|| 装用多缸发动机的低速货车			
	专项作业 || 有载货功能			
	|| 无载货功能			
挂车			半挂车	集装箱		
	||	危险品运输		
	||	其他		
	|| 全挂车			
摩托车			正三轮			
	|| 其他			
轮式专用机械车						

4. 依照《中华人民共和国道路交通安全法实施条例》有关规定，汽车进行安全技术检验的要求有哪些？

二、工作技能

按照公安部《道路交通管理机动车类型》（GA 802—2019）对机动车进行分类，请根据机动车规格、机动车结构和使用性质确定的机动车分类进行详细说明。

按机动车规格分类

分类			说明
汽车	载客汽车	大型	
		中型	
		小型	
		微型	
	载货汽车	重型	
		中型	
		轻型	
		微型	
		三轮（三轮汽车）	
		低速（低速货车）	
		专项作业车	
有轨电车			
摩托车	普通		
	轻便		
挂车	重型		
	中型		
	轻型		
	微型		

按机动车结构分类		
分类		说 明
汽车	载客汽车	普通客车	
		双层客车	
		卧铺客车	
		铰接客车	
		轿车	
		面包车	
		旅居车	
		专用校车	
		专用客车	
		无轨电车	
		越野客车	
	载货汽车	栏板货车	
		多用途货车	
		厢式货车	
		仓栅式货车	
		封闭式货车	
		罐式货车	
		平板货车	
		集装箱车	
		车辆运输车	
		特殊结构货车	
		自卸货车	
		专门用途货车	
		半挂牵引车	
		全挂牵引车	

按机动车使用性质分类

分类		说明
营运	公路客运	
	公交客运	
	出租客运	
	旅游客运	
	租　赁	
	教　练	
	货　运	
	危化品运输	
非营运	警　用	
	消　防	
	救　护	
	工程救险	
	营　转　非	
	出租转非	
运送学生	运送幼儿（幼儿校车）	
	运送小学生（小学生校车）	
	运送中小学生（中小学生校车）	
	运送初中生（初中生校车）	

案例分析

【案例】

评估车型：哈弗 H9 2020 款 2.0T 汽油四驱精英型 5 座；

登记日期：2020 年 3 月；

行情评估价格：14.5 万～16 万元；

厂商指导价（元）：20.98 万；

表显行驶里程：8 万千米；

类型：非事故车且手续齐全。

请根据以上提供的信息，查询相关技术参数，从车辆类型、使用情况等方面鉴定车辆状况。

思考练习

一、单项选择题

1. 如果按照机动车制造厂家的使用手册规定的技术规范使用,则机动车就属于（　　）。

  A．正常使用 B．不正常磨损 C．正常磨损 D．不正常使用

2. 电控燃油喷射系统的使用,提高了机动车的燃油经济性,降低了机动车的排放污染,化油器机动车的（　　）因此缩短,加快退出市场。

  A．自然使用寿命   B．正常使用寿命

  C．合理使用寿命   D．技术使用寿命

3. 机动车的经济使用寿命的量标——规定使用年限是机动车从投入运行到报废的年数,没有考虑（　　）。

  A．使用条件和使用强度 B．使用状况

  C．运行时间   D．闲置时间的自然损耗

4. 机动车的经济使用寿命的量标——行驶总里程是指机动车从投入运行到报废期间累计行驶的里程数,没有反映（　　）。

  A．使用性质   B．运行时间

  C．使用强度   D．使用条件和闲置期间的自然损耗

5. 机动车经济使用寿命的量标有（　　）。

　　A．规定使用年限、行驶里程、使用年限、使用强度

　　B．行驶里程、使用年限、大修次数、使用强度

　　C．使用年限、行驶里程、运行时间、大修次数

　　D．规定使用年限、行驶里程、使用年限、大修次数

6. 机动车经济使用寿命的标量——使用年限，可用机动车（　　）得出。

　　A．规定行驶里程/年平均行驶里程

　　B．总行驶里程数/年平均行驶里程

　　C．总行驶里程/规定行驶里程

　　D．年平均行驶里程/规定行驶里程

7. 机动车的技术状态受使用强度的直接影响，一般来说，下列哪种使用使用性质的车，使用强度较大？（　　）

　　A．单位员工班车　　　　　　B．私人生活用车

　　C．公务用车　　　　　　　　D．专业货运车辆

8. 根据我国机动车大修的规定，客车大修的送修标准为：（　　），结合发动机达到大修条件的，即可送大修。

　　A．以车架为主　　　　　　　B．以车厢为主

　　C．以电气设备为主　　　　　D．以底盘为主

9. 《道路交通管理机动车类型》（GA 802—2019），微型载客汽车车长（　　）。

　　A．大于或等于3 500mm　　　B．小于或等于3 500mm

　　C．小于或等于4 600mm　　　D．小于或等于4 600mm

10. 按照国家相关安全标准，为保持机动车规定的技术状态，机动车必须在规定的（　　）或规定的（　　）内，按规定的（　　）进行保养、检修。

　　A．行驶里程，使用强度，时间

　　B．方法，程序，行驶里程

　　C．行驶时间，行驶里程，使用年限

　　D．行驶里程，行驶时间，方法和程序

二、判断题

1. 机动车的使用寿命指汽车从投入使用到淘汰、报废的整个时间过程。（　　）

2. 轿车为车身结构为两厢式且乘坐人数小于或等于5人，或者车身结构为三厢式且乘坐人数小于或等于9人，安装座椅的载客汽车。（　　）

3. 机动车的使用寿命指机动车从生产制造开始到报废的整个时间过程。（　　）

4. 机动车的正常使用指机动车按照机动车制造厂家提供的使用手册所规定的技术规范使用。（ ）

5. 存放闲置的机动车，由于自然力作用，产生的腐蚀、老化，或由于管护不善，丧失工作能力而形成的损耗是汽车的无形损耗。（ ）

6. 汽车在使用过程中，由于零部件摩擦、振动、腐蚀而产生的损耗，是机动车的有形损耗。（ ）

7. 在检验有效期届满后连续 3 个机动车检验周期内未取得机动车检验合格标志的车辆，应当强制报废。（ ）

8. 机动车技术状况是定量测得的表示某一时刻机动车外观和性能的参数值的总和。（ ）

9. 按照机动车技术状况的分级，技术性能良好，各项主要技术指标满足定额要求的车辆属于需修车。（ ）

10. 年检的不合格车辆，应限期修复，逾期仍不合格的，车管所应收缴其行车牌证，不准再继续行驶。（ ）

任务评价

任务完成情况	自我评价	团队评价	教师评价		
工作内容完整、准确			优秀☐	良好☐	合格☐
收集资料方法正确			优秀☐	良好☐	合格☐
工作任务思路清晰			优秀☐	良好☐	合格☐

工作任务 4 机动车编号识别

姓名		班级		学号		组别		时间	

任务描述

本任务为教材项目三 机动车基础知识下的学习任务，旨在通过学习机动车产品型号编制、车辆识别代号、汽车玻璃标识、轮胎标识等知识，帮助学生能够正确识别车辆各类编号的含义。

通过培养学生掌握扎实的基础知识，从而提高学生的职业素养。

学会利用所学的车辆各类编号规则的相关知识，在机动车鉴定评估工作中灵活运用。

学习目标

知识目标	技能目标	素质目标
1．掌握车辆各类编号识别的含义。 2．掌握机动车产品型号、车辆识别代号、汽车玻璃标识、轮胎标识的编制规则。	1．正确运用机动车基本知识指导机动车鉴定评估工作。 2．能够正确识别车辆各类编号规则，提高岗位工作能力。	1．养成学习机动车基础知识的习惯。 2．按照机动车鉴定评估师要求制定职业规划。

任务准备

在学习前，学生应：

1．了解车辆各类编号等基本内容。

2．掌握机动车产品型号、车辆识别代号、汽车玻璃标识、轮胎标识等基础知识。

3．掌握常用车型的车辆各类编号规则。

任务实施

一、理论知识

1．机动车产品型号编制。

根据机动车产品型号编制规则相关国家标准，机动车产品的型号是指为识别车辆而对一类车辆指定的由拼音字母和阿拉伯数字组成的编号。下图为普通汽车产品型号的构成，详细说明各部分的含义。

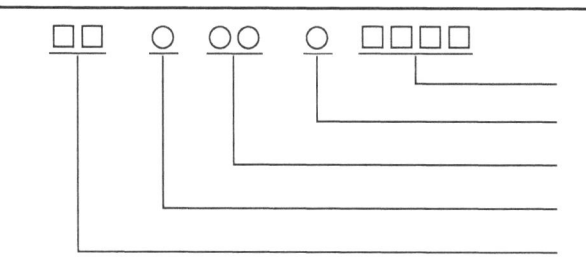

2. 车辆识别代号（Vehicle Identification Number，VIN）。

根据《道路车辆 车辆识别代号（VIN）》（GB 16735—2019）的规定，车辆识别代号由世界制造厂识别代号（WMI）、车辆说明部分（VDS）、车辆指示部分（VIS）三部分组成，共17位字码。请对各基本构成部分进行详细说明。

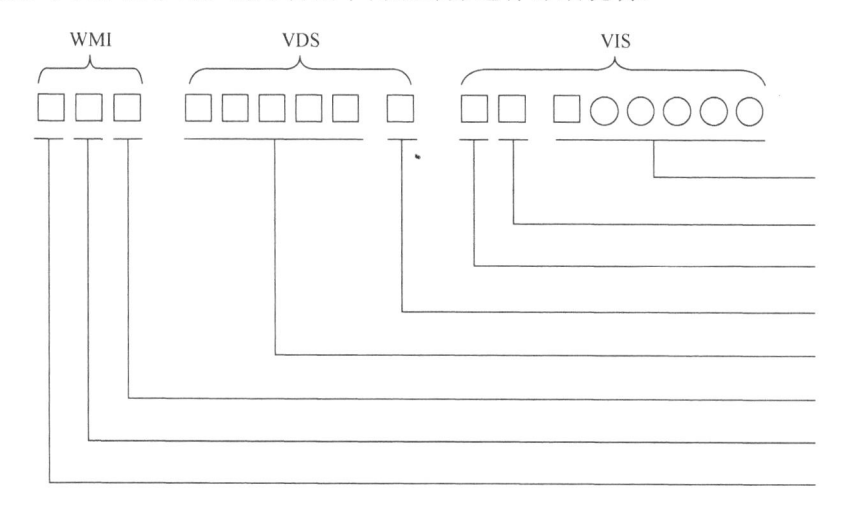

□—代表字母或数字；○—代表数字

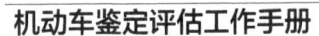

3．汽车玻璃标识。

国产汽车玻璃上的标识由四部分组成：国家安全认证标识、国外认证标识、汽车生产厂标识、玻璃生产企业标识。请对此展开详细说明。

4．轮胎规格。

下图是子午线轮胎常见规格示意图，请认真识读，并做详细说明。

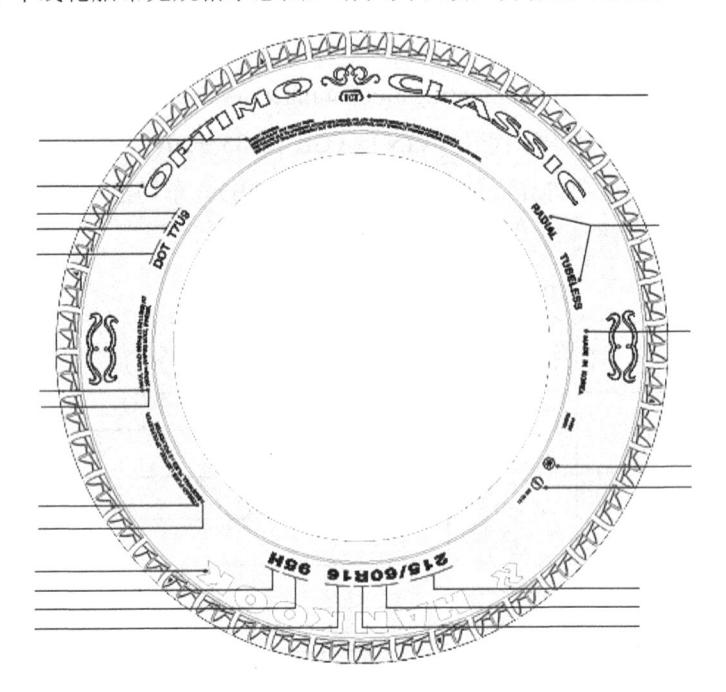

二、工作技能

1. 根据轿车产品型号构成图，解释下列轿车产品型号的含义。

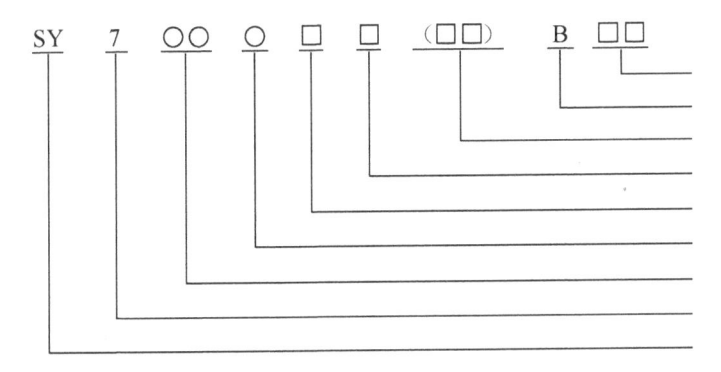

```
SY  7  ○○  ○  □  □  （□□）  B  □□
```

2. 车辆识别代号仅能采用哪些阿拉伯数字和大写拉丁字母？

3. 车辆识别代号为避免与数字的1，0，9混淆，不采用哪些大写拉丁字母？

4. 车辆识别代号为避免与数字的1，0，9混淆，第十位生产年份不使用哪些数字和字母？

5. 车辆识别代号 VIS 的第一位字码（即 VIN 的第十位）应代表年份，请在下表填写年份代码。

年份	代码	年份	代码	年份	代码	年份	代码
1991		2001		2011		2021	
1992		2002		2012		2022	
1993		2003		2013		2023	
1994		2004		2014		2024	
1995		2005		2015		2025	
1996		2006		2016		2026	
1997		2007		2017		2027	
1998		2008		2018		2028	
1999		2009		2019		2029	
2000		2010		2020		2030	

6. 汽车玻璃上的标识。

（1）下图最后一行的"……9"是生产日期代码，是最常见的形式：数字+圆点。请解释此汽车玻璃的生产年月。

（2）请说明下图汽车玻璃标识的生产日期代码形式。

7．轮胎规格。

根据下图，解读轮胎规格。

案例分析

【案例】

　　汽车玻璃生产日期检查是机动车鉴定评估师基本技能之一，是鉴定机动车时必看之处。因为汽车玻璃是否更换能反映很多问题，更换不一定是事故导致的，但是较大的事故一般都会导致玻璃受损。大部分汽车玻璃上都有生产日期标识，该如何解读呢？

　　第一种是单排数字加圆点的形式，如下图所示，数字4代表年份，说明是14年或者是04年的车，前面有5个点，我们就用7减去5个点。生产日期为：

　　第二种是圆点在数字后面，如下图所示是3个点，那我们就用13减去3个点。生产日期为：

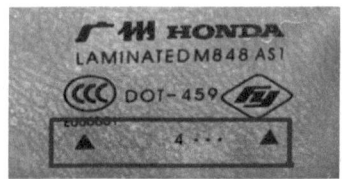

　　第三种是单排数字＋圆点＋雪花点，如下图所示的6表示2016年或者是2006年，后面的圆点表示第几个季度，雪花点代表的是第几个月。生产日期为：

　　第四种是单排数字＋大圆点＋小圆点，如下图所示17代表年份，它的右边第一排的圆点代表的是月份数，3个点代表3月份，下面的第一个大圆点代表10天，右边小圆点代表1天，那就是11天。生产日期为：

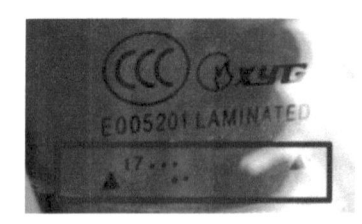

对于像宝马等特殊车型，汽车玻璃上没有生产日期，这种情况该怎么看呢？

思考练习

一、单项选择题

1. 一辆轿车的 VIN 编码是 KNJLT06H8S6163266，其年款代码表示的年份是（　　）。
   A．1996 年　　　B．2008 年　　　C．1995 年　　　D．2019 年

2. 一辆轿车的 VIN 编码是 LDCI31D21X0005954，其年款代码表示的年份是（　　）。
   A．1999 年　　　B．2019 年　　　C．2000 年　　　D．2008 年

3. 同一发动机的两个机构中，曲轴与凸轮轴相比，曲轴的价格（　　）。
   A．与凸轮轴相等　　　　　　B．无法比较
   C．比较高　　　　　　　　　D．比较低

4. 从车辆 VIN 编码中不可以识别出的信息为（　　）。
   A．发动机排量　　　　　　　B．车型年份
   C．生产国家　　　　　　　　D．车辆类别

5. 某轿车发动机排量为 2.0L，则该轿车属于（　　）。
   A．中级轿车　　　　　　　　B．高级轿车
   C．普通轿车　　　　　　　　D．中高级轿车

6. 某客车总长度为 8m，则该客车属于（　　）。
   A．小型客车　　B．中型客车　　C．微型客车　　D．大型客车

7. 下列选项中不属于车型标牌记录内容的是（　　）。
   A．车架号　　　　　　　　　B．发动机型号和排量
   C．车身总长度　　　　　　　D．制造厂编号

8. 我国规定，9 人座以下的客车和最大总质量小于或等于 3.5t 的载货汽车识别代号应位于（　　）。
   A．仪表板的上方　　　　　　B．汽车铭牌上
   C．仪表板的下方　　　　　　D．底盘车架上

9. BJ2020S—BJ 代表北京汽车制造厂，2 代表（　　），02 代表总质量为 2t，0 代表该车为第一代产品，S 为厂家自定义。
   A．客车　　　　B．轿车　　　　C．货车　　　　D．越野车

10. 世界制造厂识别代号的第一位字码是标明一个地理区域的字母数字，生产国家或地区代码为 T 代表（　　）。

　　A．中国　　　　B．德国　　　　C．美国　　　　D．日本

二、判断题

1．"车辆识别代号（VIN）编码"由一组字母和阿拉伯数字组成，共 18 位，它是识别汽车不可缺少的工具。　　　　　　　　　　　　　　　　　　　　　　　　（　　）

2．汽车的自身质量，即空载质量，包括所有的机件、备胎、随车工具、备品配件，但不加油和水的质量。　　　　　　　　　　　　　　　　　　　　　　　　　（　　）

3．按机动车产品型号编制规则相关国家标准中规定的国产汽车产品分为轿车、客车、货车、越野汽车、自卸汽车、牵引汽车、专用汽车等 7 类。　　　　　　　（　　）

4．载货汽车的等级是按它的最大装载质量划分的，可分为微型、轻型、中型和重型 4 个等级。　　　　　　　　　　　　　　　　　　　　　　　　　　　　（　　）

5．所有的轿车均采用前置前驱形式。　　　　　　　　　　　　　　　（　　）

6．车辆识别代号中，每个地区和国家使用的字母和数字代号必须经国际标准化组织认可批准方可使用。　　　　　　　　　　　　　　　　　　　　　　　　（　　）

7．车辆识别代号应尽量置于汽车前半部分，易于观察到，并且能够防止磨损或更换的部位。　　　　　　　　　　　　　　　　　　　　　　　　　　　　　　（　　）

8．我国规定，整个 17 位代码的最后 6 位代码为车辆的生产顺序号，与汽车底盘或车架号相同。故机动车行驶证上的车架号签注的也是 17 位代码。　　　　（　　）

9．按机动车产品型号编制规则相关国家标准，TJ7130UA 表示为天津汽车工业总公司生产排量为 1.3L 三厢式电喷普通级轿车。　　　　　　　　　　　　　（　　）

10．货车的总体布置已基本定型化，通常采用发动机前置后轮驱动形式，且多为 4×2 的驱动形式。　　　　　　　　　　　　　　　　　　　　　　　　　　　（　　）

任务评价			
任务完成情况	自我评价	团队评价	教师评价
工作内容完整、准确			优秀□　良好□　合格□
收集资料方法正确			优秀□　良好□　合格□
工作任务思路清晰			优秀□　良好□　合格□

工作任务 5　机动车总体构造

姓名		班级		学号		组别		时间	

任务描述
本任务为教材项目三　机动车基础知识下的学习任务，旨在通过学习机动车的基本结构及基本术语等，帮助学生对机动车结构及工作原理有基本的认识。 　　培养学生掌握扎实的基础知识，从而提高学生的职业素养。 　　学会利用所学机动车基本结构相关知识，为开展机动车鉴定评估工作做好理论准备。

学习目标		
知识目标	技能目标	素质目标
1．掌握汽车发动机、汽车底盘、汽车车身、电气设备四部分构造等基础知识。 2．掌握机动车各系统零部件的构造及作用。	1．正确运用机动车基本知识指导机动车鉴定评估工作。 2．利用机动车基础理论知识提高岗位工作能力。	1．养成学习机动车基础知识的习惯。 2．按照机动车鉴定评估师要求制定职业规划。

任务准备
在学习前，学生应： 1．了解各类机动车总体构造。 2．了解不同类型机动车各系统零部件的构造特点。 3．掌握汽车发动机、汽车底盘、汽车车身、电气设备四部分构造等基础知识。

任务实施

一、理论知识

1．汽车发动机的构造与作用。

（1）曲柄连杆机构。

曲柄连杆机构由机体组、活塞连杆组、曲轴飞轮组三部分组成。请对各部分组成零部件构造进行阐述。

（2）配气机构。

配气机构分为气门组和气门传动组两大部分。请对各部分组成零部件构造进行阐述。

（3）燃料供给系统。

分析汽油机燃料供给系统与柴油机燃料供给系统在构造方面的异同。

（4）冷却系统。

简述冷却系统"冷车循环"与"正常循环"。

（5）润滑系统。

请对润滑系统的零部件构造原理做阐述。

（6）发动机起动系统。

简述汽车发动机起动系统的工作过程。

（7）发动机点火系统。

现代轿车电控发动机广泛采用更先进的电子控制点火系统。请从通电时间控制、点火提前角控制和爆震控制这三个方面阐述其功能原理。

2．汽车底盘的构造与作用

（1）传动系统。

简述汽车传动系统的主要零部件及传递路线。

（2）行驶系统。

轮式行驶系统的主要零部件有哪些？

（3）转向系统。

简述汽车转向系统的类型及组成。

（4）制动系统。

汽车制动系统的类型及制动要求有哪些？

3. 汽车车身构造。

现代汽车车身构造的类型及特点:

4. 电气设备组成。

汽车照明系统、信号装置、仪表及报警装置、辅助电气设备的正确识别及技术要求:

二、工作技能

1. 随着汽车的不断发展,现在汽车的驱动形式越来越多了,根据安装发动机和各个总成相对位置的不同,以及驱动方式的不同,现代汽车的布置方式有前置前驱、前驱后驱、后置后驱等。

以下两图分别属于汽车的哪种布置方式?这些驱动形式有什么不同呢?在方框内填写零部件名称。

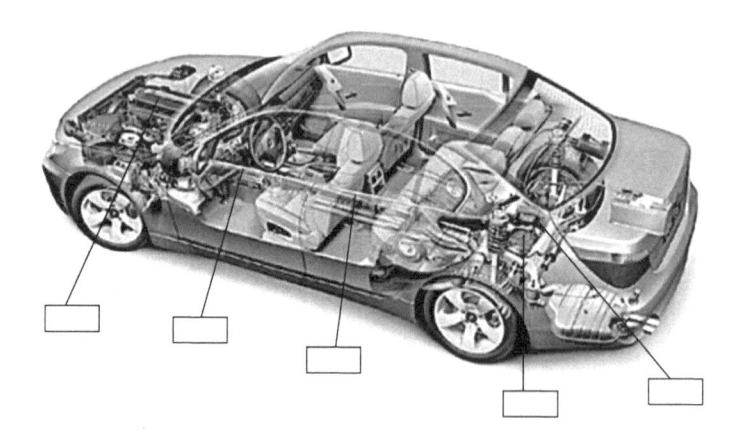

布置方式:

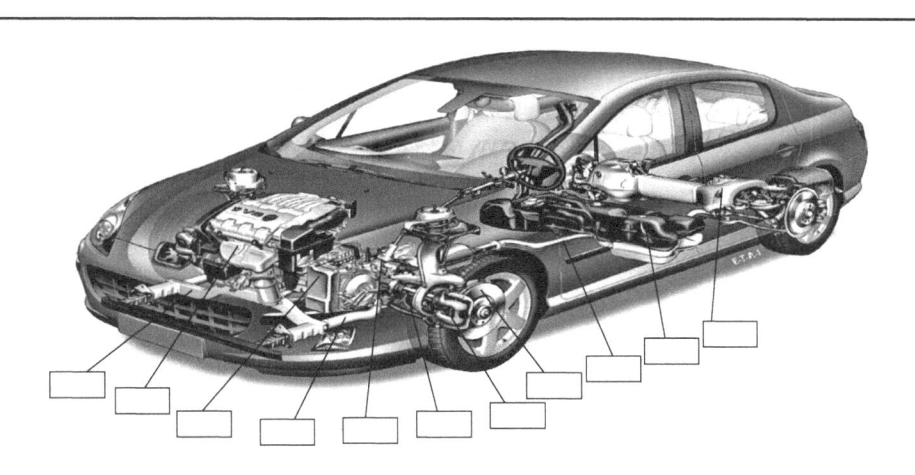

布置方式：

2. 在下图方框中填写曲柄连杆机构零件名称。

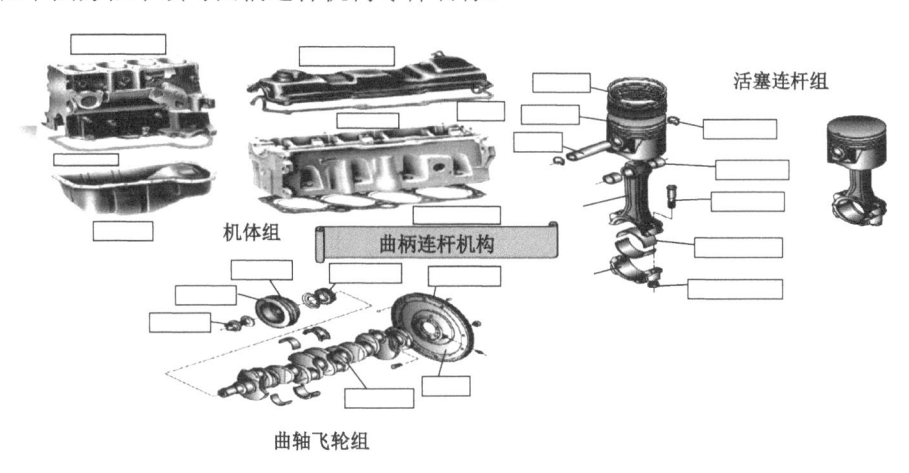

机体组　　曲柄连杆机构　　活塞连杆组

曲轴飞轮组

3. 在下图方框中填写配气机构零件名称。

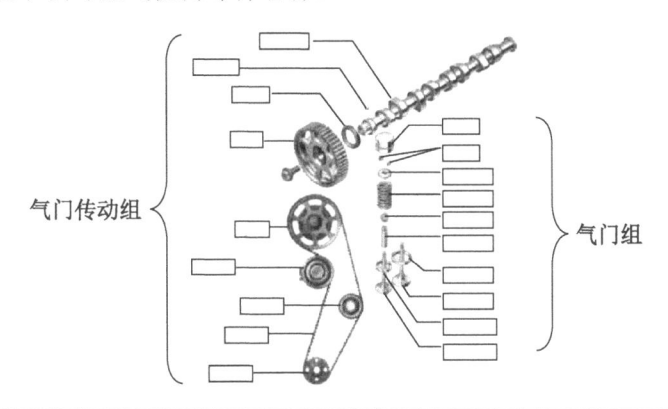

气门传动组　　气门组

4. 更换机油。

在汽车润滑系统维护保养时，不同环境不同驾驶习惯和需求，甚至不同的机油品牌和种类都具有很多的不确定性。请举例说明更换机油的方法步骤及注意事项。

案例分析

【案例】

车型：2011 年生产的马自达 3，配置 1.6L Z6 发动机。

行驶里程：76000km。

故障现象：发动机故障灯亮，用诊断仪读取故障码，显示为"三元催化效率低"。

检修方案：

1. 再次用诊断仪读取故障码，确实是"三元催化效率低"，并且没有其他故障码。用尾气分析仪检测尾气数据，如下表所示。

工况	高怠速						怠速					
成分	HC	CO	NO_X	CO_2	λ	O_2	HC	CO	NO_X	CO_2	λ	O_2
数据	14	0.14	04	20.00	0.998	0.0	23	0.30	16	20.00	0.995	0.0

2. 再用诊断仪检测数据流，相关内容如下表所示。

检测项目	数值	检测项目	数值
喷油脉宽	1.42ms	长期自学习	2.34%（维修后-0.78%）
进气流量	2.15g/s	短期自学习	-3.91%～3.13%
前氧传感器	0.07～0.77V	发动机水温	100℃
后氧传感器	0.6～0.7V（0.5～0.68V）	发动机负荷	15.69%

3. 用红外线测温仪检测三元催化器进气口与出气口温度，进气口温度为 190℃，出气口温度为 230℃。

故障分析：

综合以上数据分析，此车的三元催化器工作基本正常，理由是三元催化器前后有正常的温升，之所以报三元催化器的故障码，是因为三元催化器只能在很窄的混合比范围内进行催化作用，当混合气调节偏正常值时，会造成三元催化器无法正常工作。分析认为此车是因为混合气调节不正常,造成三元催化器无法正常工作,发动机控制单元误认为是三元催化效率低。并且在 2 500r/min 降低至怠速转速时,观察到尾气数据中 HC 和 CO 的数据有瞬间明显上升(减速时进气道真空度上升,会使吸附在积炭上的汽油大量析出,使混合气变浓),说明此车进气道积炭较为严重。

故障排除(请设计故障排除方案):

思考练习

一、单项选择题

1. 发动机四冲程中产生动力的冲程是( )冲程。
   A. 做功　　　B. 进气　　　C. 压缩　　　D. 排气

2. 发动机四冲程中消耗动力最大的冲程是( )冲程。
   A. 做功　　　B. 进气　　　C. 压缩　　　D. 排气

3. 轿车汽油机的压缩比一般在( )范围内。
   A. 8~11　　　B. 17~22　　　C. 4~7　　　D. 12~17

4. 汽油机正常工作时排出的气体颜色为( )。
   A. 灰色　　　B. 无色　　　C. 蓝色　　　D. 黑色

5. 柴油机在大负荷运转或突然加速时,最常见的排烟颜色为( )。
   A. 白色　　　B. 无色　　　C. 蓝色　　　D. 黑色或深黑色

6. 4×2 型汽车的驱动轮数为( )。
   A. 6　　　B. 2　　　C. 8　　　D. 4

7. 汽油机排气颜色为黑色,说明( )。
   A. 冷却液温度过低
   B. 混合气过浓或是点火时间过迟,造成燃烧不完全
   C. 有机油窜入气缸燃烧室内参与燃烧
   D. 以上都不正确

8. 车用汽油标号按( )的高低分为 92 号、95 号、98 号,并规定硫含量不得超过 0.001 %。
   A. 清洁性　　　B. 抗爆性　　　C. 蒸发性　　　D. 辛烷值

9. 车用柴油标号按（　　）分级，轻柴油有 5、0、-10、-20、-35、-50 六个牌号，重柴油有 10、20、30 三个牌号。

　　A．着火性　　　　B．黏度　　　　C．凝点　　　　D．十六烷值

10. 全轮驱动（AWD）通常是（　　）所采用的方式。

　　A．货车　　　　B．越野车　　　　C．客车　　　　D．中低档轿车

二、判断题

1. 做功行程是在压缩行程接近上止点时，装在气缸盖上方的火花塞发出电火花，点燃所压缩的可燃混合气。　　　　　　　　　　　　　　　　　　　　　　　（　　）

2. 汽油重要的特性为蒸发性、安定性、抗爆性、腐蚀性和清洁性。（　　）

3. 四冲程柴油机在一个工作循环的四个活塞冲程中，只有一个行程是做功的，其余三个行程是做功的辅助行程。　　　　　　　　　　　　　　　　　　（　　）

4. 汽油标号是实际汽油抗爆性与标准汽油抗爆性的比值。标号越高，抗爆性能越强。
　　　　　　　　　　　　　　　　　　　　　　　　　　　　　　　　　　（　　）

5. 柴油最重要用途是用于车辆、船舶的柴油发动机。与汽油相比，柴油能量密度低，燃油消耗率高。　　　　　　　　　　　　　　　　　　　　　　　　　（　　）

6. 一般选用柴油的凝点低于环境温度 3～5℃，因此，随季节和地区的变化，需使用不同牌号，即不同凝点的商品柴油。　　　　　　　　　　　　　　　　（　　）

7. 活塞顶部距离曲轴中心最近时的止点称为上止点。　　　　　　　（　　）

8. 一台发动机全部气缸的燃烧室容积的总和，称为发动机排量。　（　　）

9. 四冲程内燃机的工作过程是由吸气、做功、压缩、排气四个冲程组成的。
　　　　　　　　　　　　　　　　　　　　　　　　　　　　　　　　　　（　　）

10. 活塞每走一个行程相应曲轴旋转 180°，对于气缸中心线与曲轴中心线上相交的发动机，活塞行程等于曲柄半径的两倍。　　　　　　　　　　　　　（　　）

任务评价

任务完成情况	自我评价	团队评价	教师评价		
工作内容完整、准确			优秀☐	良好☐	合格☐
收集资料方法正确			优秀☐	良好☐	合格☐
工作任务思路清晰			优秀☐	良好☐	合格☐

工作任务6 机动车手续和证件检验

姓名		班级		学号		组别		时间	

任务描述

　　本任务为教材项目四 机动车静态技术鉴定下的学习任务，旨在通过学习查验机动车手续和证件、可交易车辆鉴定等知识，帮助学生对机动车手续、证件及可交易车辆状况具有充分的认识。

　　培养学生对机动车静态技术鉴定的能力，从而提高学生的职业素养。

　　学会利用所学的机动车静态技术鉴定知识，为后续开展机动车鉴定评估工作做好准备。

学习目标

知识目标	技能目标	素质目标
1．掌握查验机动车手续和证件及可交易车辆鉴定的方法。 2．掌握机动车登记证书、行驶证、有效机动车安全技术检验合格标志、车辆购置税完税证明、车船税缴付凭证、车辆保险单、海关关单等相关常识。	1．正确运用机动车静态技术鉴定知识指导机动车鉴定评估工作。 2．利用机动车静态技术鉴定知识提高岗位工作能力。	1．养成学习机动车静态技术鉴定知识的习惯。 2．按照机动车鉴定评估师要求制定职业规划。

任务准备

在学习前，学生应：

1．了解机动车手续和证件等相关常识。

2．掌握可交易车辆鉴定的方法。

3．掌握登记车辆使用性质信息，明确运营与非运营车辆等。

任务实施

一、理论知识

　　1．机动车的来历证明。

　　为规范机动车行业发票使用行为，营造公平、公正、有序的营商环境，国家税务总局、工业和信息化部、公安部联合制定了《机动车发票使用办法》。

　　根据国家税务总局《关于统一二手车销售发票式样问题的通知》规定：机动车经销企业、经纪机构和拍卖企业，在销售、中介和拍卖机动车收取款项时，必须开具二手车销售统一发票，简称二手车发票。

请简要说明机动车发票开具的相关规定。

2. 检查机动车过户手续，核对身份证明的要点是什么？

3. 请简要说明机动车行驶证正本和副本的相关内容及查验要点。

4. 请简要说明机动车登记证书查验要点。

5. 请简要说明购置税完税证明查验要点。

二、工作技能

车牌是对各车辆的编号与信息登记，其主要作用是通过车牌可以知道该车辆的所属地区，也可根据车牌查到该车辆的车主及该车辆的登记信息。

请根据以下车辆号牌效果图、颜色说明其适用范围。

适用范围：

适用范围：

工作任务6 机动车手续和证件检验

| 粤B·F12345 | 粤B·12345D |

适用范围：　　　　　　　　　　适用范围：

| 京A·F0236 | 京·A F0236 |

适用范围：　　　　　　　　　　适用范围：

| 京·A F023挂 | 京A·F0236 |

适用范围：　　　　　　　　　　适用范围：

| 224·578使 | 沪224·78领 |

适用范围：　　　　　　　　　　适用范围：

| 粤Z·F023港 | 京A·F023学 |

适用范围：　　　　　　　　　　适用范围：

| 京·A0006警 | 京X2345应急　京X2345应急 |

适用范围：　　　　　　　　　　适用范围：

| 京A00001 | 临时行驶车号牌 |

适用范围：　　　　　　　　　　适用范围：

案例分析

【案例】

王先生准备买一辆2009年的宝马轿车，经鉴定评估师分析：这辆车手续齐全，车身外观良好、车身有轻微划痕、零部件有老化现象、车内装饰有污渍、车架号码锈蚀不清，似有凿改痕迹，曾被抵押过，现已赎回。

作为一名机动车鉴定评估师，请根据提供的车辆信息，在可交易车辆判别表中进行判别，并详细说明。

序号	检查项目	判别
1	是否达到国家强制报废标准	是□ 否□
2	是否处于抵押期间或海关监管期间	是□ 否□
3	是否为人民法院、检察院、行政执法等部门依法查封、扣押期间的车辆	是□ 否□
4	是否为通过盗窃、抢劫、诈骗等违法犯罪手段获得的车辆	是□ 否□
5	发动机号与机动车登记证书登记号码是否一致，且无凿改痕迹	是□ 否□
6	车辆识别代号或车架号码与机动车登记证书登记号码是否一致，且无凿改痕迹	是□ 否□
7	是否为走私、非法拼组装车辆	是□ 否□
8	是否为法律法规禁止经营的车辆	是□ 否□

思考练习

一、单项选择题

1. 依照相关法规，机动车鉴定评估中为确认卖方身份及车辆合法性，应根据合法有效的（　　）。

　　A. 卖方身份证、车辆号牌、机动车登记证书、机动车行驶证

　　B. 卖方身份证、机动车安全技术检验合格标志、机动车行驶证、机动车登记证书

　　C. 卖方身份证、车辆号牌、机动车安全技术检验合格标志、机动车行驶证

　　D. 卖方身份证、车辆号牌、机动车登记证书、机动车安全技术检验合格标志

2. 依照相关法规，机动车鉴定评估中为核实机动车卖方的所有权或处置权，应确认（　　）。

　　A. 机动车行驶证与卖方身份证明一致

　　B. 机动车行驶证、驾驶证与卖方身份证明一致

　　C. 机动车登记证书、行驶证与卖方身份证明一致

　　D. 机动车登记证书与卖方身份证明一致

3．依照相关法规，机动车鉴定评估中发现非法车辆、伪造证明或车牌的，擅自更改发动机号、车架号的、调整里程表的，应当（　　）。

　　A．照常评估技术状态

　　B．不加过问

　　C．及时向执法部门举报，配合调查

　　D．不予评估、也不举报

4．张某受托替同学李某代卖一辆吉利帝豪轿车，机动车鉴定评估中为确认卖方的身份及车辆的处置权，应根据（　　）。

　　A．李某身份证、车辆号牌、机动车登记证书

　　B．李某身份证、机动车行驶证、车辆号牌

　　C．张某身份证、李某身份证、授权委托书

　　D．张某身份证、机动车登记证书、机动车行驶证

5．依照相关法规，下列哪个机构不能开具二手车销售统一发票？（　　）

　　A．机动车经纪公司　　　　　　B．机动车拍卖公司

　　C．机动车交易市场　　　　　　D．机动车经销企业

6．依照国家有关法规，原为营运车辆的机动车，交易后转为非营运车辆，其规定（　　）。

　　A．使用年限应按照非营运车辆执行

　　B．使用年限应可按照营运车辆也可按照非营运车辆执行

　　C．使用年限应按照营运车辆执行

　　D．运行满5年的，使用年限应按照营运车辆执行

7．机动车号牌是准予机动车上路行驶的法定标志，其号码要与（　　）上的号牌号码完全一致。

　　A．机动车行驶证　　　　　　　B．车架号

　　C．发动机编号　　　　　　　　D．机动车驾驶证

8．按照相关法规，自2020年5月1日至2023年12月31日，从事机动车经销的纳税人销售其收购的机动车，由原按照简易办法依3%征收率减按2%征收增值税，改为减按（　　）%征收增值税。

　　A．0.1　　　　　　　　　　　　B．0.02

　　C．0.5　　　　　　　　　　　　D．0.17

9．《中华人民共和国车辆购置税暂行条例》规定，车辆购置税实行从价定率的办法计算应纳税额。车辆购置税的税率为（　　）%。

A．10 B．5
C．20 D．15

10．按照国家有关法规，由华侨、港澳同胞捐赠的免税进口汽车（　　）。

A．可以转卖 B．不准转卖
C．可以抵押 D．可以扣留

二、判断题

1．国家税务机关监制的全国统一的机动车交易专用发票是唯一有效的机动车来历凭证。（　　）

2．人民法院出具的发生法律效力的判决书、裁定书、调解书可以作为机动车来历凭证。（　　）

3．机动车购买人取得机动车交易发票、机动车行驶证和机动车登记证书，就完成了车辆的所有权转移。（　　）

4．机动车行驶证是由公安车辆管理机关依法对机动车辆注册登记核发的证件，是机动车取得合法行驶资格的法定证件。（　　）

5．根据我国相关法规，所有在道路上行驶的车辆都必须缴纳机动车交通事故责任强制保险。（　　）

6．按照相关法规，机动车交通事故责任强制保险实行全国统一保险保单条款、全国统一基础保险费率、全国统一责任限额。（　　）

7．按照相关法规，机动车交通事故责任强制保险属机动车车主自行选择投保的险种。（　　）

8．按照相关法规，没有办理机动车交通事故责任强制保险的机动车也可以交易。（　　）

9．处在延期报废期间的车辆，如通过安全排放检测合格，可以进入机动车市场交易。（　　）

10．处在抵押登记期内的车辆可以进入机动车市场交易。（　　）

任务评价					
任务完成情况	自我评价	团队评价	教师评价		
工作内容完整、准确			优秀□	良好□	合格□
收集资料方法正确			优秀□	良好□	合格□
工作任务思路清晰			优秀□	良好□	合格□

工作任务7 车身油漆涂层检测

姓名		班级		学号		组别		时间	
				任务描述					

  本任务为教材项目四 机动车静态技术鉴定下的学习任务,旨在通过学习检测机动车车身油漆涂层,帮助学生对车身油漆色差的影响因素有充分的认识。

  培养学生对机动车静态技术鉴定的能力,从而提高职业素养。

  学会利用所学机动车漆面色差检查知识,为后续开展机动车鉴定评估工作做好理论和实践准备。

学习目标		
知识目标	技能目标	素质目标
1．掌握颜色理论常识、车身油漆涂层外观缺陷的类型。 2．掌握正确检查漆面橘皮现象、车漆改色的方法和技巧。	1．正确运用涂层厚度测定仪检测汽车漆面厚度。 2．利用机动车静态技术鉴定知识提高岗位工作能力。	1．养成学习机动车静态技术鉴定知识的习惯。 2．按照机动车鉴定评估师要求制定职业规划。

任务准备

在学习前,学生应:

1．了解机动车车身漆面颜色理论常识。

2．掌握常见的车身油漆涂层外观缺陷类型。

3．掌握运用涂层厚度测定仪检测汽车漆面厚度的正确方法。

任务实施

一、理论知识

  1．颜色基本理论。

  色相:

  明度:

  饱和度:

  色差:

  2．车身油漆涂层外观缺陷分类。

3．目测法检查色差的要点。

4．常见局部喷漆后留漆的部位。

5．简述漆面橘皮现象。

二、工作技能

涂层厚度测定仪（漆膜仪）的数值怎么看？如何判断漆膜仪数值是否正常？请根据下图涂层厚度测定仪（漆膜仪）检测车漆时的情景解读使用方法。

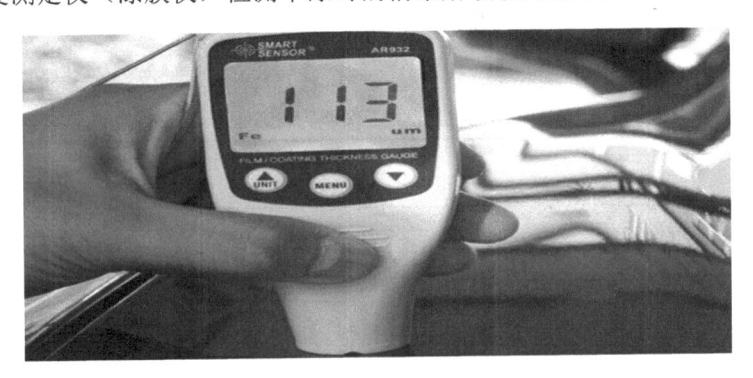

案例分析

【案例】

王先生在一家机动车贸易公司花 15 万余元购买了一辆奥迪 Q5 汽车。前段时间他驾车发生了追尾事故。修车时维修人员发现，汽车受损的部位竟是双层漆，而且有的地方还有微黄色的腻子。随后，他与机动车贸易公司经理胡某多次联系，胡某只是回复"汽车哪里坏了，我们就负责修理哪里。"

王先生找到机动车鉴定评估机构的李鉴定评估师。李鉴定评估师随即对该车进行了车身油漆涂层检测。

请从专业角度分析李鉴定评估师检测车身油漆的方法和步骤。

思考练习

一、单项选择题

1. 下列对机动车鉴定评估特点的描述中，错误的是（　　）。

    A. 评估以单台机动车为评估对象

    B. 评估可以有很大的随意性

    C. 机动车鉴定评估以技术鉴定为基础

    D. 要考虑附加值

2. 色漆的颜色是指物体在日光（即白光）照射下所呈现的颜色，分为红、（　　）、黄、绿、青、蓝、紫七种颜色。

    A. 黑　　　　B. 白　　　　C. 粉　　　　D. 橙

3. 人眼对物体反射光强度的感觉，表示物体的颜色在"量"方面的特性是（　　）。

    A. 饱和度　　B. 明度　　　C. 色相　　　D. 色差

4. 人们在日常生活中对自然物体颜色最常有的那种概念，也就是在自然光线下，物体所呈现的本身色彩称之为（　　）。

    A. 光源色　　B. 环境色　　C. 对比色　　D. 固有色

5. 当机动车的车身和外部饰品经过喷漆涂装后，都应该使用（　　）进行色差检验。

A．频谱仪　　　B．漆膜仪　　　C．分光测色仪　　　D．激光测径仪

6．机动车鉴定评估师常用（　　）对漆面进行检测，来判断车辆漆面的新旧程度，以及是否有补过漆的部位。

A．频谱仪　　　B．漆膜仪　　　C．分光测色仪　　　D．激光测径仪

7．依照相关法规，机动车车主擅自将车身重新喷漆后改变颜色的机动车（　　）交易。

A．可以　　　　　　　　　　　　B．通过安全排放检测可以

C．依法恢复原来的颜色后可以　　D．恢复原来的颜色后也不可以

8．车身油漆漆膜外观表面呈现橘皮状纹路的现象，称为（　　）。

A．麻点　　　　B．起皱　　　　C．橘皮　　　　D．遮盖不良

二、判断题

1．流平不佳指喷枪喷出的油漆颗粒经过雾化到达喷涂表面时，不能再流动，导致漆膜表面不平滑。（　　）

2．调表车是指调整了旧机动车行驶里程数的车辆。（　　）

3．色彩是物体表面的反射光线在人体视觉中形成的感知觉。（　　）

4．车漆流痕（流漆）：喷涂在垂直面上的涂料向下流动，使漆面产生条痕的现象。（　　）

5．砂纸纹：涂装干燥后，面漆见到砂纸打磨纹和划痕的现象。（　　）

6．静态检查包括对汽车的识伪检查和外观检查。（　　）

7．检查车身锈蚀的情况，主要检查水槽、水箱、窗框、玻璃等。（　　）

8．漆面光洁度有差别，反光不一样，甚至出现凹凸不平，或有明显的橘皮状，这说明该处车身有过补灰做漆。（　　）

任务评价					
任务完成情况	自我评价	团队评价	教师评价		
工作内容完整、准确			优秀□	良好□	合格□
收集资料方法正确			优秀□	良好□	合格□
工作任务思路清晰			优秀□	良好□	合格□

工作任务 8 事故车、泡水车、火烧车鉴别

姓名		班级		学号		组别		时间	

任务描述

本任务为教材项目四 机动车静态技术鉴定下的学习任务，旨在通过学习鉴别事故车、泡水车、火烧车等知识，帮助学生对事故车、泡水车、火烧车的车辆状况有充分认识。

培养学生对机动车静态技术鉴定的能力，从而提高学生职业素养。

学会利用所学的机动车静态技术鉴定知识，为后续开展机动车鉴定评估工作做好理论和实践准备。

学习目标

知识目标	技能目标	素质目标
1．掌握事故车、泡水车、火烧车鉴别的方法。 2．掌握车体部位的部件名称代码和车辆结构件缺陷描述对应的简写方法。	1．正确运用事故车、泡水车、火烧车鉴别方法指导机动车鉴定评估工作。 2．利用机动车静态技术鉴定知识提高岗位工作能力。	1．养成学习机动车静态技术鉴定知识的习惯。 2．按照机动车鉴定评估师要求制定职业规划。

任务准备

在学习前，学生应：

1．了解事故车、泡水车、火烧车等基本术语和定义。

2．掌握事故车、泡水车、火烧车的认定标准。

3．掌握车体结构示意图中部件代码所对应的部件名称。

任务实施

一、理论知识

1．术语和定义。

事故车：

泡水车：

泡水车：

火烧车：

泡水锈蚀：

泡水泥沙：

泡水水渍：

泡水霉斑：

2. 参照下图所示的车体结构示意，在下表中填写车辆结构件代码的部件名称。

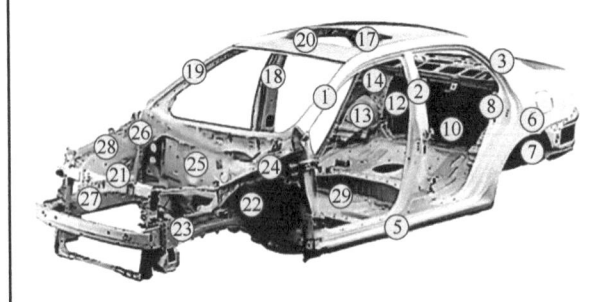

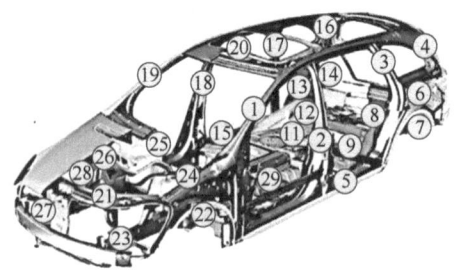

部件代码	部件名称	部件代码	部件名称
1		11	
2		12	
3		13	
4		14	
5		15	
6		16	
7		17	
8		18	
9		19	
10		20	

续表

部件代码	部件名称	部件代码	部件名称
21		26	
22		27	
23		28	
24		29	
25			

3．参阅教材，填写泡水车部件代码表。

部件代码	部件名称	部件代码	部件名称
30		37	
31		38	
32		39	
33		40	
34		41	
35		42	
36			

4．参阅教材，填写火烧车部件代码表。

部件代码	部件名称	部件代码	部件名称
43		47	
44		48	
45		49	
46			

二、工作技能

1．参考下图，请简要说明泡水车缺陷状态认定标准。

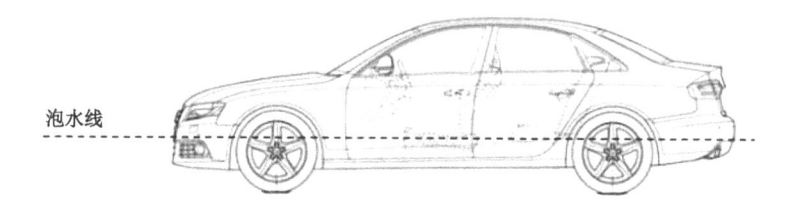

2．请简要说明事故车的认定标准。

3．请简要说明火烧车的认定标准。

4．参阅《乘用车鉴定评估技术规范》，填写车辆缺陷状态描述对应表。

代表字母	BX	NQ	GH	SH	ZZ	BJ
缺陷描述						
代表字母	PSXS	PSNS	PSSZ	PSMB	PSXF	PSXS
缺陷描述						
代表字母	HSXH			HSZK		
缺陷描述						

案例分析

【案例】

王先生到汽车经营有限公司购买了一辆奥迪 Q5 二手轿车，并签订了汽车售车合同，约定销售价为 18.8 万元，汽车公司保证享有涉案车辆的所有权与处置权，保证车辆无结构性损伤、无泡水、无火烧，并承诺若发现问题将依法赔偿。

办理手续提车后，张先生在用车过程中发现车辆存在多处异常，疑遭水淹事故。他多次与汽车公司联系解决问题未果。同年他委托某机动车鉴定评估有限公司，经鉴定，车辆内存在多处水淹、淤泥、锈蚀痕迹等，是"泡水车"。此后，张先生将该汽车经营有限公司起诉至法院，要求解除汽车售车合同；对方返还购车款 18.8 万元；赔偿其 56.4 万元。

汽车经营有限公司辩称，双方签订合同合法有效，且已实际履行，双方发生的纠纷应按照双方合同约定处理。此外，涉案车辆也是公司从他人处购买（有购买证据），若该车水泡事实成立，应当由原车主承担责任。因此，公司售车时并没有故意欺诈。

随后，法院审理查明，涉案奥迪 Q5 汽车原所有人为陈某，因该车被水淹，将车卖给了汽车经营有限公司。

请从专业角度对该案情进行分析。

思考练习

一、单项选择题

1. 下列车辆中，不属于事故车的是（　　）。
    A．泡水车　　　　　　　　　　　B．大修车
    C．严重碰撞或撞击的车辆　　　　D．火烧车
2. 泡水车指（　　）。
    A．涉水深度超过车轮半径的车辆
    B．涉水深度超过车轮的车辆
    C．涉水行驶过的车辆
    D．水深超过发动机盖，达到前窗玻璃下沿的车辆
3. 车辆缺陷状态描述"PSNS"表示（　　）。
    A．泡水锈蚀　　　　　　　　　　B．泡水泥沙
    C．泡水水渍　　　　　　　　　　D．泡水霉斑
4. 车辆缺陷状态描述"PSXF"表示（　　）。
    A．泡水泥沙　　B．泡水水渍　　C．泡水霉斑　　D．泡水修复
5. 车辆结构件缺陷描述"变形"的代表字母是（　　）。
    A．BX　　　　　B．NQ　　　　　C．GH　　　　　D．SH
6. 车辆结构件缺陷描述"褶皱"的代表字母是（　　）。
    A．GH　　　　　B．SH　　　　　C．ZZ　　　　　D．BJ
7. 车辆结构件缺陷描述"钣金"的代表字母是（　　）。
    A．GH　　　　　B．SH　　　　　C．ZZ　　　　　D．BJ
8. 车辆结构件缺陷描述"扭曲"的代表字母是（　　）。
    A．BX　　　　　B．NQ　　　　　C．GH　　　　　D．SH

二、判断题

1. 事故车指经过碰撞、维修使用不当等非自然损耗因素造成严重损伤的机动车。（　　）
2. 泡水霉斑指车内金属部件因为泡水造成的大面积极为明显的锈蚀。（　　）
3. 泡水车评估用重置成本法计算车辆剩余价值。（　　）
4. 火烧车评估用现行市价法计算车辆剩余价值。（　　）
5. 仅在座椅滑轨有泡水痕迹的缺陷，则该机动车可以判定为泡水车。（　　）
6. 事故车是指发生严重碰撞、泡水、过火后经修复并使用，仍存在安全隐患的车辆。（　　）

7．在车内地毯、乘客/驾驶舱地板线束及接口有泡水痕迹的缺陷，则该机动车可以判定为泡水车。（　　）

8．日常的汽车养护可以使汽车处于良好的行驶状态，延长汽车的使用寿命。（　　）

9．单点火烧熏黑碳化痕迹或火烧炙烤熔化面积达到 $0.3\sim0.5m^2$ 以上或多点火烧痕迹累计面积达到 $0.8m^2$ 的机动车为火烧车。（　　）

10．泡水车评估用收益现值法计算车辆剩余价值。（　　）

任务评价

任务完成情况	自我评价	团队评价	教师评价		
工作内容完整、准确			优秀□	良好□	合格□
收集资料方法正确			优秀□	良好□	合格□
工作任务思路清晰			优秀□	良好□	合格□

工作任务9 机动车无负荷技术鉴定

姓名		班级		学号		组别		时间	
任务描述									

  本任务为教材项目五 机动车动态技术鉴定下的学习任务，旨在通过学习机动车无负荷技术鉴定相关知识，帮助学生对机动车动态技术鉴定技术标准有充分认识。

  培养学生对机动车动态技术鉴定的能力，从而提高学生的职业素养。

  学会利用所学的机动车动态技术鉴定知识，为后续开展机动车鉴定评估工作做好理论和实践准备。

学习目标

知识目标	技能目标	素质目标
1．掌握机动车无负荷技术鉴定的相关知识。 2．掌握发动机功率、车轮定位、机动车排气污染物、机动车噪声检测的技术标准。	1．正确运用机动车动态技术鉴定知识指导机动车鉴定评估工作。 2．利用机动车动态技术鉴定知识提高岗位工作能力。	1．养成学习机动车动态技术鉴定知识的习惯。 2．按照机动车鉴定评估师要求制定职业规划。

任务准备

在学习前，学生应：

1．了解《机动车运行安全技术条件》（GB 7258—2021）。

2．了解机动车无负荷技术鉴定的相关内容。

3．掌握机动车无负荷技术鉴定的检测方法和要求。

任务实施

一、理论知识

1．发动机功率测试方法。

2．对机动车转向轮定位值检测的规定。

3．依据《轻型汽车污染物排放限值及测量方法（中国第六阶段）》（GB 18352.6—2016），简要说明轻型汽车排气污染物测试项目。

4．确认曲轴箱通风的方法。

二、工作技能

按照《机动车运行安全技术条件》（GB 7258—2017）和《汽车加速行驶车外噪声限值及测量方法》（GB 1495—2002）的规定，进行汽车噪声检测。

1．车内噪声测量。

检测条件：

测量方法：

2．车外噪声测量。

检测条件：

测量方法：

案例分析

【案例】

张先生购买的一辆二手轿车近期油耗增大，在怠速时能看到排气管冒黑烟，热车后也无任何改善，但发动机性能未受影响。初步判断可能由以下原因造成：

1．燃油压力太高造成混合气过浓（稍浓是增强发动机的动力性）；

2．点火系统故障，因点火不彻底导致燃烧过程熄火，造成混合气过浓；

3．氧传感器故障，使空燃比的控制处于开环状态。

请运用所学的机动车鉴定与评估知识对此车检测诊断。

思考练习

一、单项选择题

1．将右置转向盘改为左置转向盘的机动车（　　）交易。

　　A．可以　　　　　　　　　　B．通过安全排放检测可以

　　C．使用年限满 5 年可以　　　D．不可以

2．利用报废车辆的零部件拼组装的机动车（　　）交易。

　　A．可以　　　　　　　　　　B．通过安全排放检测可以

　　C．使用年限满 2 年可以　　　D．不可以

3．发动机输出的有效功率是指发动机（　　）发出的功率

　　A．活塞上　　　　　　　　　B．输入轴上

　　C．输出轴上　　　　　　　　D．连杆上

4．发动机输出的有效功率可确定发动机是否需要大修或鉴定（　　）的维修质量。

　　A．发动机　　　　　　　　　B．车身

　　C．底盘　　　　　　　　　　D．电气设备

5．（　　）是指发动机在低速运转时，突然全开节气门或置加速踏板齿杆位置为最大，使发动机加速运转，用加速性能直接反映最大功率。

　　A．发动机动态测功

　　B．发动机稳态测功

　　C．发动机不定期测功

　　D．发动机定期测功

6. 用发动机（　　），可以在不拆卸发动机的情况下，快速测定发动机的功率。

　　A．有负荷测功　　　　　　　　　B．无负荷测功

　　C．大负荷测功　　　　　　　　　D．以上都不正确

7. 我国规定检测柴油机烟度的烟度计采用（　　）。

　　A．重量式　　　　　　　　　　　B．不分光红外线检测

　　C．透光式　　　　　　　　　　　D．滤纸式

8. 《机动车运行安全技术条件》（GB 7258—2017）中规定，用侧滑仪检验前轮的侧滑量，其值不得超过（　　）。

　　A．15m/km　　　　　　　　　　　B．5m/km

　　C．25m/km　　　　　　　　　　　D．35m/km

9. 按照《机动车运行安全技术条件》（GB 7258—2017）中的要求，汽车（纯电动汽车、燃料电池汽车和低速汽车除外）驾驶人耳旁噪声声级应小于等于（　　）。

　　A．190dB（A）　　　　　　　　　B．90dB（A）

　　C．9dB（A）　　　　　　　　　　D．19dB（A）

10. 汽车紧急制动情况下，当车轮的滑移率在（　　）时，制动性能最佳。

　　A．1　　　　　　　　　　　　　　B．0.2

　　C．0.5　　　　　　　　　　　　　D．0.75

二、判断题

1. 机动车以某一初速度行驶做滑行试验时，滑行距离越长，说明该车传动系统的传动功率越高。（　　）

2. 某车发动机用气缸压力表测得结果如果超过原厂规定值，说明其气缸密封性越来越好。（　　）

3. 机动车转向轮定位值是安全检测中和路试检测的重点检测项目之一。（　　）

4. 进气管真空度可以用来诊断柴油机气缸的密封性。（　　）

5. 汽油机汽车排气冒黑烟，说明混合气过浓或是点火时刻过迟，造成燃烧不完全。（　　）

6. 我国在用车的排气污染物检测方法，汽油车有双怠速法、稳态工况法、简易瞬态工法；柴油车有排气污染物测量法（遥感检测法）。（　　）

7. 蒸发污染物指汽车排气管排放之外，从汽车的燃料（汽油）系统损失的碳氢化合物蒸气。（　　）

8. 汽油机汽车排气颜色为白色，说明有机油窜入气缸燃烧室内参与燃烧。（　　）

9. 车外噪声检测是应保证本底噪声（包括风噪声）应比所测车辆噪声至少低 10dB

（A），并保证测量不被偶然的其他声源所干扰。　　　　　　　　　　（　）

10．使用精密声级计或普通声级计和发动机转速表，声级计误差应不超过±2dB（A）。在测量前后，仪器应按规定进行校准。　　　　　　　　　　　（　）

任务评价					
任务完成情况	自我评价	团队评价	教师评价		
工作内容完整、准确			优秀□	良好□	合格□
收集资料方法正确			优秀□	良好□	合格□
工作任务思路清晰			优秀□	良好□	合格□

工作任务 10　机动车路试技术鉴定

姓名		班级		学号		组别		时间	
任务描述									

　　本任务为教材项目五 机动车动态技术鉴定下的学习任务，旨在通过学习机动车路试技术鉴定相关知识，帮助学生对机动车动态技术鉴定技术标准有充分认识。

　　培养学生对机动车动态技术鉴定的能力，从而提高学生的职业素养。

　　学会利用所学的机动车动态技术鉴定知识，为后续开展机动车鉴定评估工作做好理论和实践准备。

学习目标

知识目标	技能目标	素质目标
1．掌握机动车路试技术鉴定的相关知识。 2．掌握路试前的准备、路试检查、路试后的检查等环节的鉴定要求。	1．正确运用机动车动态技术鉴定知识指导机动车鉴定评估工作。 2．利用机动车动态技术鉴定知识提高岗位工作能力。	1．养成学习机动车动态技术鉴定知识的习惯。 2．按照机动车鉴定评估师要求制定职业规划。

任务准备

在学习前，学生应：

1．了解《机动车运行安全技术条件》（GB 7258—2017）。

2．掌握机动车路试技术鉴定的检测方法和要求。

3．掌握路试前的准备、路试检查、路试后的检查的操作规范。

任务实施

一、理论知识

　　1．路试前的准备项目。

2. 路试检查项目。

3. 路试后的检查项目。

二、工作技能

1. 机动车鉴定评估师在对车辆进行行车制动性能检测时，机动车在规定的初速度下的制动距离和制动稳定性要求应符合《机动车运行安全技术条件》的规定。

请根据机动车类型填写下表。

机动车类型	制动初速度/(km/h)	空载检验制动距离要求/m	满载检验制动距离要求/m	试验通道宽度/m
三轮汽车	20			
乘用车	50			
总质量不大于 3 500kg 的低速货车	30			
其他总质量不大于 3 500kg 的汽车	50			
铰接客车、铰接式无轨电车、汽车列车	30			
其他汽车	30			
两轮普通摩托车	30			—
边三轮摩托车	30			
正三轮摩托车	30			
轻便摩托车	20			—
轮式拖拉机运输机组	20			
手扶变型运输机	20			

2．现代轿车多采用自动变速器，在机动车路试过程中应从以下四个方面进行检测，请详细说明。

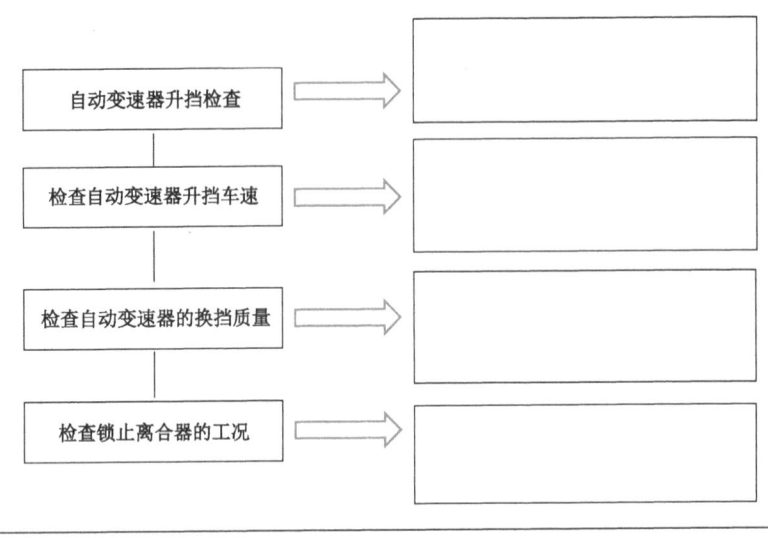

检测项目	说明
自动变速器升挡检查	
检查自动变速器升挡车速	
检查自动变速器的换挡质量	
检查锁止离合器的工况	

案例分析

【案例】

　　李先生 2023 年 10 月 1 日预购一辆华晨宝马 3 系，初登日期为 2021 年 12 月，新车购置价 31.5 万元，行驶里程为 4.5 万千米。此车的左前门及翼子板碰擦过，做过漆，其他完好。内饰干净，座椅无大磨损。电气性能、机械性能、车辆骨架正常，车辆总体完好。李先生约好张鉴定评估师一起对车辆进行路试。

　　请结合案例谈一谈选购机动车的路试实用技巧。

工作任务10　机动车路试技术鉴定

思考练习

一、单项选择题

1. 轿车空载时的制动距离要求为：初速度为 50km/h 时的制动距离（　　）。
   A．≤22m　　B．≤24m　　C．≤19m　　D．≤20m
2. 轿车满载时的制动距离要求为：初速度为 50km/h 时的制动距离（　　）。
   A．≤22m　　B．≤20m　　C．≤24m　　D．≤19m
3. 对汽车做动态检测时，不属于路试检测的项目是（　　）。
   A．轮胎磨损程度　　　　　　　B．滑行情况
   C．加速性能　　　　　　　　　D．制动性能
4. 汽车行驶系中，最容易磨损的总成部件是（　　）。
   A．车架　　B．悬架　　C．轮胎　　D．车桥
5. 轿车通常采用（　　）悬架。
   A．独立　　B．非独立　　C．平衡　　D．非平衡
6. 车内噪声测量时，车辆以常用挡位（　　）不同车速匀速行驶，分别进行测量。
   A．50km/h 以下　　B．50km/h 以上　　C．100km/h 以下　　D．100km/h 以上
7. 车辆上装置 ASR 系统的主要目的是（　　）。
   A．提高制动稳定性　　　　　　B．提高车辆经济性
   C．提高制动效能　　　　　　　D．提高车辆行驶的稳定性
8. 发动机起动性能检查时，正常情况下发动机起动 3 次内一般就会成功起动，且每次起动时间不会超过（　　）秒。
   A．3～5　　B．5～10　　C．15～20　　D．25～30
9. 机动车的前、后转向信号灯，危险警告信号及制动灯白天在距其（　　）m 处应能观察到其工作状况。
   A．100　　B．200　　C．300　　D．500
10. 检查漏油情况时，机动车连续行驶距离不小于（　　）km，停车 5 分钟后观察，不应有滴漏现象。
    A．1　　B．2　　C．5　　D．10

二、判断题

1. 最大设计车速大于 100km/h 的机动车，车轮的动平衡要求应与该车型的技术要求一致。（　　）
2. 乘用车、摩托车和挂车轮胎胎冠上花纹深度应大于或等于 16mm。（　　）
3. 机动车装备的前照灯应有远、近光变换功能；当远光变为近光时，所有远光应能

同时熄灭。　　　　　　　　　　　　　　　　　　　　　　　（　　）

4．同一辆机动车上的前照灯可以左、右的远、近光灯交叉开亮。（　　）

5．检查漏油的情况，不应在机动车行驶后检查，至少要在车辆停驶一小时后检查。
　　　　　　　　　　　　　　　　　　　　　　　　　　　　（　　）

6．路试检测的主要检测项目是机动车的制动性能、转向性能和行驶轨迹等。
　　　　　　　　　　　　　　　　　　　　　　　　　　　　（　　）

7．路试后，正常的机油温度为95℃，正常的水温为80～90℃。（　　）

8．机动车行车制动性能和应急制动性能检验应在平坦、硬实、清洁、干燥且轮胎与地面间的附着系数大于等于3.7的混凝土或沥青路面上进行。（　　）

9．"路试"，通过对发动机起动、怠速、起步、加速、紧急制动，从低挡位到高挡位，再从高挡位到低挡位等，来检查车辆的操控性能、制动性能、滑行性能、动力性、离合器等情况。　　　　　　　　　　　　　　　　　　　　　　　　（　　）

10．在路试过程中检查自动变速器工况时，首先让机动车低速行驶10分钟，不需要变速器和发动机都达到正常的工作温度。　　　　　　　　　　（　　）

任务评价					
任务完成情况	自我评价	团队评价	教师评价		
工作内容完整、准确			优秀□	良好□	合格□
收集资料方法正确			优秀□	良好□	合格□
工作任务思路清晰			优秀□	良好□	合格□

工作任务 11 机动车综合车况鉴定要求

姓名		班级		学号		组别		时间	

任务描述
本任务为教材项目六 机动车鉴定评估报告下的学习任务，旨在通过学习对机动车综合车况鉴定要求等知识，帮助学生对综合车况鉴定的车辆状况有充分认识。 　　培养学生对机动车综合车况鉴定的能力，从而提高学生的职业素养。 　　学会利用所学的机动车综合车况鉴定知识，为后续开展机动车鉴定评估工作做好理论和实践准备。

学习目标		
知识目标	技能目标	素质目标
1．掌握机动车综合车况鉴定要求。 2．掌握机动车鉴定评估流程、机动车综合车况鉴定内容、车辆的车损等级、拍摄车辆照片等知识。	1．正确运用机动车鉴定评估流程和要求指导机动车鉴定评估工作。 2．利用机动车综合车况鉴定知识提高岗位工作能力。	1．养成学习机动车综合车况鉴定知识的习惯。 2．按照机动车鉴定评估师要求制定职业规划。

任务准备
在学习前，学生应： 1．了解机动车鉴定评估流程等相关常识。 2．掌握机动车综合车况鉴定内容及评定车损等级的计算方法。 3．掌握拍摄车辆照片的设备使用方法和拍摄技巧等。

任务实施

一、理论知识

1．如图所示为车身外观部件（部分）示意图，参考教材内容在表格中填写部件代码对应的部件名称及相应分值。

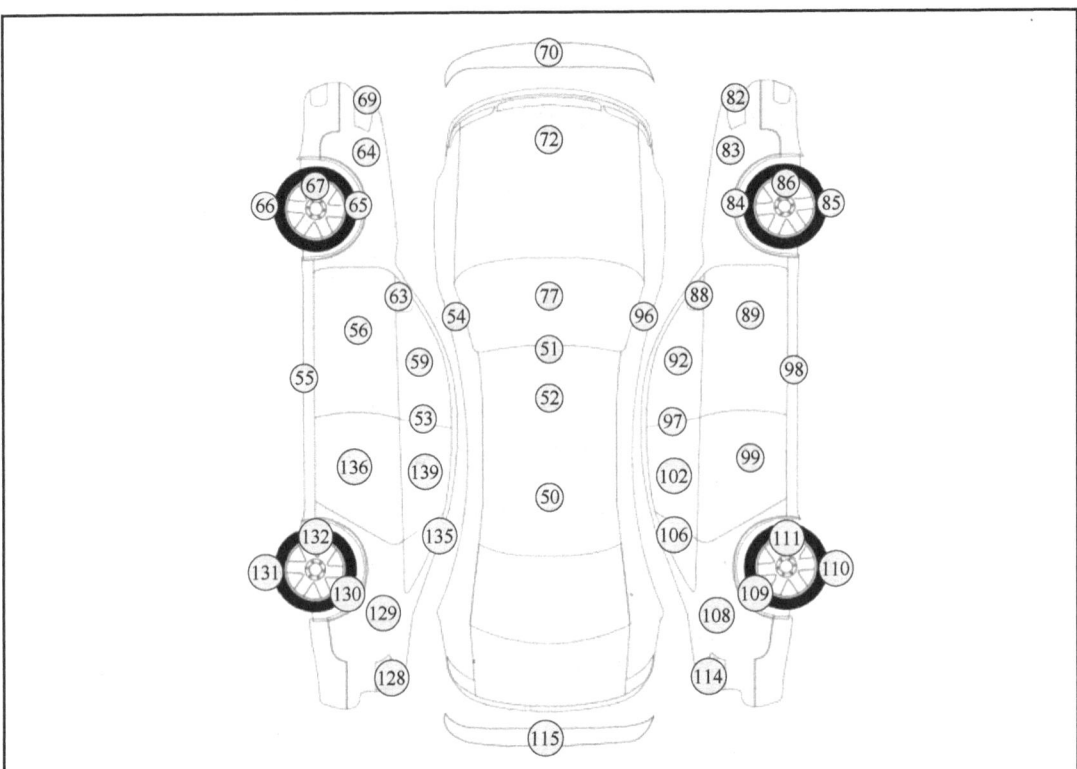

部件代码	部件名称	部件缺陷	扣分			部件代码	部件名称	部件缺陷	扣分		
			一级	二级	三级				一级	二级	三级
50						67					
51						68					
52						69					
53						70					
54						71					
55						72					
56						73					
57						74					
58						75					
59						76					
60						77					
61						78					
62						79					
63						80					
64						81					
65						82					
66						83					

续表

部件代码	部件名称	部件缺陷	扣分 一级	二级	三级	部件代码	部件名称	部件缺陷	扣分 一级	二级	三级
84						114					
85						115					
86						116					
87						117					
88						118					
89						119					
90						120					
91						121					
92						122					
93						123					
94						124					
95						125					
96						126					
97						127					
98						128					
99						129					
100						130					
101						131					
102						132					
103						133					
104						134					
105						135					
106						136					
107						137					
108						138					
109						139					
110						140	左后车窗玻璃密封条		0.5	0.5	0.5
111						141	左后车门密封条		0.5	0.5	0.5
112						142	左后车门铰链		0.5	0.5	0.5
113						143	其他				

2. 在发动机舱检查项目表中填上相应分值。

代码	检查项目	Y	N	分值
144	可拆水箱框架破损	是	否	
145	前防撞梁变形修复或更换	是	否	
146	缸盖外机油滴漏	是	否	
147	机油冷却液混入	是	否	
148	油管、水管老化、裂痕	是	否	
149	发动机皮带老化	是	否	
150	线束老化、破损	是	否	
151	蓄电池电极桩柱腐蚀	是	否	
152	蓄电池电解液渗漏、缺少	是	否	

3. 在驾驶室检查项目表填上相应分值。

代码	检查项目	Y	N	分值
153	车内后视镜、座椅破损、功能异常	是	否	
154	车内杂乱、异味	是	否	
155	仪表台划痕，配件缺失	是	否	
156	储物盒裂痕，配件缺失	是	否	
157	排挡把手柄及护罩破损	是	否	
158	门窗密封条老化	是	否	
159	车顶及周边内饰板破损、松动及裂缝和污迹	是	否	
160	安全带及固定装置结构不完整、功能异常	是	否	
161	转向盘自由行程转角大于15°	是	否	
162	驻车制动系统不灵活	是	否	
163	左、右后视镜折叠装置工作异常	是	否	
164	玻璃窗升降器、门窗工作异常	是	否	
165	天窗移动不灵活、关闭异常	是	否	
166	音响按键、触摸屏幕功能工作异常	是	否	
167	后备箱内饰破损、杂乱、有异味	是	否	
168	其他			

4. 在起动检查项目表填上相应分值。

代码	检查项目	Y	N	分值
169	车辆起动不顺畅（时间大于 5s）	是	否	
170	仪表板指示灯显示异常，出现故障报警	是	否	
171	各类灯光和调节功能异常	是	否	
172	泊车辅助系统工作异常	是	否	
173	制动防抱死系统（ABS）工作异常	是	否	
174	空调系统风量、方向调节、分区控制、自动控制、制冷工作异常	是	否	
175	发动机在冷、热车条件下怠速运转不稳定	是	否	
176	怠速运转时发动机异响，空挡状态下逐渐增加发动机转速，发动机声音异响明显	是	否	
177	车辆排气异常	是	否	
178	其他			

5. 在底盘检查项目表填上相应分值。

代码	检查项目	Y	N	分值
179	发动机油底壳是否滴漏	是	否	
180	排气管和底盘护板是否破损	是	否	
181	变速箱壳体是否滴漏	是	否	
182	分动箱、差速器是否渗漏	是	否	
183	传动轴十字轴是否松旷	是	否	
184	上下摆臂是否异常	是	否	
185	减振器是否滴漏	是	否	
186	减振弹簧是否损坏	是	否	
187	转向拉杆是否松旷	是	否	
188	元宝梁有无破损、松动、断裂更换的痕迹	是	否	
189	后防撞梁是否变形修复更换	是	否	
190	其他			

6. 在路试检查项目表填上相应分值。

代码	检查项目	Y	N	分值
216	车辆起动前踩下制动踏板保持 5～10s，踏板有向下移动的现象	是	否	
217	踩住制动踏板起动发动机，踏板有向下移动的现象	是	否	
218	行车制动系未在踏板全行程的 4/5 内达到最大制动效能	是	否	
219	发动机运转、加速异常	是	否	
220	离合器工作异常	是	否	
221	变速箱工作异响	是	否	
222	行驶过程中车辆底盘部位异响	是	否	
223	行驶跑偏	是	否	
224	行驶过程中车辆转向部位异响	是	否	
225	制动系统工作异常、制动跑偏	是	否	
226	起停功能异常	是	否	
227	其他			

二、工作技能

1. 根据机动车鉴定评估流程图示，对作业顺序进行详细说明。

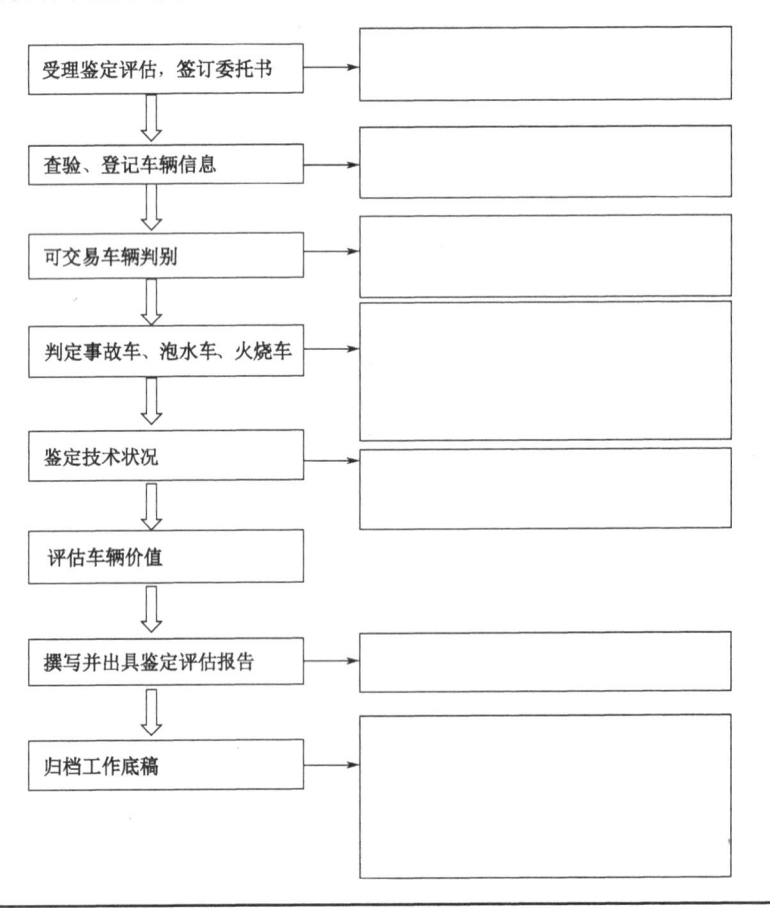

受理鉴定评估，签订委托书
⇩
查验、登记车辆信息
⇩
可交易车辆判别
⇩
判定事故车、泡水车、火烧车
⇩
鉴定技术状况
⇩
评估车辆价值
⇩
撰写并出具鉴定评估报告
⇩
归档工作底稿

2. 参照车身外观部件代码对应表和车身外观状态描述对应表，进行转义描述。

代表字母	HH	BX	XS	LW	PS	SC	XF
缺陷描述	划痕	变形	锈蚀	裂纹	破损	色差	修复痕迹

缺陷程度等级：

1 级——面积小于或等于 100mm×100mm；

2 级——面积大于 100mm×100mm 并小于或等于 200mm×300mm；

3 级——面积大于 200mm×300mm；

4 级——轮胎花纹深度小于 1.6mm

例如，50PS1 转义描述为：

56 XF3 转义描述为：

107 LW2 转义描述为：

115 HH1 转义描述为：

3. 请根据以下提示，按照《乘用车鉴定评估规范》拍摄车辆照片要求，对"普拉多 2016 款 3.5L 自动 TX-L"二手车拍照。

车辆外观照片：

车辆驾驶舱照片：

发动机舱照片：

仪表台照片：

案例分析

【案例】

车型：奥迪 A3 2018 款 Limousine 35 TFSI 运动型；表显里程：1 万千米；2020 年 4 月首次上牌；排量：1.4L；变速箱：自动；排放标准：国Ⅴ。

某机动车鉴定评估机构委派黄鉴定评估师对该车辆技术状况检查并确定车辆技术状况的分值。黄鉴定评估师在检查时发现车身代码为 53PS2、103LW1、72HH1、83XF2；发动机舱代码为 144、146；驾驶室代码为 157、163、166；起动代码为 171、173；底盘代码为 180、185；车辆功能性零部件代码为 195、205；路试代码为 219、223 等缺陷。

请你对黄鉴定评估师在检查时发现缺陷的代码进行转义描述并确定车辆技术状况的分值。

思考练习

一、单项选择题

1. 按照《乘用车鉴定评估技术规范》要求，轮胎部分须高于4级的标准，即轮胎花纹深度大于或等于1.6mm，不符合标准扣（　　）分。

　　A．1　　　　　B．2　　　　　C．3　　　　　D．4

2. 按照《乘用车鉴定评估技术规范》要求，左前车窗玻璃密封条达到1级标准，即缺陷面积小于或等于100mm×100mm，应扣（　　）分。

　　A．1　　　　　B．3　　　　　C．0.5　　　　D．0.8

3. 车身外观状态缺陷描述为"修复痕迹"，其代表字母为（　　）。

　　A．XS　　　　B．PS　　　　C．XF　　　　D．LW

4. 按照《乘用车鉴定评估技术规范》要求，发动机舱鉴定内容扣5分的项目是（　　）。

　　A．可拆水箱框架破损

　　B．前防撞梁变形修复或更换

　　C．蓄电池电极桩柱腐蚀

　　D．蓄电池电解液渗漏、缺少

5. 按照《乘用车鉴定评估技术规范》要求，驾驶室检查内容扣3分的项目是（　　）。

　　A．车顶及周边内饰板破损、松动及裂缝和污迹

　　B．车内后视镜、座椅破损、功能异常

　　C．后备箱内饰破损、杂乱、异味

　　D．转向盘自由行程转角大于15°

6. 如检查时发现仪表板指示灯显示异常或出现故障报警，应优先选用（　　）对车辆技术状况进行检测。

　　A．手持式激光测距仪

　　B．车辆故障信息读取设备

　　C．漆膜测厚仪

　　D．万用表

7. 按照《乘用车鉴定评估技术规范》中车损等级的规定，部件"右B柱内侧"缺陷描述为切割，车损等级即为（　　）。

　　A．A级　　　B．B级　　　C．C级　　　D．D级

8. 按照《乘用车鉴定评估技术规范》中车损等级的规定，部件"右前翼子板"缺陷描述为裂纹，车损等级即为（　　）。

　　A．A级　　　B．B级　　　C．C级　　　D．D级

9．按照《乘用车鉴定评估技术规范》中车损等级的规定，车身外观部件、加强件及结构件均无明显外观缺陷和修复痕迹，车损等级即为（　　）。

　　A．A级　　　　B．B级　　　　C．C级　　　　D．D级

10．按照《乘用车鉴定评估技术规范》中车损等级的规定，部件"车顶"缺陷描述为变形，车损等级即为（　　）。

　　A．A级　　　　B．B级　　　　C．C级　　　　D．D级

二、判断题

1．左前轮毂罩有划痕，缺陷程度等级为1级，应扣0.5分。（　　）

2．车损等级C：车身外观部件有损伤及修复痕迹，加强件无严重损伤，结构件无事故及修复痕迹。（　　）

3．车损等级B：车身加强件存在事故及修复痕迹，结构件无事故及修复痕迹。（　　）

4．车损等级D：车身结构件存在事故修复痕迹或者加强件存在切割修复。（　　）

5．轮胎部分鉴定时，须高于4级的标准，即轮胎花纹深度大于或等于1.6mm，不符合标准扣1分。（　　）

6．发动机功率与海拔有密切关系，海拔越高，发动机功率下降越多。（　　）

7．机动车外观图片应分别从车辆左前部与右后部30°各拍摄1张。（　　）

8．拍摄机动车外观破损部位不需要带标尺的正面图片。（　　）

9．拍摄机动车仪表台时，可以不打开起动开关。（　　）

10．发动机舱鉴定时，检查蓄电池电解液渗漏、缺少，应在机动车技术状况表及机动车鉴定评估报告的技术状况缺陷描述中分别予以注明，并提示修复前不宜使用。（　　）

任务评价					
任务完成情况	自我评价	团队评价	教师评价		
工作内容完整、准确			优秀□	良好□	合格□
收集资料方法正确			优秀□	良好□	合格□
工作任务思路清晰			优秀□	良好□	合格□

工作任务 12　机动车价值评估方法

姓名		班级		学号		组别		时间	

任务描述

　　本任务为教材项目六　机动车鉴定评估报告下的学习任务，旨在通过学习机动车价值评估方法等知识，帮助学生运用科学的方法，对经济和社会活动中涉及的机动车辆进行的估算价格。

　　培养学生在工作过程中估算机动车价格的能力，从而提高学生的职业素养。

　　学会利用所学的机动车价值评估方法，为后续开展二手车交易与运作环节做好理论和实践准备。

学习目标

知识目标	技能目标	素质目标
1. 掌握机动车价值评估方法。 2. 掌握现行市价法、重置成本法、收益现值法、清算价格法的运用和评估的步骤。	1. 正确运用机动车价值评估方法对机动车估算价格。 2. 利用机动车价值评估方法提高岗位工作能力。	1. 养成运用科学的方法进行机动车价格估算的习惯。 2. 按照机动车鉴定评估师要求制定职业规划。

任务准备

在学习前，学生应：

1. 了解机动车价值评估方法等基本知识。
2. 掌握现行市价法、重置成本法、收益现值法、清算价格法的运用。
3. 掌握保证机动车鉴定估价结论客观公正合理的评估步骤。

任务实施

一、理论知识

　　1. 现行市价法的适用原则。

　　2. 重置成本法的适用原则。

3．收益现值法的适用原则。

4．清算价格法的适用原则。

5．机动车成新率的定义。

二、工作技能

1．现行市价法的估价计算方法。

2．重置成本法的估价计算方法。

3．收益现值法的估价计算方法。

4．清算价格法的估价计算方法。

案例分析

【案例 1】

市场上有 6 台完全相同的车辆待出售。经调查，该地区市场上此类车辆平均每年只售出 2 辆。于是为满足买主的要求，卖方同意以优惠价格一次性同时出售 6 辆汽车。而可选择的近期交易参照物单辆售价为 4 万元。

请用现行市价法评估这 6 辆汽车的现值。

【案例 2】

现有一辆桑塔纳出租车转让，该车评估时已使用 3 年，经市场调查和进行可行性分析后，该车购置后投入运营，每年可带来预期收益 16.4 万元，而运营成本每年约为 10.6 万元，所得税率按 30% 计算，投资回报率为 10%。[已知（P/A，10%，5）=3.7908，（P/A，9%，5）=3.8897]

请采用合适的评估方法计算出租车的价值。

思考练习

一、单项选择题

1. 在用现行市价法评估机动车时，参照车辆与被评估车辆完全相同时，应使用（   ）进行评估。

　　A．直接法　　　　　　　　　　B．比较法与间接法

　　C．相似比较法　　　　　　　　D．间接法

2. 在用现行市价法评估机动车时，参照车辆与被评估车辆完全相同，参照物的市场价为6.8万元，则被评估车辆的评估值是（   ）。

　　A．7.0万元　　　　　　　　　　B．6.0万元

　　C．6.8万元　　　　　　　　　　D．6.5万元

3. 用现行市价法评估机动车时，参照物的价格应为（   ）。

　　A．新车的报价　　　　　　　　B．预测的车价

　　C．新车的现行市价　　　　　　D．机动车市场的现行市价

4. 用现行市价法评估机动车时，参照物与被评估车辆不完全相同但相似，要进行调整的是（   ）。

　　A．新车的价格　　　　　　　　B．参照车辆的价格

　　C．被评估车辆的价格　　　　　D．市场上的报价

5. 所谓折现，就是将未来的收益按照一定的折现率，折现到鉴定评估基准日的（   ）。

　　A．现值　　　B．残值　　　C．原值　　　D．净值

6. 将未来收益进行时间价值的计算，并换算成鉴定评估基准日这一时点的价值过程称为折现，所使用的换算比率就成为（   ）。

　　A．折扣率　　B．优惠率　　C．折旧率　　D．折现率

7. 机动车的剩余寿命期 n 是指从鉴定评估基准日到（   ）。

　　A．卖出时的年限　　　　　　　B．停使的年限

　　C．报废的年限　　　　　　　　D．交易时的年限

8. 有一辆桑塔纳出租车于2011年10月初次注册登记，鉴定评估基准日为2016年10月，则该车的剩余使用年限 n 为（   ）。

　　A．4年　　　B．2年　　　C．5年　　　D．3年

9. 用收益现值法评估一辆机动车，其剩余使用年限为2年，经预测这两年预期收益第一年为10 000元，第二年为8 000元，设折现率为15%，则评估值为（   ）。

　　A．1.38万元　　B．1.52万元　　C．1.24万元　　D．1.47万元

10. 用收益现值法评估机动车的价值时，需要确定的 3 个参数为（　　）。

　　A．剩余寿命期 n，交易额和折现率

　　B．剩余寿命期 n，预期收益额和折现率

　　C．剩余寿命期 n，预期收益额和折旧率

　　D．剩余寿命期 n，成新率和折现率

二、判断题

1．一般情况下，对机动车价格估算时，推荐选用现行市价法；在无参照物的情况下，也可选用重置成本法。　　　　　　　　　　　　　　　　　　　　（　　）

2．现行市价法又称市场法，指通过比较被评估车辆与最近售出的类似车辆的异同，并将类似车辆的市场价格进行调整，从而确定被评估车辆价值的一种评估方法。（　　）

3．同一辆机动车在同一时间段内，任何地区的评估价值都应是相同的。（　　）

4．用综合分析法求机动车成新率时，汽车技术状况的权重为 30%。（　　）

5．用综合分析法求机动车成新率时，汽车制造质量的权重为 30%。（　　）

6．公平市场就是指这个市场应该具备公平交易的条件。（　　）

7．成本比率估价法是用机动车的交易价格与重置成本之比来反映机动车的保值程度。　　　　　　　　　　　　　　　　　　　　　　　　　　　　　　（　　）

8．把车辆拆零出售零、部件所得收益就是机动车的评估价值。（　　）

9．车辆的复原重置成本是指购置一辆与被评估车辆完全一样的新车所需的成本。

（　　）

10．车辆的更新重置成本是指在功能和效用上与被评估车辆相同或最接近的类似新车的购置或构建成本。　　　　　　　　　　　　　　　　　　　　　　（　　）

任务评价

任务完成情况	自我评价	团队评价	教师评价		
工作内容完整、准确			优秀□	良好□	合格□
收集资料方法正确			优秀□	良好□	合格□
工作任务思路清晰			优秀□	良好□	合格□

工作任务 13　机动车鉴定评估报告撰写

姓名		班级		学号		组别		时间	
任务描述									

　　本任务为教材项目六 机动车鉴定评估报告下的学习任务，旨在通过学习机动车鉴定评估报告的主要内容，帮助学生能够撰写完整详尽的机动车鉴定评估报告。

　　培养学生在工作过程中撰写机动车鉴定评估报告的能力，从而提高学生的职业素养。

　　通过撰写机动车鉴定评估报告，完成机动车鉴定评估结论，承担相应法律责任。

学习目标		
知识目标	技能目标	素质目标
1. 掌握机动车鉴定评估报告的主要内容和作用。 2. 掌握机动车鉴定评估报告的基本要求和撰写规范。 3. 掌握机动车鉴定评估委托书、机动车鉴定评估作业表、机动车技术状况表的制作要求。	1. 根据国家有关评估及《二手车流通管理办法》和《乘用车鉴定评估技术规范》的要求，科学规范地撰写机动车鉴定评估报告。 2. 熟练掌握机动车鉴定评估报告撰写技巧，提高岗位工作能力。	1. 养成按照机动车鉴定评估规范流程指导工作的良好习惯。 2. 按照机动车鉴定评估师要求制定职业规划。

任务准备

在学习前，学生应：

1. 了解机动车鉴定评估报告的主要内容和作用。
2. 掌握机动车鉴定评估报告撰写规范与方法。
3. 掌握机动车鉴定评估委托书、机动车鉴定评估作业表、机动车技术状况表的制作要求。

任务实施

一、理论知识

　　1. 机动车鉴定评估报告的作用。

2．机动车鉴定评估报告的基本要求。

3．机动车鉴定评估报告的主要内容。

4．撰写机动车鉴定评估报告的注意事项。

二、工作技能

1．根据教材内容和相关车型，撰写一份机动车鉴定评估报告。

2．正确规范地制作一份机动车鉴定评估委托书。

3．正确规范地制作一份机动车技术状况鉴定作业表。

4．正确规范地制作一份机动车技术状况表。

案例分析

【案例】

品牌：上海大众途观　　　　　　　型号：大众途观 2015 款 1.8TSI 自动两驱豪华型

车辆类型：轿车　　　　　　　　　国产/进口：国产

VIN 编码：LSVFA49J882××××××　发动机号：SVW7144×××

发动机型号：SVW7184ALI　　　　　车身颜色：黑色

燃油种类：汽油　　　　　　　　　排量/功率：1.8T 160 马力 L4

出厂日期：2015 年 8 月

手续情况：机动车登记证书、车船税、强制保险及年检标志齐全。

车辆配置：铝合金轮毂，后排座椅安全带，防眩目后视镜，电动后视镜，安全气囊，助力转向，可调转向盘，CD 播放器，电动车窗，中控门锁，防盗设备，前后盘式制动。

静态检查：车辆整体外观良好，车身漆面外观完好，车漆一致。车架连接处没有碰撞变形的痕迹。车辆内部整齐，各部件位置正常，功能良好，无改动过或翻新的痕迹。发动机舱内线路基本正常。轮胎磨损较轻，制动片正常。

动态检查：点火动作干脆利落，发动机运转平顺正常，操控精准，方向指向准确，节门灵敏，6 速手自一体变速器较先进，挡位行程短且较清晰，换挡顺畅；仪表台各项功能操作正常，空调制冷系统效果明显，整个行驶过程车身稳定，风噪、路噪正常，制动响应灵敏稳定。

综合评定：在国内竞争激烈的 SUV 车型市场，大众途观自上市以来，就以其精湛的品质和出色的性能，备受消费者追捧。根据市场行情评估该车售价在 8.8 万元左右。

请根据以上提供的资料，撰写此车的鉴定评估报告。

思考练习

一、单项选择题

1. 机动车鉴定评估过程主要包括（　　）。
    A．接受委托、验证、现场勘察、评定估算、提交报告等
    B．接受委托、验证、双方交谈、评定估算、提交报告等
    C．接受邀请、验证、现场勘察、评定估算、提交报告等
    D．接受委托、现场勘察、评定估算、提交报告等

2. 鉴定评估报告的有效期为（　　）。
    A．8个月　　　B．90天　　　C．1年　　　D．200天

3. 鉴定评估报告的有效期自（　　）算起。
    A．鉴定评估基准日　　　　B．付款之日
    C．提交报告之日　　　　　D．报告批准之日

4. 在鉴定评估报告的有效期内，评估结果可作为机动车价格的参考依据，超过有效期，原评估结果（　　）。
    A．继续有效　　　　　　B．无须再评论
    C．无效　　　　　　　　D．仍可作为价格依据

5. 涉及企、事业单位等国有资产的评估，一定要有（　　）。
    A．协议书、电传文书、作业表、报告书
    B．协议书、委托书、电子文稿、报告书
    C．邀请函、委托书、作业表、报告书
    D．协议书、委托书、作业表、报告书

6. 机动车鉴定评估作业表应（　　）。
    A．每车三表　　B．每车一表　　C．每车二表　　D．每车四表

7. 鉴定评估报告中应遵循（　　）的评估原则。
    A．客观性、自立性、公正性、科学性、一般性
    B．透明性、独立性、公正性、科学性、专业性
    C．客观性、独立性、公正性、科学性、专业性
    D．客观性、自立性、公正性、科学性、专业性

8. 鉴定评估报告评定依据中的技术鉴定资料主要有（　　）。
    A．物价指数、股票利率　　　　B．参数表、技术手册
    C．市场价格、银行利率　　　　D．检测报告、状态报告书

9. 鉴定评估报告评估依据的参数资料主要有（　　）。

A．市场价格、股票利率

B．厂家有关的参数表、使用说明书、技术规范

C．安全标准、排放标准

D．检测报告、状态报告书

10．鉴定评估报告评定依据中的技术标准资料主要是指（　　）。

  A．安全标准和排放标准　　　　B．制动效能检测报告

  C．行驶里程检测报告　　　　　D．技术手册

11．鉴定评估报告中的取价依据主要有（　　）。

  A．安全及排放标准等　　　　　B．状态报告书等

  C．市场价格、物价指数等　　　D．参数表、技术规范等

12．鉴定评估报告的使用权归（　　）所有。

  A．委托方　　B．评估机构　　C．被委托方　　D．鉴定评估师

二、判断题

1．机动车鉴定评估报告是鉴定评估师在完成鉴定评估工作以后，向委托方提供鉴定评估工作的总结。（　　）

2．机动车鉴定评估报告是鉴定评估师向委托方传达评估调查，分析工作及评估结论的重要文件。（　　）

3．机动车鉴定评估报告中无须对评估原因做出说明。（　　）

4．机动车鉴定评估基准日是鉴定评估报告中一个不重要的参数。（　　）

5．鉴定评估基准日是鉴定评估师在评估鉴定车辆和选取市场价格标准所依据的基准时间。（　　）

6．机动车鉴定评估报告也无须写明评估工作过程中应遵循的各项原则。（　　）

7．机动车的产权依据应是机动车的驾驶证。（　　）

8．机动车鉴定评估师不得在鉴定评估报告中写上采用了一种以上的评估方法。（　　）

9．机动车鉴定评估过程的描述在鉴定评估报告中是一项不重要的内容。（　　）

10．机动车鉴定若涉及企、事业单位等国有资产的评估，则一定要有协议书、作业表，并须撰写鉴定评估报告。（　　）

任务评价

任务完成情况	自我评价	团队评价	教师评价		
工作内容完整、准确			优秀□	良好□	合格□
收集资料方法正确			优秀□	良好□	合格□
工作任务思路清晰			优秀□	良好□	合格□

工作任务 14　二手车交易与运作

姓名		班级		学号		组别		时间	
任务描述									

　　本任务为教材项目七　二手车交易与运作下的学习任务，旨在通过学习二手车交易与运作等知识，帮助学生对二手车交易类型及流程、二手车交易买卖合同、二手车质量保证、二手车置换等有充分认识。

　　培养学生对二手车交易与运作的工作能力，从而提高学生的职业素养。

　　学会利用所学的二手车交易与运作知识，为将来在工作中提升二手车交易成功率做好理论和实践准备。

学习目标		
知识目标	技能目标	素质目标
1．掌握二手车交易与运作相关知识。 2．掌握二手车交易类型、二手车交易买卖合同的内容、二手车置换要领及交易营销话术。	1．熟练在二手车交易平台上进行二手车交易。 2．能够与客户签订合法有效的二手车交易买卖合同。	1．养成学习二手车交易与运作相关知识的习惯。 2．按照机动车鉴定评估师要求制定职业规划。

任务准备

在学习前，学生应：

1．了解二手车交易与运作的基本知识。

2．掌握二手车交易类型、二手车交易买卖合同的内容。

3．掌握二手车交易平台操作流程。

任务实施

一、理论知识

　　1．二手车交易类型。

　　2．不能办理过户登记的情形。

3．异地车辆所有权转出登记需要的资料。

4．异地车辆所有权转入登记需要的资料。

5．我国主要二手车置换运作模式。

二、工作技能

1．参照教材和工作经验，在如下所示二手车交易过户业务流程图中详细说明工作要求。

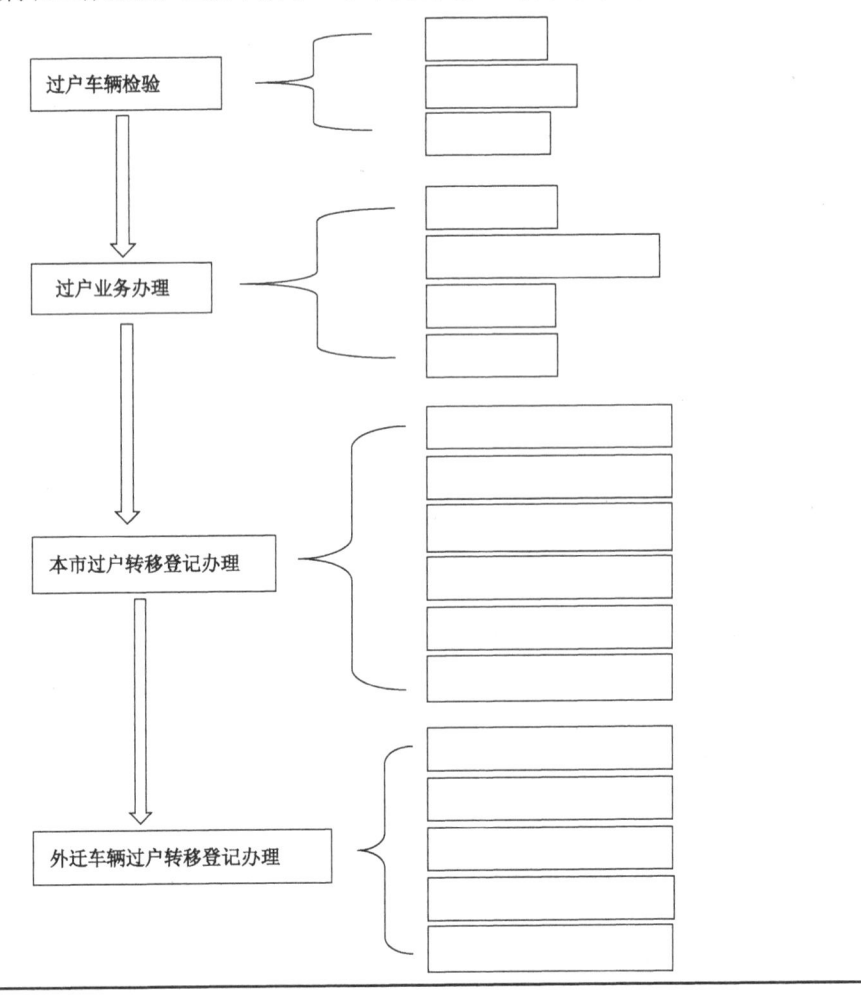

```
过户车辆检验 ──┐
     │         ├── □
     ↓         └── □
过户业务办理 ──┐
     │         ├── □
     ↓         └── □
本市过户转移登记办理 ──┐
     │                 ├── □
     │                 ├── □
     │                 ├── □
     ↓                 └── □
外迁车辆过户转移登记办理 ──┐
                           ├── □
                           ├── □
                           └── □
```

2. 参照教材和工作经验，熟悉二手车置换电话咨询标准流程，在下图中完成工作任务流程，并熟练掌握营销话术。

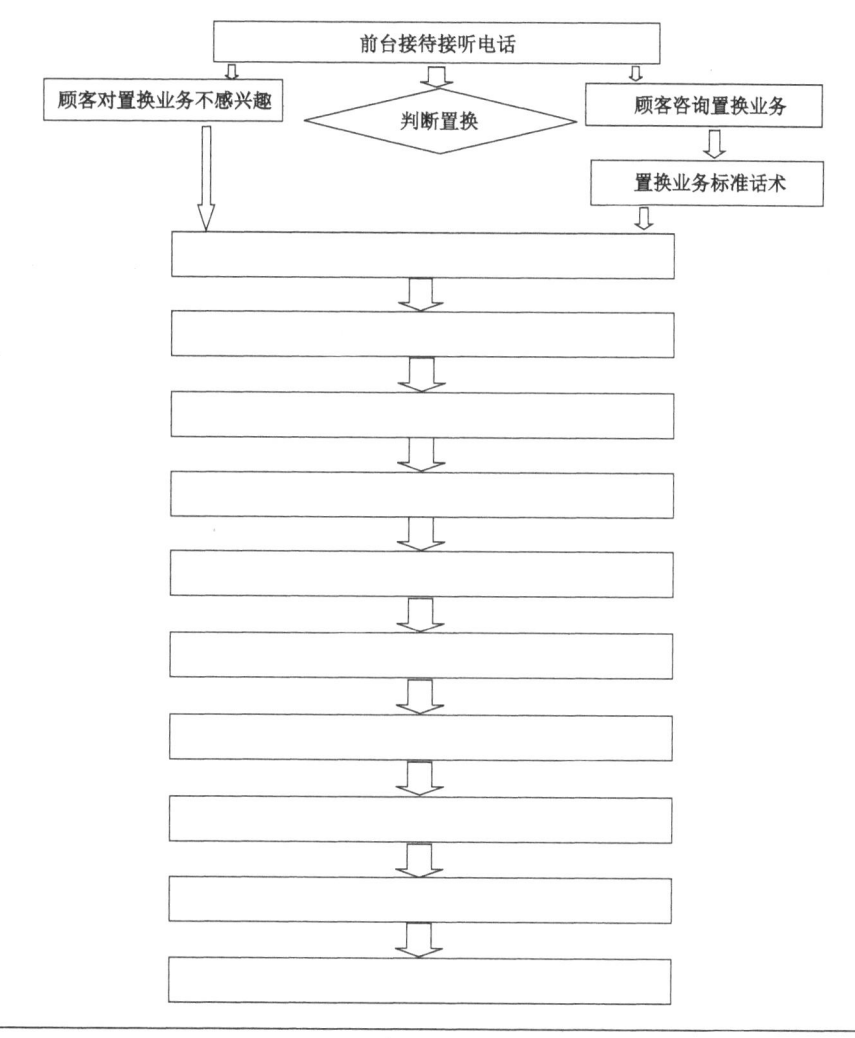

```
          ┌─────────────────┐
          │ 前台接待接听电话 │
          └────────┬────────┘
    ┌──────────────┼──────────────┐
    ▼              ▼              ▼
┌─────────┐    ╱─────╲      ┌─────────────┐
│顾客对置换│   ╱判断置换╲    │顾客咨询置换 │
│业务不感兴│   ╲         ╱   │业务         │
│趣       │    ╲───────╱    └──────┬──────┘
└────┬────┘                        ▼
     │                      ┌─────────────┐
     │                      │置换业务标准 │
     │                      │话术         │
     │                      └──────┬──────┘
     ▼                             ▼
┌──────────────────────────────────────────┐
│                                          │
└──────────────────┬───────────────────────┘
                   ▼
┌──────────────────────────────────────────┐
│                                          │
└──────────────────┬───────────────────────┘
                   ▼
┌──────────────────────────────────────────┐
│                                          │
└──────────────────┬───────────────────────┘
                   ▼
┌──────────────────────────────────────────┐
│                                          │
└──────────────────┬───────────────────────┘
                   ▼
┌──────────────────────────────────────────┐
│                                          │
└──────────────────┬───────────────────────┘
                   ▼
┌──────────────────────────────────────────┐
│                                          │
└──────────────────┬───────────────────────┘
                   ▼
┌──────────────────────────────────────────┐
│                                          │
└──────────────────┬───────────────────────┘
                   ▼
┌──────────────────────────────────────────┐
│                                          │
└──────────────────────────────────────────┘
```

案例分析

【案例】

张先生经人介绍在某二手车商贸公司购买了路虎轿车一辆，并签订了二手车交易买卖合同。购车后张先生发现，这辆车的车顶、后车窗、后车门、前后保险杠、A柱等均进行过拆装、维修。于是，张先生认为该二手车商贸公司未告知其车辆真实情况和公平合理的市场价格，明显构成欺诈，请求撤销车辆买卖合同，该二手车商贸公司称车辆以上现象已经在"机动车鉴定评估报告"中详尽说明，双方已签字认可后才签订的"二手车交易买卖合同"。

为避免杜绝此类纠纷，请设计一份完整的"二手车交易买卖合同"。

思考练习

一、单项选择题

1. 二手车交易买卖合同共有（　　）个方面的内容。
   A. 6　　　　　B. 8　　　　　C. 5　　　　　D. 7

2. 二手车交易买卖合同发生争议，（　　）不属于正确的解决方式。
   A. 仲裁　　　B. 单方处理　　C. 协商　　　D. 诉讼

3. （　　）不属于二手车交易买卖合同附件中车辆相关凭证。
   A. 机动车行驶证　　　　　　B. 驾驶证
   C. 机动车登记证书　　　　　D. 车辆保险单

4. 若对二手车交易买卖合同发生争议，则应由当事人协商或调解解决；若协商或调解不成，则（　　）。
   A. 由二手车交易市场解决
   B. 提交仲裁委员会或依法向人民法院起诉
   C. 由第三方参与协商解决
   D. 由政府机关部门出面解决

5. 根据《二手车流通管理办法》规定，二手车交易双方应该签订交易合同，要在合同当中对二手车的状况、（　　）、费用负担以及出现问题的解决方法等各方面进行约定，以便分清各自的责任和义务。
   A. 来源的合法性　　　　　　B. 驾驶证
   C. 二手车经销企业　　　　　D. 鉴定评估师

6. 机动车质押是指质物为机动车的质押融资行为。典当行机动车质押业务是指按（　　）中规定的以机动车作为担保物的动产质押业务。
   A. 产权法　　　　　　　　　B. 刑法
   C. 民法　　　　　　　　　　D. 典当管理办法

7. 机动车所有人身份证明是证实车主身份的证明，目的是查验机动车所有人是否合法拥有该车的（　　）。
   A. 驾驶证　　B. 身份证　　C. 行驶证　　D. 处置权

8. 二手车经销企业销售的车辆，应具有车辆收购合同等能够证明经销企业拥有该车的（　　）或处置权的相关材料，以及原车主身份证明复印件。
   A. 驾驶证　　B. 身份证　　C. 所有权　　D. 行驶证

9. 保险车辆依法过户转让后应到保险公司办理保险合同主体的变更手续，否则车辆受损时保险公司（　　）。

A．酌情赔偿　　　B．全部赔偿　　　C．无权拒赔　　　D．有权拒赔

10．二手车置换又称汽车置换，其定义有狭义和广义之别。狭义的二手车置换指（　　）业务。

A．以旧换新　　　B．以新换旧　　　C．跟踪服务　　　D．鉴定评估

二、判断题

1．二手车直接交易只可以在二手车交易市场内进行，不可以在场外进行。（　　）

2．机动车质押典当不赎回情况也可以算作一种二手车销售。（　　）

3．机动车鉴定评估作业表，也是存档备查的重要文件。（　　）

4．机动车鉴定评估报告的内容必须正确无误，鉴定评估师必须对报告的正确性负责。（　　）

5．"二手车交易买卖合同"是保护二手车交易双方合法权益的重要文件。（　　）

6．车辆状况说明书，即车辆信息表在机动车鉴定评估报告中可以不用填写。（　　）

7．二手车交易买卖合同的主体是指为了实现二手车交易目的，以自己的名义签订交易合同，享有合同权利、承担合同义务的组织和个人。（　　）

8．二手车经销企业向最终用户销售使用年限在3年以内或行驶里程在6万千米以内的车辆（以先到者为准，营运车除外），应向用户提供不少于3个月或5000千米（以先到者为准）的质量保证。（　　）

9．广义的二手车置换是指在以旧换新业务基础上，同时兼容二手商品整新、跟踪服务、二手商品再销售乃至折抵分期付款等项目的一系列业务组合，使之成为一种有机而独立的营销方式。（　　）

任务评价

任务完成情况	自我评价	团队评价	教师评价		
工作内容完整、准确			优秀□	良好□	合格□
收集资料方法正确			优秀□	良好□	合格□
工作任务思路清晰			优秀□	良好□	合格□

高等职业教育汽车类专业**岗课赛证**融通教材

新能源汽车电子电气空调舒适技术

机动车鉴定评估

发动机拆装与调整

机动车鉴定评估

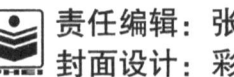

责任编辑：张 凌
封面设计：彩丰文化

ISBN 978-7-121-47401-9

定价：58.00元